U0529111

本书感谢财政部会计名家培养工程（2019）、国家自然科学基金项目（项目批准号：71790603、71572197、71872187）、广西高等学校千名中青年骨干教师培育计划（第4期）、东莞市培养高层次人才特殊支持计划项目（2020）和广西教育绩效评价研究协同创新中心的支持！！

高效率审计师的
决定机制与行为后果研究

RESEARCH ON THE DETERMINANT
MECHANISM AND BEHAVIOR CONSEQUENCE
OF EFFICIENT AUDITOR

杨世信◎著

中国社会科学出版社

图书在版编目（CIP）数据

高效率审计师的决定机制与行为后果研究／杨世信著. —北京：中国社会科学出版社，2021.8
ISBN 978 – 7 – 5203 – 8830 – 6

Ⅰ.①高… Ⅱ.①杨… Ⅲ.①审计学 Ⅳ.①F239.0

中国版本图书馆 CIP 数据核字（2021）第 157481 号

出 版 人	赵剑英
责任编辑	黄　晗
责任校对	周　昊
责任印制	王　超

出　　版	中国社会科学出版社
社　　址	北京鼓楼西大街甲 158 号
邮　　编	100720
网　　址	http://www.csspw.cn
发 行 部	010 – 84083685
门 市 部	010 – 84029450
经　　销	新华书店及其他书店
印　　刷	北京明恒达印务有限公司
装　　订	廊坊市广阳区广增装订厂
版　　次	2021 年 8 月第 1 版
印　　次	2021 年 8 月第 1 次印刷
开　　本	710×1000　1/16
印　　张	16.75
插　　页	2
字　　数	234 千字
定　　价	89.00 元

凡购买中国社会科学出版社图书，如有质量问题请与本社营销中心联系调换
电话：010 – 84083683
版权所有　侵权必究

序

　　世信是我指导毕业的第六位博士，也是我指导的第一位写审计方向论文的博士。这本书是在世信博士学位论文基础上形成的一本专著。我对审计方向的研究基础非常薄弱。但因为做过比较多的上市公司独立董事和审计委员会召集人，同时也参与中国注册会计师协会的一些专业工作，对注册会计师审计还是很有感受，也比较感兴趣。指导世信写这篇博士学位论文的过程，也是我们教学相长，不断学习的过程。

　　世信本科是经济学，硕士是财政学。刚开始进入我们管理学院读博士的时候，我还是非常担心他对会计、审计了解不深，会影响他的博士学业进程。但是，令我感到欣慰的是，世信进入读博阶段后，非常用功，也勤于参加各类学术讨论活动，积极参加各类会计审计类研究项目。他之所以选择注册会计师审计这个方向题目，也是基于他积极参加广东省注册会计师协会的调研项目，取得了比较丰富的广东注册会计师事务所的有关数据。该书有如下几个显著特点。

　　一是聚焦会计师事务所效率和行为研究。随着中国经济进入高质量发展阶段，市场对资源配置越来越依赖于高质量的会计信息。会计师事务所作为会计信息质量的鉴证者和守门人，在治理经济过程中的作用越来越大。会计师事务所的内部治理与效率也严重影响注册会计师审计质量。然而，近几年来我国资本市场接连发生多起上市公司财务造假案件，严重损害了注册会计师和会计师事务所的行业声誉，会计师事务所的经济治理功能也遭到广泛质疑。从这个意义上来讲，这本《高效率审计师的决定机制与行为后果研究》是对中国会计师事务所做强做大过程中的审计行为选择问题研究的新探索、新成果。

二是权衡事务所经济效率和审计质量—社会效益两者的研究。区别于以往审计质量的研究，这部著作的逻辑起点是强调经济组织属性是会计师事务所第一属性，社会组织属性是第二属性。经济组织属性必然要求会计师事务所按照"经济人"的要求作出决策和行为选择，首先追求经济利益最大化目标；而效率是实现"经济人"经济利益最大化目标的根本途径。在经济利益的驱动下，会计师事务所具有提升效率的强烈动机；在社会组织属性要求社会责任的驱动下，会计师事务所同时具有提升审计质量的动机。监管部门和社会公众最为关心的审计质量是审计资源投入的函数，具有经济成本性。会计师事务所要维持高水平的审计质量，要么增加审计资源投入、要么放弃高风险的审计客户，两者都意味着会计师事务所要牺牲一定的经济利益。正是基于这样的博弈，会计师事务所效率与审计质量之间到底是什么关系，会计师事务所在何种情况下会做出兼顾效率与审计质量的决策选择，在什么情况下会做出牺牲审计质量以保全效率与经济效益的机会主义行为，本著作对这些有趣而重要问题的探索，是对审计质量问题研究视野和研究边界的拓展，对增强会计师事务所的国家治理与经济治理能力有重要实践意义。

三是侧重会计师事务所风险承担、内部治理和内部控制视角的研究。区别于以往研究侧重关注规模、任期、专业知识、要素投入等显性特征对会计师事务所效率的影响研究，这本著作基于风险承担、内部治理、内部控制等内部制度机制的视角，探索高效率会计师事务所的决定机制，很符合当前中国经济向高质量发展转型对微观经济组织内涵式发展的要求，对指导会计师事务所加快内部机制建设、实现内涵式发展有重要实践意义。

总之，《高效率审计师的决定机制与行为后果研究》涉及的研究问题重要、分析的视角和框架独特、呈现的资料丰富、分析总结的经验可学，是一部具有一定开拓性的学术论著。希望这部著作对提升中国会计师事务所效率与审计质量，对中国会计师事务所做强做大，对会计师事务所统筹兼顾效率与审计质量的关系，对中国注册会计师行业的高质量发展都能起到一定促进作用。

刘运国

2021 年 1 月 19 日

中山大学·康乐园

前　言

党的十九大报告中指出，我国经济向高质量发展转型，关键在于变革过去依靠要素投入数量的"粗放"发展，转向依靠提升全要素生产率的高质量发展。微观企业的组织效率是国家宏观经济效率的基础，提升微观企业组织的效率，是实现供给侧结构性改革目标和宏观经济向高质量发展转型的必然路径和重要抓手。会计师事务所作为党和国家治理经济领域的重要制度安排，提升会计师事务所效率至少具有两个方面的治理效应：一是优化会计师事务所内部资源配置，提升审计资源配置效率和审计绩效；二是改善会计师事务所的审计职能和审计质量，改善资本市场的会计信息质量，充分发挥会计信息在市场资源配置中的决定性作用。因此，提升会计师事务所效率，对提升企业会计信息质量和市场资源配置效率，治理经济环境、整顿经济秩序、揭露和制止各种经济违法行为等方面发挥重要作用，促进国家治理体系与治理能力现代化进程具有重要意义。

改革开放以来，中国注册会计师审计经历从无到有、从官办国营到民办专营，注册会计师队伍不断壮大，注册会计师所依托的会计师事务所也得快速发展，其组织效率和审计质量得到较大提升。但是，近年来中国资本市场发生多起上市公司财务舞弊案件，引起人们对会计师事务所快速发展的积极意义产生质疑。理论界和实务界也不清楚当前中国会计师事务所是否真的提升了效率、离做强做大的目标还有多远；对如何更有效地提升效率的探索也仅停留在注重要素资源投入的粗放式发展阶段，更不清楚提升效率对会计师事务所的审计决策行为存在何种影响。

回顾相关研究发现，已有研究测量会计师事务所效率存在较大差异，究其原因是测量效率的 DEA（数据包络分析）模型存在严重缺陷，在投入要素中缺少了资本要素，不符合生产函数的基本要求。同时，已有研究仅关注到资源要素投入对会计师事务所效率的影响，忽视了内部机制对组织效率的决定性作用。此外，在传统经济学领域的"马歇尔冲突"提示我们，效率并不是越高越好，特别是在承担会计信息质量公证的社会公共责任的会计师事务所行业。遗憾的是，极少学者探讨提升会计师事务所效率对审计师的审计决策行为及后果存在何种影响及其影响机制。基于此，本书围绕"会计师事务所效率水平如何？""如何构建提升会计师事务所效率的内生机制？""会计师事务所效率对审计师的审计决策行为有何影响？"以及"会计师事务所效率如何影响审计师的审计决策行为？"四个问题，依托会计师事务所经营实体独特的财务报表数据，开展了以下研究。

第一，按照生产函数的基本要求，通过改进效率的 DEA 估计模型，首次从经营实体层面测量会计师事务所效率，并与总所层面的会计师事务所效率进行比较。研究发现，经营实体层面的会计师事务所效率更合理、更稳健。

第二，X 效率理论认为，在既定的资源要素投入和配置水平下，组织的产出效率取决于组织内部的运行机制对经理人与员工的资源配置与努力程度的影响。研究发现，风险承担制度机制、内部治理机制能促进事务所效率提升，内部控制机制对事务所效率具有抑制作用。

第三，传统经济学效率理论认为，效率通过提升企业的成本优势和市场竞争力，从而帮助高效率企业获得规模效益。研究发现，会计师事务所效率对审计定价具有正向激励效应，审计师独立性和审计质量能够强化这种正向激励，但政府管制却会弱化这种正向激励效应。

第四，"效率—组织行为及绩效"分析框架认为，效率提升能够增强审计师的成本优势和竞争优势，使审计师获得规模收益，规模收益的增加客观上提升了审计师的市场份额和市场势力，从而影响审计师的行为及绩效。研究发现，事务所效率与审计质量之间存在倒"U"形非线性关系；表明会计师事务所效率对审计师的审计质量决策具有统一性和冲突性，也表明在会计师事务所行业存在"马歇尔冲突"现象。

第五，在探索会计师事务所效率影响审计师审计质量决策行为的机制研究中发现，审计师市场势力在会计师事务所效率与审计质量之间起中介效应，同时，会计师事务所效率与审计质量之间的倒"U"形关系受风险承担制度、内部控制、薪酬激励等内部机制的调节，还受市场竞争、客户势力、审计师市场声誉等外部环境的调节。

本书的贡献与创新体现在：首先，拓展了会计师事务所效率的研究视角，实现从业务项目层面的审计生产效率和总所层面的运营效率，拓展和延伸到经营实体层面的运营效率。其次，改进了会计师事务所效率的DEA估计模型，更准确、合理地反映了当前我国会计师事务所效率真实水平。再次，会计师事务所效率的决定机制研究从单一的、显性的组织特征，拓展和延伸到多维的、隐性的内在机制特征，为会计师事务所经营者构建效率提升的内生机制、优化资源配置、提升组织运营效率提供决策参考。最后，会计师事务所效率的行为后果研究从审计定价拓展和延伸到审计质量，拓展了效率影响审计师行为及绩效的机制研究；为会计师事务所经营者协调运营效率与审计定价、审计质量的协同发展和监管者改善监管策略与政策措施、提升审计市场的监管效率提供经验证据。

目 录

第一章 绪论 …………………………………………（1）
  第一节 会计师事务所效率之谜 ………………………（1）
  第二节 会计师事务所的独特性 ………………………（3）
  第三节 会计师事务所的审计行为动因 ………………（10）
  第四节 研究问题与主要内容 …………………………（14）

第二章 会计师事务所效率的制度背景 ………………（17）
  第一节 产权和监管制度的改革 ………………………（17）
  第二节 加强产业扶持 …………………………………（20）
  第三节 加强内部机制建设 ……………………………（21）
  第四节 加强行业监管 …………………………………（22）
  第五节 本章小结 ………………………………………（24）

第三章 会计师事务所效率的文献回顾 ………………（25）
  第一节 会计师事务所效率的内涵与测量 ……………（25）
  第二节 会计师事务所效率的影响因素 ………………（36）
  第三节 会计师事务所效率的行为后果 ………………（49）
  第四节 本章小结 ………………………………………（54）

第四章 中国会计师事务所效率现状 ································ (56)
    第一节 会计师事务所效率的测量方法 ······················ (56)
    第二节 中国会计师事务所效率的现状分析 ·················· (57)
    第三节 本章小结 ·· (77)

第五章 高效率会计师事务所的决定机制
    ——内部机制的视角 ································ (78)
    第一节 引言 ·· (78)
    第二节 理论分析与研究假设 ······························ (80)
    第三节 研究设计 ·· (86)
    第四节 实证分析 ·· (92)
    第五节 进一步研究 ····································· (102)
    第六节 本章小结 ······································· (112)

第六章 高效率会计师事务所的行为后果之一：
    审计定价的视角 ··································· (113)
    第一节 理论分析与假设发展 ····························· (114)
    第二节 研究设计 ······································· (116)
    第三节 实证分析 ······································· (119)
    第四节 进一步探索 ····································· (133)
    第五节 结论与展望 ····································· (137)

第七章 高效率会计师事务所的行为后果之二：
    审计质量的视角 ··································· (138)
    第一节 引言 ··· (138)
    第二节 理论分析与假设发展 ····························· (139)
    第三节 研究设计 ······································· (143)
    第四节 实证分析 ······································· (145)

第五节　本章小结 …………………………………………（171）

第八章　高效率会计师事务所的审计行为机制 ……………（174）
　　第一节　引言 ………………………………………………（174）
　　第二节　会计师事务所效率影响审计质量的内部机制……（176）
　　第三节　会计师事务所效率影响审计质量的外部机制……（181）
　　第四节　研究设计 …………………………………………（183）
　　第五节　实证分析 …………………………………………（188）
　　第六节　本章小结 …………………………………………（203）

第九章　研究结论与启示 ……………………………………（206）
　　第一节　研究结论 …………………………………………（206）
　　第二节　政策启示 …………………………………………（210）
　　第三节　研究局限及未来研究方向 ………………………（212）

参考文献 ………………………………………………………（214）

后　记 …………………………………………………………（253）

第一章 绪论

本书所指的审计师，特指组织层面的审计师，即会计师事务所，后文如无特殊说明，均特指会计师事务所。

中国《注册会计师法》第三条规定，"会计师事务所是依法设立并承办注册会计师业务的机构。注册会计师执行业务，应当加入会计师事务所。"注册会计师必须依托会计师事务所才能开展审计活动，因此，从法理和审计活动的实质上来讲，个体层面的注册会计师和组织层面的会计师事务所是一致的。因此，国内外主流文献通常使用"审计师"（Auditor）统称组织层面的会计师事务所和个体层面的注册会计师。为了区分个体层面的注册会计师，本书大部分内容使用"会计师事务所"，仅表示组织层面的会计师事务所；同时，本书还根据语境需要，部分内容使用"审计师"，表示的内涵包含组织层面的会计师事务所和个体层面的注册会计师。此外，本书所指的"效率"是会计师事务所组织层面的运营效率，也称为组织效率，以会计师事务所的全要素生产率相对效率值为测量；为统一表述，本书大部分内容使用"会计师事务所效率"，特指会计师事务所组织层面的运营效率。本书也会根据语境需要使用"审计师效率"，其内涵包含组织层面的会计师事务所效率和个体层面的注册会计师效率。

第一节 会计师事务所效率之谜

中国会计师事务所自1999年年底成功"脱钩改制"成为独立自主的市场主体以来，党中央、国务院高度重视会计师事务所的发展，国务院、财政部和中国注册会计师协会、证监会等部门陆续出台多项制度文件和政策措施,支持会计师事务所做大规模、做强实力,会计师事务所的组织运营效率(许汉友等,2008;邱吉福等,2012;中注协,2016;许汉友等,2017;杨世信等,2018a)和审计生产效率(曹强等,2008)得到较大提升,但离高质量发展的要求还有较大距离(杨世信等,2020)。由于公开数据有限,已有文献对会计师事务所组织运营效率的测量存在较大差异,导致人们对当前中国会计师事务所的效率水平缺乏统一、客观的认知,不利于推动中国会计师事务所向以效率为驱动的高质量发展转型。

尽管理论界和实务界都认为中国会计师事务所效率获得较大提升,一定程度上实现了做大做强的目标(中注协,2016),但会计师事务所效率的提升能否带来更高的审计质量尚存不清楚。已有文献结论表明,做大会计师事务所规模并不能带来更高的审计质量(雷光勇,2004;刘峰等,2010;唐忠良,2012;许亚湖,2018),反而诱发大规模审计师降低审计质量的机会主义行为(刘峰和周福源,2007;刘峰等,2009;叶凡等,2017)。因此,做强会计师事务所实力,即提升会计师事务所的效率,能否带来更高的审计质量也遭到部分学者的质疑。杨世信等(2018,2020)的研究发现,会计师事务所效率与审计质量呈倒"U"形关系,虽然表明会计师事务所效率能够提升审计质量,但是,过度追求高效率将诱发高效率审计师降低审计质量的机会主义行为。

近年来,中国的资本市场接连发生上市公司财务造假事件[①],人们担忧会计师事务所追求更高的组织效率有可能以损害审计质量为代价。而这种担忧是有理论基础和实践可能的。理论上,传统经济学效率理论认为,提升效率能够带来规模收益,但也会导致市场垄断、损害市场竞争,最终导致效率损失和规模收益递减甚至消失,这就是经济学中著名的"马歇尔冲突"(马歇尔,1890;胡寄窗,1988)。尽管 Baumol(1982)、Clark(1998)等学者分别从"有效竞争理论"(Workable Competition)和"可竞争市场理论"(Contestable Markets)的视角,认为

---

① 2019 年爆发的"两康事件"中,康美药业财务造假事件即为康美药业虚增货币资金 887 亿元;康得新财务造假事件即为虚增利润近 120 亿元。

"马歇尔冲突"是一个伪命题（王瑶，2011）。但从世界产业发展的历史来看，很多产业的发展演变都存在"马歇尔冲突"（苏东水，2010；张日波，2013），特别是在收益递增（成本递减）的行业，而以"人合""智合"为显著特征的会计师事务所行业正是收益递增行业的典型代表（Doogar和Easley，1998；Huang等，2016）。实践中，会计师事务所为了提升组织效率有可能减少审计资源投入，从而威胁会计师事务所的审计质量供给。近年来中国接连发生多起上市公司财务造假事件，会计师事务所减少审计投入、过度追求绩效可能是驱动因素之一（杨世信等，2020）。

遗憾的是，极少文献关注高效率审计师潜在的行为后果，会计师事务所提升组织效率对审计定价和审计质量存在何种影响以及如何影响仍然是一个"黑匣子"。在中国经济向以效率为驱动的高质量发展转型和国家治理体系与治理能力现代化的背景下，通过探索会计师事务所的组织效率对审计定价与审计质量等行为后果的影响及其影响路径机理，对破解当前中国会计师事务所难以协调组织效率与审计质量之间的协调发展难题有积极意义。

第二节　会计师事务所的独特性

一　双重组织属性

会计师事务所首先是一个经济组织，遵循"经济人"假设，追求效率和经济效益最大化，这是会计师事务所的经济组织属性（刘峰和林斌，2000）。同时，会计师事务所是国家治理的重要制度安排，承担国家赋予的审计鉴证会计信息、监督经济运行的重要职能，提供竞争性、非排他性的准公共服务，遵循"社会人"假设，追求社会效益和审计质量最优，这是会计师事务所的社会组织属性（张立民和唐松华，2008；吴溪和陈梦，2012）。具有经济组织和社会组织的双重组织属性，是会计师事务所区别于一般企业组织的根本组织特征。经济组织是会计师事务所的根本组织属性，是会计师事务所作为独立自主的第三方公证的法人组织的基础；追求经济效益最大化是会计师事务所生存和发展的基础，也是会计师事务所履行社会公证职能和监督经济运行秩序的基础。社会组织是会计师事务所的核心组织属性,是会计师事务所实施独立自主的第三方公证的准公共服务职能的基础。会计师事务所的经济组织属性是内生的,而承担准公共服务的社会组织属性也是内生的,但在现有的法律制度体系中常常又被认为是外生的。只有客观、正确理解会计师事务所的组织属性,才能更好地理解会计师事务所及其注册会计师的各种行为的内在动因,例如,审计师为什么要低价竞争?为什么要与客户合谋舞弊?为什么要配合客户购买审计意见?等。这些审计师行为归根结底都是由于会计师事务所是一个经济组织的内在属性、追求经济利益最大化的内在动机所决定的。当然,基于声誉等社会利益最大化,审计师也具有保持高水平独立性和审计质量的内在动机,这是由会计师事务所的社会组织属性所决定的。本研究试图从理论上系统分析会计师事务所的组织属性,回答"会计师事务所是什么样的组织"这一基本问题。

(一)会计师事务所的经济组织属性

会计师事务所的经济组织属性是指从经济概念上来讲,会计师事务所是一个独立的法人组织,自负盈亏、独立经营,才能保持独立的身份执行审计业务。《中华人民共和国注册会计师法》(以下简称《注册会计师法》)第二十三条规定,"会计师事务所可以由注册会计师合伙设立。合伙设立的会计师事务所的债务,由合伙人按照出资比例或者协议的约定,以各自的财产承担责任。合伙人对会计师事务所的债务承担连带责任"。第三条规定,"会计师事务所是依法设立并承办注册会计师业务的机构。注册会计师执行业务,应当加入会计师事务所"。第二条规定,"注册会计师是依法取得注册会计师证书并接受委托从事审计和会计咨询、会计服务业务的执业人员"。这三条规定表明,会计师事务所是注册会计师开展业务的执行主体和依托平台,注册会计师和会计师事务所是经济利益共同体;经济概念上的会计师事务所是执行审计和会计咨询、会计服务等业务的经济组织。因此,会计师事务所首先是一个经济意义上的经济组织,以"经济人"假设为前提,追求经济效益最大化为目标,独立经营、自负盈亏,是经济组织的基本特征。同时,在经济上注册会计师与会计师事务所是一个经济利益统一体,主流文献中所指的

"审计师"就是注册会计师和会计师事务所的统称（DeAngelo，1981a 1981b；Craswell，1995；DeFond 和 Subramanyam，1995；刘峰和林斌，2000；张立民和唐松华，2008；DeFond 和 Zhang，2014；Tepalagul 和 Lin，2015）。

Benston（1969）、Watts 和 Zimmerman（1983）等学者的研究发现，聘请第三方独立审计师最早是公众公司的自愿行为，在各国《证券法》强制要求第三方独立审计前已经为绝大部分公众公司所采用，表明独立审计需求根源于市场经济的发展，是企业所有权与经营权分离的必然结果。产权经济学认为，企业的形成是为了降低交易成本（Coase，1937）。承担独立审计的主体从个体审计师向会计师事务所转变，也是顺应降低个体审计师的交易成本和市场摩擦成本的需要；产权制度安排是会计师事务所等一切经济组织产生的根源（Alchian 和 Demsetz，1972；Cheung，1983）。由于存在独立审计的市场需求和个人审计师的市场摩擦成本，由注册会计师合伙设立的、执行独立审计业务的经济组织——会计师事务所应运而生。

（二）会计师事务所的社会组织属性

新公共治理理论认为，公共部门为社会公众服务，为公众提供价值；主张利用市场激励机制与私人部门合作，由私人部门提供公共服务，充当政府治理的工具，政府与私人部门之间是合作型关系，政府发挥着"掌舵"的作用；公共治理既要重视公众利益，又要追求效率（Ostrom，1990；Moore，1995，2013；Rhodes，1996；Benington 和 Moore，2011）。会计师事务所是政府治理经济秩序的工具，经济领域的公共治理既要追求社会公平和声誉，也要追求效率。因此，会计师事务所的社会组织属性是指从法律概念上来讲，会计师事务所依据《注册会计师法》，承担会计信息质量公证的准公共服务职能与经济监督使命，是国家治理体系和社会监督体系的重要制度安排。正如前述，会计师事务所及其注册会计师按照《注册会计师法》的规定，开展与会计、审计相关的业务活动，职权法授，依法承担为社会提供会计信息质量保证的社会公证职能，这是法律制度赋予会计师事务所和注册会计师的公共服务职能。但是，由于会计师事务所执行审计业务需要向被审计单位收取审计费用，获得经济利益，表明会计师事务所为社会提供会计信息质量公证是具有竞争性和非排他性的特征，这也意味着会计师事务所是准公共服务的社会组织，既具有经济组织的竞争性特征，又具有纯公共服务组织的非排他性特征（刘峰和林斌，2000；张立民和唐松华，2008；吴溪和陈梦，2012）。以"社会人"假设为前提，追求社会效益最大化为目标，侧重社会公平、兼顾效率，是社会组织的基本特征。

会计师事务所不仅是提供准公共服务的社会组织，还是国家治理体系和社会监督体系的重要组成部分，承担着重要的国家治理和社会监督任务与使命。会计师事务所的国家治理使命和社会监督功能在国家层面领导人不同场合的重要讲话中得到体现。1988年11月15日的中国注册会计师协会成立大会上，国务委员、财政部部长王丙乾指出，"注册会计师是经国家批准从事法定业务的专业人员。他们业务主要是依法接受委托，以独立的第三者身份对有关经济组织的会计报表和其他财务资料，进行合法性、真实性的审查，提出客观、公正的具有法律证明效力的报告。从性质上讲，应该属于社会公证的职能，属于社会监督机制的重要组成部分""注册会计师的职责范围从最初的面对个别企业，发展成为面对整个社会；其职能也从最初的单纯保护投资者权益，逐步演变成为一种在商品经济活动中为有关利益各方共同需要的社会公证职能""注册会计师制度是商品经济管理体系的重要组成部分，是鉴证审计会计信息、治理经济环境、整顿经济秩序、揭露和制止各种经济违法行为的社会监督机制的重要组成部分"。在1996年6月5日中国注册会计师协会全国特别代表大会上，国务院副总理朱镕基、国务委员李贵鲜明确指出，注册会计师在市场经济中担负着服务、沟通、鉴证、监督的重任。在2004年11月2日中国注册会计师协会第四次全国会员代表大会上，国务委员华建敏指出，"注册会计师制度是市场经济的产物，它既是一种制度安排、一种社会经济的监督服务制度，又是一种需要高度发展的产业、是现代服务业，并为其他产业的发展提供智力支持和专业服务"。在2010年11月25日中国注册会计师协会第五次全国会员代表大会上，财政部部长谢旭人指出，"注册会计师行业是社会经济监督体系的重要组成部分，会计师事务所是新社会组织的重要代表，在规范社会主义市场经济秩序，维护国家经济信息安全，促进资本市场健康发展，提高经济发展质量，加强行政事业单位资产管理、会计工作、国有金融资产管理，推进财政资金绩效评价，强化财政监督等方面，具有重要作用"。

从以上国家领导人的公开讲话中看出，国家对会计师事务所及其注册会计师的使命首先是依法执行鉴证审计会计信息、提供经济信息公证的专业职业；其次是国家经济监督保障体系和社会监督治理体系的重要组成。因此，会计师事务所作为提供准公共服务的社会组织和国家治理与社会监督制度安排，承担着审计鉴证会计信息、监督经济运行的重要职能，发挥着规范社会主义市场经济秩序，维护国家经济信息安全，促进资本市场健康发展，提高经济发展质量，加强行政事业单位资产管理、会计工作、国有金融资产管理，推进财政资金绩效评价，强化财政监督等功能与使命。

（三）经济组织属性与社会组织属性之间的关系

在经济组织属性的驱动下，会计师事务所追求经济利益最大化是其生存和发展的基础；而社会组织属性驱动下，会计师事务所追求社会利益最大化是其存在的社会意义的体现。从经济学理论的视角，经济组织属性对会计师事务所的组织行为和组织内的个体行为的影响最为明显；而从公共利益理论的视角，社会组织属性对社会福利和社会价值的影响最为明显。

效率是一个经济学概念，是经济组织实现经济利益目标的根本手段。会计师事务所的经济利益主要来源于审计定价和审计收费以及市场份额，审计定价主要依赖于成本优势和竞争优势，审计收费依赖于审计服务质量；因此，审计质量能够转化为会计师事务所的经济利益（Simunic 和 Stein，1987；王雄元和唐本佑，2004；Fan 和 Wong，2005；胡丹和冯巧根，2013），这也是会计师事务所提升审计质量的内在经济动因，表明效率与审计质量具有统一性，同时也反映经济组织属性与社会组织属性具有统一性。

会计师事务所承担政府治理经济秩序的委托（Ostrom，1990；吴溪和陈梦，2012），声誉动机激励和约束着会计师事务所努力提升效率以改进审计质量；但是，会计师事务所终究还是一个私有部门，存在私有部门的逐利性和机会主义行为倾向；特别是当效率提升到一定程度时，掌握关键知识的合伙人和注册会计师有可能基于审计质量维护的成本性而产生机会主义行为倾向。同时，由于维护高水平审计质量和社会利益意味着增加审计投入，或放弃高风险客户，导致会计师事务所的经济成本增加、经济收益减少（方军雄和洪剑峭，2008）。正因为维护高水平审计质量存在经济成本，导致会计师事务所缺乏提升运营效率的积极性，或在提升运营效率的过程中降低审计质量以减少经济收益损失。因维护审计质量所带来的会计师事务所机会主义行为倾向，提升效率不仅不能改进审计质量，反而会伤害审计质量和声誉（张奇峰，2005；于李胜和王艳艳，2010）；这表明运营效率与审计质量具有冲突性，同时也反映经济组织属性与社会组织属性具有冲突性。

综上所述，会计师事务所的经济组织属性与社会组织属性既能够相互协调统一，又存在冲突的可能。会计师事务所的两种组织属性之间的动态关系，是会计师事务所运营效率与审计质量之间动态关系的内在逻辑。

二 独特的委托代理关系

现代企业中的委托代理关系主要包括两个层面，第一层是股东与经理层之间的委托代理关系，第二层是大股东与小股东之间的委托代理关系。由于信息不对称，寻找代理业务的经理人可能倾向于夸大自己的能力、技能和才干，并为获取更大的授权可能过度承诺（Davies 和 Prince，2010）。代理人的夸大其词可能导致委托人选择错误的代理人，这种现象被称为"逆向选择"（Adverse Selection）。代理人为了以最小的努力或代价获得最大的报酬，可能达成低于承诺水平或代理人最优产出水平的结果，这种现象被称为"道德风险"（Moral Hazard）。代理人的自主性越大，工作所需要的专业知识和信息越多，道德风险就越严重（Holmstrom，1979）。不管是逆向选择还是道德风险，究其原因是委托人与代理人的目标函数不是时刻、完全的一致，而这种不一致的根源是传统经济学的经济人假设。因此，已有研究集中关注一般企业如何解决委托代理冲突带来代理人行为及其绩效偏离组织期望的问题。

第一章 绪论

中国《注册会计师法》第二十三条指出,"会计师事务所可以由注册会计师合伙设立"。在以专业知识为基础的注册会计师合伙组建的会计师事务所内部,合伙人具有特殊的双重角色(见图1-1)。合伙人首先是出资人、股东,在委托代理关系中扮演委托人角色;其次是经营者,负责会计师事务所的经营管理,在委托代理关系中扮演代理人角色;同时,合伙人之间存在相互委托代理关系(吴溪和陈梦,2012)(见图1-2)。因此,参照一般企业的委托代理关系,会计师事务所内第一层委托代理关系是作为出资人、股东的合伙人与作为经营者的合伙人之间的委托代理;第二层委托代理关系是作为大股东的合伙人与作为小股东的合伙人之间的相互委托代理,而以智力资源为依据的合伙企业一般不存在大股东与小股东之分,合伙人之间承担的责任与义务是相同的。因此,会计师事务所内部的委托代理关系实际上主要是合伙人之间的相互委托(吴溪和陈梦,2012),一般企业组织中的第一层委托代理关系与第二层委托代理关系在会计师事务所这一特殊组织内实现了合二为一。

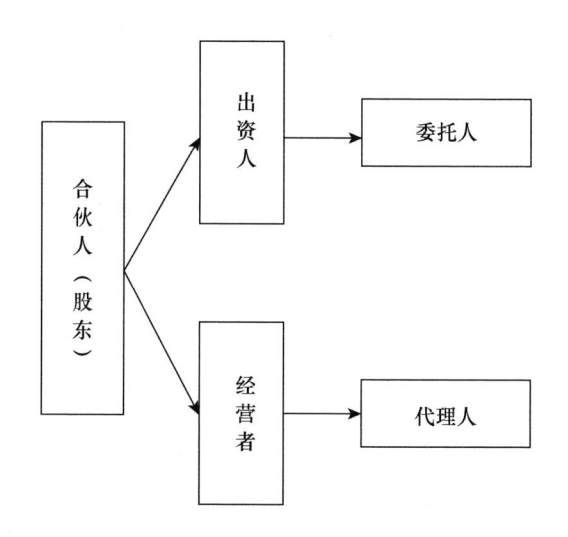

图1-1 合伙人(股东)的双重角色

按照委托代理理论的逻辑,当作为委托人角色的合伙人与作为代理人角色的合伙人之间存在不同的风险偏好或者存在利益冲突时,扮演代理人角色的合伙人的行为将偏离扮演委托人角色的合伙人的期望。正是

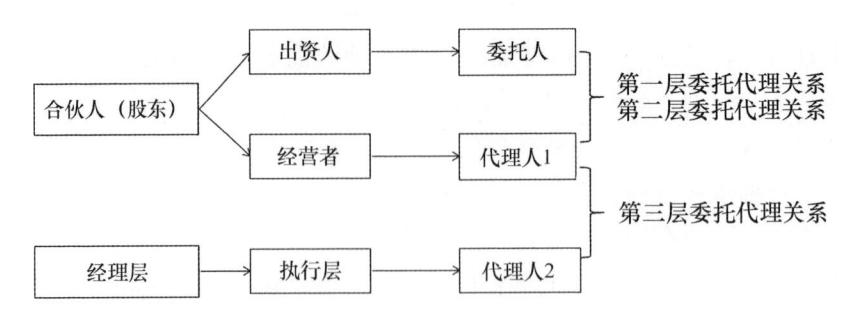

图 1-2　会计师事务所内部的委托代理关系

因为合伙人存在委托人和代理人的双重角色，导致合伙人及其合伙组织——会计师事务所的审计决策行为存在冲突，这种冲突表现在会计师事务所追求效率与审计质量过程中难以协同效率与审计质量之间的关系。

第三节　会计师事务所的审计行为动因

在过去二十多年的实践中，监管部门一直在促成会计师事务所做大规模、提升效率（即做大做强），最近几年特别强调做强会计师事务所，目的是希望会计师事务所能够更好地履行会计信息质量守门人和对资源合理配置起决定性作用的经济治理职能，这就决定了会计师事务所需要兼顾效率与审计质量、兼顾经济利益与社会利益目标。只有认清动因，才能清晰地理解会计师事务所的审计决策与审计质量行为选择。

一　内生动因

（一）经济利益动因

"经济人"假设是古典经济学的基本假设之一。以亚当·斯密为代表的古典经济学派认为，人的行为动机根源于经济诱因，每个理性的"经济人"都想方设法地争取最大的经济利益和个人效用最大化（曾中秋，2004；孟捷，2007）。无论是古典经济学还是新古典经济学，都一致认为，效率是实现经济组织利益最大化目标的根本途径和重要抓手，在诸多经济学文献中，效率几乎等同于利益最大化目标的实现（斯密，

1776；马歇尔，1890；斯蒂格勒，1968；Baumol 等，1983；胡寄窗，1988；Clark，1998；苏东水，2010；王瑶，2011；洪银兴，2016；吴敬琏，2016；刘世锦，2017；《人民日报》特约评论员，2017）。因此，与其他一般企业组织一样，追求效率成为会计师事务所最根本的内生动机；同时，追求效率的内在动机要求会计师事务所必须按效率的要求投入和配置资源，以确保获得帕累托效率最优（Banker 等，2003）。

会计师事务所具有追求高效率和高水平审计质量的经济动因，源于会计师事务所的经济组织属性。从抽象概念上看，以经济组织属性为根本属性的会计师事务所，是一个具有理性人"经济人"特征的决策主体，同样具有"经济人"假设的利己性特征，这就决定了会计师事务所追求经济利益最大化的根本动机。从具体层面看，会计师事务所是由多个注册会计师合伙组建或多个出资人组建，每一个合伙人或出资人都是独立的"经济人"，他们都追求产权收益最大化，因此他们有强烈的动机要求索取更多的剩余价值，这就要求会计师事务所的经营者和决策者要基于成本—收益分析做出最优的决策，以获得剩余价值。因此，会计师事务所及其注册会计师作为一个理性的"经济人"，具有不断提升组织效率（运营效率）的强烈动机。

结合中国会计师事务所的发展演变历史，在 2000 年以前会计师事务所还不具有完全独立的经济组织属性，它还是依附在政府机构及其下属单位下的准公共部门。这样的组织特征导致了会计师事务所运行效率和经营绩效以及审计质量低下，根本无法发挥鉴证、审计会计信息质量的信息公证职能。中国政府推进的"脱钩改制"使会计师事务所获得完全独立的经济组织的组织属性，目的就是提升审计主体的效率和审计服务质量，充分发挥其会计信息质量保证的公证职能。因此，提升会计师事务所的效率和审计质量，是赋予会计师事务所独立的经济组织属性的内在动因和主要目标。

（二）社会利益动因

审计质量作为构成会计师事务所声誉的核心内容，也是会计师事务所社会利益的核心构成。声誉是审计师生存的根基。据考证，早在公元 10 世纪前后的英国已经出现了有组织的审计活动，而审计师则依靠良好的社会声誉得以开展审计业务，而审计质量则是审计师获得社会声誉的主要来源（Watts和Zimmerman，1983）。因此，对于具有双重属性的会计师事务所而言，其利益最大化目标应包含两部分：经济利益最大化和社会利益最大化。经济利益最大化体现在更高的审计定价、更多的审计费用和更大的市场份额等；而社会利益最大化则体现为更好的社会声誉。为了获得更好的社会声誉，审计师具有提升审计质量的内在动机。

然而，提升会计师事务所的运营效率能够提升审计师的声誉和社会利益吗？Keller（1974）、Fama（1980）、Mattews（1984）认为声誉是一种资产，能够影响企业的绩效；Aaker（1991）、Cobb-Walgren等（1995）、Feldwick（1996）、Bickerton（2000）认为声誉是品牌的表现形式，是企业价值的体现；Barney（1991）、Gioia等（2000）认为声誉是企业的稀缺资源，能够为企业构建市场进入壁垒、获得竞争优势。既然声誉是企业的资产和企业价值的体现，那么获得资产是有成本的；而提升效率最直接的结果就是降低企业经营的总成本，总成本的减少能够增加企业资产的溢价和剩余价值。同样，维持高水平的审计质量也是存在经济成本的。因此，对会计师事务所而言，提升运营效率能够降低维持高水平审计质量的总成本、提升声誉资产的价值，从而实现效率提升与审计质量提升的有效统一。因此，社会利益动机是会计师事务所持续提升效率和审计质量、有效协调效率与审计质量关系的内在动机。与此同时，也正因为维持审计质量具有成本性，当维持高水平审计质量带来的经济收益小于经济成本时，会计师事务所将缺乏维持高水平审计质量的动力，由此导致高效率与高水平审计质量之间的冲突，诱发高效率会计师事务所降低审计质量的机会主义行为。

二 外生动因

中国审计市场逐渐从一个"强管制、弱监管"过渡到"弱管制、强监管"的发展阶段（刘明辉和汪玉兰，2015）。政府监管的加强，媒体、分析师、债权人等外部治理的加强，大大增加被审计客户潜在风险和违规风险的披露，从而增加了审计师的诉讼风险和被处罚风险（郑志刚，2007；李培功和沈艺峰，2010；刘启亮等，2013；吴溪等，2014；黄益雄和李长爱，2016）。为了降低审计风险，审计师具有强烈的改善和提升审计质量的动机。而维持高水平审计质量是具有经济成本的，高水平的审计质量意味着要增加审计师的审计投入，或放弃高风险的审计客户，前者将增加审计师的审计成本，后者将减少审计师的审计收益。为了降低审计风险带来的成本增加和收益减少的可能性，审计师具有提升效率以获得规模收益的动机。因此，政府管制和外部监管增加了审计师的审计风险，审计师为降低审计风险而有强烈动机努力提升审计质量和组织效率（运营效率）以及业务效率（审计生产效率）。

但是，政府管制和外部监管也可能带来审计市场效率损失和审计师的机会主义行为，从而导致审计市场的逆向选择和道德风险问题（于李胜和王艳艳，2010）。"掠夺之手"的管制理论则认为，管制者存在自利性动机，其目标与公共利益目标不一致，管制者为了私利很容易为被管制者所收买和利用，制定有利于被管制者而不是公共利益的管制政策，从而扭曲投资机会与投资行为之间的关系，导致决策效率和资源配置效率的损失（Posner，1974；North，1990；Cheng等，2013；李科等，2014；李志生等，2015）。管制寻租理论认为，管制带来的市场进入壁垒，为被管制者创造了超额租金，超额租金由管制者和被管制者分享；如果这种超额租金高于为获得租金付出的成本，管制者和被管制者之间将形成管制的供给和需求市场，对租金的追求导致管制的政策目标偏离效率最大和福利最优的方向（Stigler，1971；Hart等，2008；Fehr等，2011；王俊秋和张奇峰，2007；陈信元等，2009；徐细雄等，2013）。会计师事务所行业一直都是受严厉管制的行业。外部管制是能够克服"市场失灵"、减少市场效率损失，还是造成"管制失灵"、增加效率损失，实务界和理论界对此有很大争论。从中国审计制度改革和会计师事务所发展的实践来看，事前、事中和事后不同环节的管制，对会计师事务所提升效率和审计质量的激励与约束作用存在较大差异。研究表明，对审计市场准入的管制既不能提升会计师事务所的绩效（于李胜和王艳艳，2010），也不能提升审计师的声誉（张奇峰，2005）。因此，政府管制和外部监管是影响会计师事务所提升效率和审计质量的外生动因。

第四节 研究问题与主要内容

党的十九大报告中指出,中国经济向高质量发展转型,关键在于变革过去依靠要素投入数量的"粗放"发展,转向依靠提升全要素生产率的高质量发展。微观企业的组织效率是国家宏观经济效率的基础,提升微观企业组织的效率,是实现供给侧结构性改革目标和宏观经济向高质量发展转型的必然路径和重要抓手(洪银兴,2016;吴敬琏,2016;刘世锦,2017;《人民日报》特约评论员,2017)。会计师事务所作为党和国家治理经济领域的重要制度安排,提升会计师事务所效率至少具有两个方面的治理效应:一是优化会计师事务所内部资源配置,提升审计资源配置效率;二是改善会计师事务所的审计职能和审计质量,改善资本市场的会计信息质量,充分发挥会计信息在市场资源配置中的决定性作用。因此,提升会计师事务所效率,对提升企业会计信息质量,治理经济环境、整顿经济秩序、揭露和制止各种经济违法行为等方面发挥重要作用。遗憾的是,由于缺乏公开、独特的数据,现有文献对中国会计师事务所效率估计存在估计模型不科学、估计结果不准确,导致人们并不清楚当前中国会计师事务所的效率水平。由此引出本书(见图1-3)的第一个研究问题:中国会计师事务所经营实体的组织运营效率水平到底如何?

X效率理论认为,组织不是一个标准化的机器,而是一个包含人性化的社会人的集合,效率是资源要素投入和配置的直接结果;但是,在既定的资源要素投入和配置水平下,组织的效率取决于组织内的各种运行机制和文化以及受此影响的经理人与员工的努力程度(Leibenstein,1966)。因此,在一定技术水平和既定的要素资源投入组合及水平条件下,内部机制决定着组织的产出效率。遗憾的是已有研究仅关注资源投入对会计师事务所效率的影响,忽视了风险承担、内部治理、内部控制、薪酬分配等内部制度机制对组织效率的决定性影响。从而引出本书第二个研究问题:会计师事务所效率的决定机制有哪些?

传统经济学效率理论认为,效率提升能够给企业带来规模收益(斯

第一章 绪论

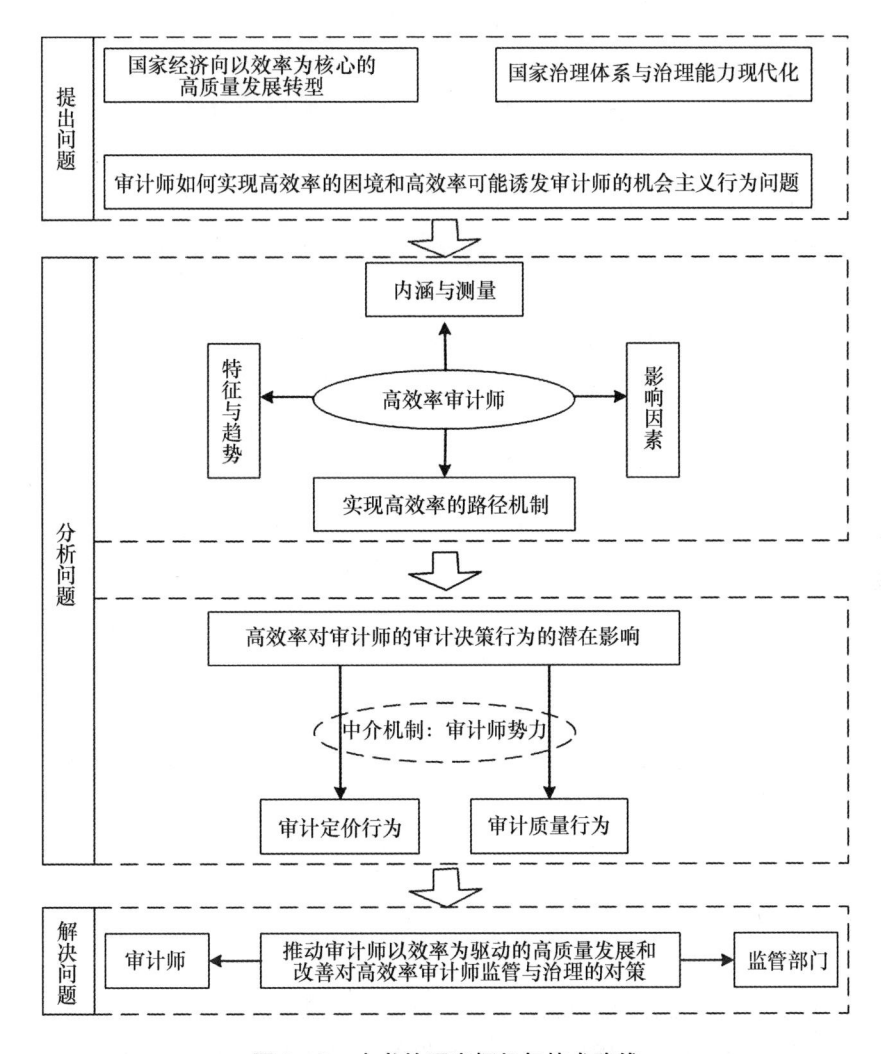

```
提出问题:
  国家经济向以效率为核心的高质量发展转型
  国家治理体系与治理能力现代化
  审计师如何实现高效率的困境和高效率可能诱发审计师的机会主义行为问题

分析问题:
  内涵与测量
  特征与趋势 ← 高效率审计师 → 影响因素
  实现高效率的路径机制
  
  高效率对审计师的审计决策行为的潜在影响
  中介机制:审计师势力
  审计定价行为   审计质量行为

解决问题:
  审计师 ← 推动审计师以效率为驱动的高质量发展和改善对高效率审计师监管与治理的对策 → 监管部门
```

图 1-3 本书的研究框架与技术路线

密，1776；马歇尔，1890；Baumol 等，1983；Clark，1998；苏东水，2010；王瑶，2011；张日波，2013），但同时也会导致市场垄断，从而反过来损害效率，这就是经济学上著名的"马歇尔冲突"，这种冲突在边际收益递增的行业最为显著（Mason，1946；斯蒂格勒，1968；苏东水，2010）。会计师事务所行业是典型的边际收益递增行业，会计师事务所提升效率的过程中是否存在"马歇尔冲突"尚不得知，但"马歇尔

· 15 ·

冲突"已经给出提示,效率并不是越高越好,特别是在承担社会公共责任的会计师事务所行业(杨世信等,2020)。从而引出本书第三个和第四个研究问题:提升会计师事务所效率对审计师的审计决策行为有何影响以及如何影响?

综上所述,本书的研究问题及内容包括:第一,通过改进效率 DEA 估计模型,科学测量中国会计师事务所经营实体的效率;第二,基于内部制度机制的视角,探讨会计师事务所的决定机制;第三,基于审计定价和审计质量决策的视角,探讨会计师事务所效率对审计师审计决策行为的影响;第四,探讨会计师事务所效率影响审计师审计决策行为的路径机制。

第二章 会计师事务所效率的制度背景

第一节 产权和监管制度的改革

在中国审计市场，会计师事务所作为独立经营的经济组织并不是与生俱来的。自1980年恢复重建注册会计师制度以来，在很长一段时间里会计师事务所是附属于政府机构下的官办国营组织，此时的会计师事务所既不是独立自主的企业法人，又不是政府公共部门，组织身份模糊不清。为了使会计师事务所能够成为真正经济意义上的独立的经济组织，中国政府进行了一系列改革，特别是20世纪中后期所进行的"脱钩改制"制度改革，理顺和明确了会计师事务所的产权关系。"脱钩改制"制度改革通过放权和明确产权关系，使会计师事务所获得独立经营的市场主体地位，赋予会计师事务所独立经营、自负盈亏的市场主体地位，使会计师事务所成为真正意义上的独立的第三方经济组织，也确认了会计师事务所作为一个经济组织的组织属性，经济组织的组织属性成为会计师事务所的基础属性。

一 恢复重建

1978年中国实施改革开放政策以来，中国会计师事务所及其注册会计师经历了从无到有、从国有化向私有化转型的发展历程。1978年以前，中国推行国有的计划经济体制，国家作为社会财产的所有者和管理者，也承担了国家经济监督功能，注册会计师相应地退出了中国的经济舞台。1978年以后，为了适应引进外商投资企业引起中国经济制度变化的需要，1980年12月23日，中国财政部发布《关于成立会计顾问处的暂行规定》，随后在各级财政部门成立会计师事务所，成为政府事业编制①的经济实体，接受政府委托对中外合资企业提供各类会计服务，同时也负责国有企业的会计报表审计工作。这宣告注册会计师制度在中国正式恢复。

1983年9月，中国成立国家审计署，负责审计政府部门、国有企业的财产及经营情况。为进一步强化审计署的经济审计功能，1987年1月，审计署下发《关于进一步开展社会审计若干问题的通知》，开始筹建审计署主管下的经济实体——审计事务所②。会计师事务所和审计事务所从属于政府体系内的不同部门，负责行使经济监督职能，但自身缺乏产权身份和日常经营的独立性，权责关系模糊，内部管理混乱，给经济秩序和行业管理造成很多问题③。

二 理顺监管主体与产权关系

党的十四大确立了社会主义市场经济体制的改革目标，为会计师事务所行业和注册会计师职业指明了发展方向。1993年10月31日，《注册会计师法》颁布；随后财政部、证监会、注册会计师协会等监管部门先后制定颁布多项行业管理制度，包括会计师事务所设立审批程序，从事证券期货业务、金融业务实施细则，独立审计准则及具体执业标准，注册会计师后续教育等保障体系等，标志着以《注册会计师法》为核心的法规制度体系初步建立。

为解决审计市场多头管理引发的问题，1995年6月财政部和审计署联合发布《关于中国注册会计师协会、中国注册审计师协会联合有关问

---

① 所谓"事业编制"是相对于"公务员编制"而言；是指为国家创造或改善生产条件、增进社会福利，满足人民文化、教育、卫生等需要，其经费一般由国家事业费开支的单位所使用的人员编制。

② 按照1986年10月1日实施的《中华人民共和国注册会计师条例》的规定，财政部是会计师事务所的审批和主管部门。为绕开财政部的权利范围，审计署在其各级机构下成立的事务所称为"审计事务所"，以区别于财政部门主管的"会计师事务所"，从此开始了中国"会计师事务所"与"审计事务所"并存的局面。

③ 1992—1993年，中国股票市场发生了三起震惊全国的注册会计师造假案件，即深圳原野事件、北京长城机电事件、海南中水国际事件。

题的通知》，并于 1996 年年底前完成"三个统一"："一是统一称谓，即注册会计师和注册审计师都叫注册会计师；二是统一规则，都执行《中国注册会计师条例》；三是统一协会组织，即将中国注册审计师协会合并入中注协，作为注册会计师和会计师事务所的业务主管机构，财政部作为注册会计师和会计师事务所的行政审批部门"（张立民和唐松华，2008）。

中国审计市场经过"三个统一"整改后，仍然没有解决事务所的审计独立性问题。事务所的产权属于国有，控制权实际是在其所挂靠的各级政府部门。事务所的业务主要由主管单位指定，主要人员由主管单位安排，但事务所在执业过程中的审计风险最终却由国家承担。因此，不管是事务所还是其主管部门，并不关心事务所审计效率和审计质量，由此导致了一系列的会计师执业水平低下和事务所审计质量不高以及事务所审计失败的严重问题。政府监管当局也意识到事务所的身份和独立性问题是造成审计失败的主要原因之一，早在 1994 年已经开始尝试解决事务所的身份和独立性问题。1994 年 1 月 1 日起实施的《注册会计师法》要求会计师事务所必须是合伙制或有限责任制，且要求所有事务所都应脱离现有挂靠单位（这是中国会计师事务所第一次尝试去国有化的"脱钩"），成为真正独立执业的经济体。但是，事务所脱离挂靠单位的"脱钩"改革涉及众多政府部门的利益，改革推进非常困难，最终这次"脱钩"尝试不了了之。直到中国证券市场又接连出现多家上市公司财务报表重大欺诈和事务所审计失败事件爆发后[①]，事务所的产权身份和独立性问题到了必须改革的时候了。1997 年 4 月，深圳市政府发布《深圳市会计师事务所体制改革实施办法》，率先进行事务所的"脱钩改制"[②]。1997 年年底，深圳市所有的会计师事务所与挂靠单位脱钩。1998 年 4 月，财政部发布《关于执行证券期货相关业务的会计师事务所与挂靠单位脱钩的通知》等文件，规定证券所必须在 1998 年 12 月 31 日前，在人

---

① 1997—1998 年，中国股票市场又发生了更为严重的上市公司财务造假和事务所审计失败案件，即琼民源事件、红光实业事件和东方锅炉事件。

② 脱钩改制，是中国会计师事务所行业特殊时代背景下的制度改革事件。"脱钩"是指事务所脱离对挂靠单位的依赖，从依附寄生关系成为独立的经济主体；"改制"是指事务所的产权属性从国有改为私有、国营改为民营。

员、财务、业务、名称四个方面,与挂靠单位彻底脱离关系。1998年年底,102家证券业务资格事务所如期完成脱钩①;1999年年底,全国所有事务所完成了脱钩改制。事务所终于从国有、官办转变为民营、自主经营,明确了权责关系,也获得独立经营的自主权(刘峰和林斌,2000;张立民和唐松华,2008)。脱钩改制实际上就是将会计师事务所原有的国有产权关系改变为由注册会计师个人拥有的私有产权关系,极大地解放了事务所的生产力,中国会计师事务所行业进入快速发展阶段。

第二节 加强产业扶持

在完成脱钩改制的产权制度改革后,中国会计师事务所行业取得快速发展,但国内审计市场基本处于"小、散、乱"状态(张立民和唐松华,2008),中国审计市场的市场集中度、行业平均利润率都很低,属于过度竞争市场,区别于发达国家审计市场的寡头垄断特征(Frankel 等,2002;Huang 等,2016)。为减少政府部门直接干预审计市场,财政部于2000年3月发布文件《关于重申不得以行政手段干预会计师事务所依法执业等有关问题的通知》,对地方政府频频干预审计市场的行为进行整顿和清理。同时,为改善审计市场"小、散、乱"的现状,推动会计师事务所扩大规模、做大做强,2000年3月财政部发布《会计师事务所扩大规模若干问题的指导意见》《会计师事务所合并审批管理暂行办法》等文件,推动了事务所合并与规模化,支持大型会计师事务所开设分支机构。到2002年年底,全国共有300多家事务所合并,其中原107家证券期货相关业务资格事务所合并减少到71家(张立民和唐松华,2008)。2000年6月和7月,财政部分别联合证监会、中国人民银行下发文件,提高事务所开展证券相关业务资格和金融审计业务资格事务所的市场准入条件,通过减少新设事务所申请审批、加快事务所注销退出、提高市场准入门槛等市场管制和推动事务所合并的政策引导,导致事务

---

① 脱钩前共有105家证券所,脱钩改制过程中3家事务所因合并而被取消资格,加上新批准的5家证券所,截至1998年年底共有107家证券所。

所数量特别是证券所的数量急剧减少①。会计师事务所之间的合并提升了会计师事务所的规模效益和效率，提升了审计师的市场竞争能力和博弈能力，从而提升了审计师独立性和审计质量（吴溪，2001）。同时，为服务于中国企业"走出去"战略，国务院印发《关于加快发展服务业的若干意见》和《国务院办公厅转发财政部关于加快发展我国注册会计师行业的若干意见》等制度文件，中注协下发《关于推动会计师事务所做大做强的意见》和《关于支持会计师事务所进一步做强做大的若干政策措施》《关于提升注册会计师行业服务金融业发展能力的若干意见》等制度文件，加大扶持会计师事务所实施"走出去"的国际化战略，做大中国会计师事务所的规模。

第三节 加强内部机制建设

实践经验和理论研究表明，规模大并不等于实力强，规模大并不一定带来规模效益，反而可能带来规模不效率（Leibenstein，1966；刘峰和周福源，2007；刘峰等，2009；刘明辉和王扬，2012；吴昊旻等，2015）。只有加强会计师事务所的内部建设，提升会计师事务所的审计效率和审计质量，才会从源头上提升会计师事务所的实力和影响力。为此，政府在推动会计师事务所做大规模的同时，中注协印发《注册会计师注册资产评估师行业诚信建设纲要》（会协〔2002〕295号）、《会计师事务所内部治理指南》（2008）和《会计师事务所品牌建设指南》（2016），引导会计师事务所加强自律和内部治理以及质量控制监督体系建设，建立和完善内部治理和质量控制体系，建立健全确保效率和审计质量提升的内生机制，确保事务所快速发展与控制风险、保证质量协调统一。

---

① 具有证券业务资格的事务所从1998年脱钩改制时107家，2000年年底减少到78家，2002年年底减少到71家，2012年年底减少到43家。财会〔2012〕2号文件实施后减少到40家（刘峰等，2000；张立民等，2008）。事务所合并是数量减少的原因之一，但是，事务所合并也是为了达到监管部门所要求的收入规模、CPA人数规模以及其他基本条件。据调研了解，为了扶持小部分大型事务所做强做大，2007年以来财政部、证监会不但不再批准新的证券业务资格申请，而且鼓励具有证券业务资格的事务所合并（财会〔2012〕2号文件起到鼓励合并的作用），从而导致有证券资格的事务所数量大量减少。

第四节　加强行业监管

会计师事务所在提供会计信息质量公证的准公共服务，向被审计单位收取审计费用，为会计师事务所发生道德风险和机会主义行为埋下了种子（于李胜和王艳艳，2010）。也正因如此，政府管制才被广泛应用于审计市场。会计师事务所作为经济组织的利己主义和经济动因，可能造成审计市场失灵，需要通过加强政府管制缓解这种市场失灵。中国注册会计师制度恢复重建以来，政府通过立法和建章立制，明确会计师事务所的社会责任，强化鉴证、审计会计信息、监督经济信息质量的国家经济监督与社会秩序治理的使命，突出会计师事务所为社会提供高水平审计质量的准公共服务的社会组织的职能，从而确立和加强了会计师事务所作为社会组织的组织属性。这些改革包括如下方面。

一　加强行业制度建设和监管体系建设

财政部和中注协为规范审计师的执业标准，制定实施了《中国注册会计师执业准则指南》等48项执业指南、《中国注册会计师鉴证业务基本准则》等22项准则、《中国注册会计师审计准则第1101号——注册会计师的总体目标和审计工作的基本要求》等38项准则、《中国注册会计师职业道德守则》等多个制度文件。为规范会计师事务所的行为和执业质量，制定实施了《会计师事务所执业质量检查制度》（2006年12月、2008年10月、2009年7月、2011年7月多次修订），每年按一定比例抽查事务所执业质量情况；制定实施《中国注册会计师协会会员执业违规行为惩戒办法》，加大对事务所治理约束不力和注册会计师勤勉不力等行为的处罚力度；中注协集中全国力量，针对证券所审计上市公司财务报表的质量进行质量检查，每年检查超过50%的证券所；地方注协负责非证券所的执业质量检查，每年检查20%左右的非证券所，全面加强事务所执业质量检查和执业违规行为惩罚。

二　加强行业管制

（1）加强审计市场准入管制，提高证券市场的门槛。中国政府一方面清理不符合要求的会计师事务所，另一方面提高市场准入标准。在调研中了解到，主管会计师事务所市场准入许可审批的各级财政部门有意放缓事务所设立申请审批，以控制审计市场的会计师事务所存量。特别是在快速发展的证券业务市场，市场进入门槛逐年提高。财政部、证监会先后于2000年6月、2007年4月、2012年1月三次修订了会计师事务所从事证券、期货相关业务资格的申请条件，特别是2012年1月的修订，大大提升了证券期货市场的准入条件：证券所的注册会计师人数从不低于80人提升到200人，累计执业风险准备金从不低于600万元提升到8000万元，上一年度业务收入从不低于1600万元提升到8000万元，合伙人人数要求从2人提升到不低于25人，组织形式从不具体规定具体组织形式提升到必须为特殊普通合伙制等。大幅提高证券市场准入门槛，阻止一大批新进入者，证券所得以独享资本市场发展壮大的好处。

（2）加强审计市场价格管制。在国家发展改革委、财政部联合发布《会计师事务所服务收费管理办法》基础上，中注协发布《关于坚决打击和治理注册会计师行业不正当低价竞争行为的通知》，要求各省出台具体的审计业务指导价格。在此要求下广东省于2012年1月1日正式实施《广东省物价局关于会计师事务所服务收费有关问题的通知》，实行为期3年的审计业务指导价格，实行价格管制，对会计师事务所行业造成巨大的影响。政府指导定价得到大多数中小型事务所的支持，却不利于那些市场认可的品牌事务所获得较好的品牌溢价。

以上制度改革表明，中国会计师事务所的发展历程无处不在地烙着政府"有形之手"的印记，特别是具有证券业务资格的会计师事务所一直处于强管制、严监管的状态之下。同时也表明，政府管制的形式从直接参与转变为间接参与，纯行政管制转变为前置的市场准入管制与过程的质量监管以及事后的惩罚等三个环节相结合的全面监管。政府希望通过实行严格的外部管制与监管，加强内部治理的制度安排与政策引导，营造和改善会计师事务所健康发展的外部环境，推动会计师事务所改善内部治理机制和质量控制机制的建设，提升会计师事务所生产效率和资源配置效率以及审计质量，以改善当前中国会计师事务所规模不大①、实力不强②、效率不高（许汉友等，2008；王咏梅和陈磊，2012；卢太平等，2014）的发展现状。

第五节　本章小结

中国会计师事务所审计制度恢复以来，一手抓产业扶持，促进会计师事务所做大做强；一手抓监管，确保会计师事务所的准公共服务职能。政府主导推动下的产权改革，明确了会计师事务所作为一个独立的经济组织的法律地位，极大地解放了会计师事务所行业的生产力；同时，得益于政府扶持会计师事务所做大做强的产业政策，会计师事务所行业得到快速发展。基于会计师事务所所承担的社会公证的准公共服务职能，政府由外而内不断加强对会计师事务所的监管，外在的监管包括加强会计师事务所市场准入、执业标准、审计定价等领域的监管，内在的监管包括要求会计师事务所加强内部治理、文化、品牌等的建设。中国政府对会计师事务所的制度改革，对促进会计师事务所效率和提升审计师的审计质量供给产生重大影响，有必要将这些制度背景纳入本书的研究框架，探讨当前中国经济社会转型时期会计师事务所如何做到既要大力推进以效率为驱动的高质量发展，又要保持高水平的审计质量，以确保会计师事务所作为国家治理和社会经济监督的使命得到落实。

---

① 中注协：《中国注册会计师行业发展报告（2015）》（中国财政经济出版社2016年版）指出，2015年总收入1000万元以上的事务所（565家）仅占事务所数量的6.6%。

② 2011—2015年，中国事务所百强榜前十家事务所的市场占有率分别为37.21%、37.95%、37.44%、38.57%、39.24%。而Frankel、Johnson和Nelson（2002）指出，在美国Big4的市场占有率为90.44%。Huang、Chang和Chiou（2016）指出，2011年国际Big4的市场占有率为90.8%。

第三章 会计师事务所效率的文献回顾

第一节 会计师事务所效率的内涵与测量

一 会计师事务所效率的内涵

（一）效率与运营效率

1. 效率

效率（efficiency）最初是一个物理学概念，是指给定装置单位燃料实际释放的热能与应该释放的最大热能之间的比值（Encyclopedia Americana，1966；Charnes 等，1978）。效率可以表达为以下等式：

$$E_r = y_r / y_R \qquad (3-1)$$

y_R 等于给定燃料投入理论上可以获得的最大热能；y_r 等于相同燃料投入中可获得的实际热能。E_r 是相对于理论上可以获得的最大热能的比值，由于燃料在燃烧过程中存在不完全燃烧，导致热能释放不完全或热能损失，因此，$0 \leq E_r \leq 1$。

2. 运营效率

效率被引用到微观组织领域就是通常所指的组织运营效率——指加权产出与加权投入的最大比值，即总产出与总投入之间的比值（Charnes 等，1978）。由于总投入转化为总产出的过程中存在损耗，导致运营效率值必然是小于等于1（理想状态下运营效率值有可能等于1）。因此，组织的运营效率可以表达为以下等式：

$$\max h_0 = \frac{\sum_{r=1}^{s} u_r y_{rj}}{\sum_{i=1}^{m} v_i x_{i0}}$$

$$\text{s. t.} \quad \frac{\sum_{r=1}^{s} u_r y_{rj}}{\sum_{i=1}^{m} v_i x_{ij}} \leq 1; j=1,\cdots,n; v_r,v_i \geq 0; r=1,\cdots,s; i=1,\cdots,m.$$

(3-2)

这里的 y_{rj}, x_{ij} 分别是第 j 个决策单元（Decision Making Unit，DMU）的产出和投入；$u_r, v_i \geq 0$ 分别是由这个问题的解所确定的变量的权重。这些决策单元集中的某一个决策单元的效率，是相对于其他决策单元的效率（Charnes 等，1978；Banker 等，1984）。

3. 会计师事务所运营效率

本研究所聚焦的会计师事务所效率是会计师事务所经营实体的运营效率（以下简称会计师事务所的运营效率）。会计师事务所的运营效率是指会计师事务所经营实体经营过程中总产出与总投入之间的比值，考察会计师事务所的经济资源是否存在被浪费或被充分利用的程度（刘明辉和王扬，2012）。参考主流文献的做法，本书研究会计师事务所经营实体的运营效率，是指会计师事务所经营实体作为一个决策单元的相对效率，因此，本书使用相对效率中的综合效率和配置效率，作为会计师事务所经营实体的运营效率的替代变量（Banker 等，2003；Banker 等，2005；Banker 等，2007；Chen 和 Lin，2007；Chien 和 Lee，2008；许汉友等，2008；

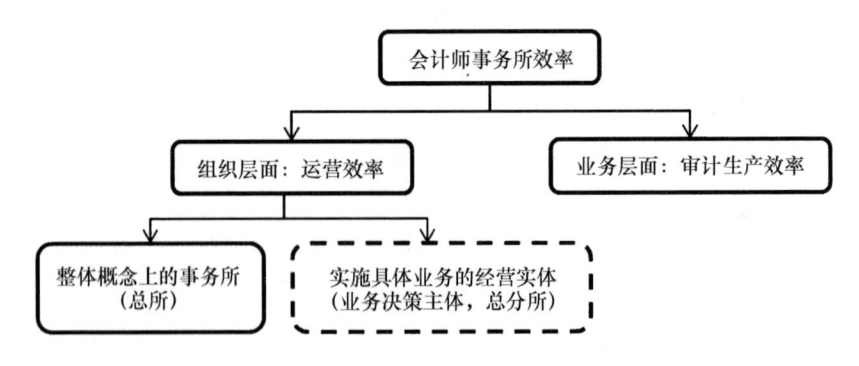

图 3-1 本研究会计师事务所效率的界定

Lee，2009；Chang 等，2011；刘明辉和王扬，2012；邱吉福等，2012；王咏梅和陈磊，2012；Chang 等，2015；许汉友等，2017）。

（二）不同理论视角的效率

1. 古典经济学的效率思想

古典经济学的诸多理论著作中虽然没有直接提出"效率"的概念，但是效率的思想一直是这些理论的基石。威廉·配第（William Petty）在其经典著作《赋税论》（1662）中指出，劳动是商品价值的源泉，劳动量是衡量商品价值大小的依据，而劳动生产率的提升是国家财富增长最核心的因素。亚当·斯密（Adam Smith）在《国富论》（1776）中指出，财富的积累和增长，一是要靠劳动生产率，二是要靠增加劳动数量（含人数和工作时间），而劳动数量的增加隐含着资本投入的增加；因此，财富的增加主要归功于劳动生产率的提升和资本的积累；而社会分工提高了劳动的熟练程度、节约了工作转换时间、导致了机器的发明，最终促进了劳动生产率。大卫·李嘉图（David Ricardo）在其著作《政治经济学及赋税原理》（1817）中指出，利润增长促进资本积累，而资本积累促进生产率发展，最终促进国民财富的增加。从这些经典的古典经济学思想中不难发现，古典经济学家们已经认识到劳动力、资本等要素的生产率是"看不见之手"的价值规律所追求的目的之一，也是实现经济增长和财富增加的最根本的方法途径，单要素效率是这一时期效率思想的主要构成。

2. 新古典经济学的效率思想

随着经济发展和社会进步，人们对效率的研究逐渐从抽象的经济思想拓展到微观的生产和资源配置领域。在微观主体的生产流程中，面临着生产什么、生产多少、如何生产、如何分配等决策问题，经济学家们演绎出新的效率理论思想，新古典经济学派创始人、现代西方经济学理论奠基者阿尔弗雷德·马歇尔（Alfred Marshall）在其经济学巨著《经济学原理》（1890）中指出，劳动和资本的增加，导致组织的改进，而组织的改进提升了劳动和资本的使用效率。最为经典的是 1896 年意大利经济学家维弗雷多·帕累托（Vilfredo Pareto）提出的帕累托效率（Pareto Efficiency）和 1960 年美国经济学家罗纳德·哈里·科斯（Ronald H. Coase）提出的、被后人总结为"科斯定理"，以及 1966 年美国经济学家哈维·莱宾斯坦（Harvey Leibenstein）提出的X效率理论。

帕累托效率的理论思想来源于一般均衡理论，它是指已经不存在一种方法可以使得某个人情况变好而不使其他人的情况变坏（毕泗锋，2008）。科斯定理放松了"完全理性经济人"的假设，认为人是"有限理性的契约人"；其核心思想是，如果交易成本为零，产权如何界定并不影响资源的配置效率。帕累托效率和科斯定理的效率思想认为，生产效率（技术效率）处于无效（即处于生产可能性边界以内）是暂时的，存在帕累托改进的机会；但是要素在生产者与消费者、生产者之间的分配的配置效率是市场无效率的主要表现。与古典经济学派一样，帕累托效率所关注的"效率"还是配置效率。

X效率理论放松了"理性经济人"的假设，构建新的假设：一是决策主体是具体的人而不是抽象的组织；二是人是有限理性的契约人，而不是完全理性的经济人；三是人的努力是不确定的，且人具有惰性；四是个体与组织的目标函数存在不一致。X效率理论认为，在资源要素投入和配置水平既定的前提下，生产函数取决于企业内部环境和行为个体的动机；产出效率具有很大的不确定性，企业存在无效率和企业之间存在效率差异是必然的。与帕累托效率和科斯定理的效率思想的观点不同，X效率理论认为，生产非效率（技术非效率）相对稳定，很难实现帕累托改进，而资源的配置效率却可以通过加强内部管理、协调员工工作积极性等实现帕累托改进（Leibenstein，1966；毕泗锋，2008；谭庆刚，2013）。X效率所关注的"效率"不仅是配置效率，还关注资源投入的生产率或产出效率（包括劳动力生产率和资本生产率）。

3. 现代经济学的效率思想

Farrell（1957）最早系统地指出，一个组织或部门的效率包含两部分：一是投入资源的使用效率，即技术效率；二是分配资源的效率，即配置效率。前者反映组织或部门资源投入的合理性，后者反映资源在各个部门或个体之间分配的合理性。沿着技术效率和配置效率的理论思想，学者们进一步研究基于投入最小化和产出最大化等不同视角下进一步分解技术效率和配置效率（Aigner等，1977；Kalirajan等，1996；Whitesell，1994），并从单要素效率拓展到全要素生产率（Abramovitz，1956；

Solow，1957；Lucas，1988），推动了效率理论的发展。

（1）单要素生产率

单要素生产率（Single Factor Productivity，SFP）是指经济组织或决策单元一定时期内的总产出与某一特定投入要素的比值，如资本生产率、劳动力生产率等。它衡量的是该要素的单位产出效率，有助于评价要素的使用效率及其动态变化。

（2）全要素生产率

相对劳动、土地、资本等单要素生产率而言，全要素生产率（Total Factor Productivity，TFP）是指一个经济组织或决策单元在一定时期内的总产出和总投入之比（Abramovitz，1956；Solow，1957）。

主流文献中的全要素生产率包括相对效率和全要素生产率的增长率。相对效率是指在一个同质的决策单元群组中，某一个决策单元（DUM）相对于该群组中效率最优的决策单元（具有效率最优的决策单元的效率值不一定等于理论上的最优值1）的效率值，该效率值就是该决策单元（DUM）的相对效率。Charnes等（1978a）通过构建DEA-CCR模型估计决策单元的相对效率，是指其他条件既定前提下，既定产出所需的最小成本占实际成本的比值。Banker等（1984）在DEA-CCR模型的基础上，通过构建DEA-BCC模型，将相对效率分解为技术效率、纯技术效率和规模效率。技术效率是指在生产技术不变、市场价格不变的条件和既定的要素投入比例下，实际产出与理论最大产出之比，等于纯技术效率与规模效率的乘积，也称为综合效率。纯技术效率是指规模报酬可变的情况下实际产出与理论最大产出之比，反映技术进步带来的产出贡献，代表当前的技术水平或生产率水平，因此也被称为生产率。规模效率是指规模可变的情况实际规模与最优规模之比，由于实际规模取决于资源配置，因此也被称为配置效率。在微观企业的研究中，相对效率经常被用来解释企业经营效率和经营质量。

全要素生产率的增长率是指相对效率的变化率，是用于测量决策单元相对效率的提高和技术进步的程度，可分解为技术效率的变化、规模效率的变化和技术进步。技术效率的变化等于既定产出所需的最小成本占实际成本的比值的变化（投入导向），或实际产出与理论最大产出之比的变化（产出导向）。规模效率的变化等于规模收益可变的情况实际规模与最优规模之比的变化。技术进步科学技术的传播与扩散对经济增长的影响。在宏观经济的研究中，全要素生产率的增长率经常被用来解释宏观经济的增长。

综上所述，本书研究会计师事务所经营实体的运营效率，是指会计师事务所经营实体作为一个决策单元的相对效率，是决策单元的全要素生产率的一种衡量方式。相对效率可分解为综合效率（技术效率，等于规模效率乘以纯技术效率）、配置效率（规模效率）、生产率（纯技术效率）。由于生产率所代表的技术进步在很长一段时间内是恒定的，因此，本书使用相对效率中的综合效率和配置效率作为会计师事务所经营实体的运营效率的替代变量，并根据语境需要以"会计师事务所效率"和"会计师事务所运营效率"表述，表达同样的内涵。

二 会计师事务所效率的测量

正如图3-1所示，会计师事务所效率包括两个层面：一个层面是组织层面的运营效率，组织层面的运营效率又包括会计师事务所总所的运营效率和经营实体的运营效率；另一个层面是业务层面的审计生产效率。

（一）组织层面的会计师事务所运营效率

1. 总所层面的会计师事务所运营效率

运营效率是最为人们所关注的一种组织效率，是衡量企业或组织经营过程中资源投入与产出之间关系的统称。相对效率是衡量企业或组织运营效率最为普遍的效率指标（Banker等，2003；熊婵等，2014）。Banker等（2003，JAE）以会计师事务所各类人力资源（包括合伙人、专业人员、员工、其他员工）为投入要素，以各项业务收入（包括会计审计业务、税收、管理咨询等）为产出要素，利用超越对数模型评估64个大型会计师事务所的效率。研究发现，在1995—1998年合伙人的边际生产收益持续增加，是专业人士的边际生产收益的9倍；会计师事务所行业的生产效率处于持续改进状态。Banker等（2005，MS）利用美国最大的100家会计师事务所中的64家的公开数据，以总业务收入、会计审计收入、税收收入、管理咨询收入为产出要素，以合伙人数、专业人数、其他人员为投入要素,运用 DEA-BCC 非参数估计方法,研究会计师事务所的生产效率变化、技术进步对会计师事务所的相对效率的影响。研究发现,在 1995 年至 1999 年,会计师事务所的生产效率平均增长了 9.5%,而且,生产效率增长主要得益于技术进步,而不是相对效率的改进;同时发现,那些越早进入管理咨询业务和税收业务领域的会计师事务所能获得更大的生产效率增长,而且这些会计师事务所也是行业技术进步的主要推动者。

在中国审计市场,得益于中国注册会计师协会从 2004 年开始公布《会计师事务所综合评价前百家信息》(以下简称《百家信息》),国内学者以人力资源要素为投入要素,包括合伙人、注册会计师、从业人员、领军人才等各种类型的人力资源数量和人力资本(包括学历、学位等),以业务收入(包括审计收入、咨询收入、税务收入等类型)为产出要素,利益 DEA 方法估计会计师事务所总所层面的组织效率(经营效率)(刘明辉和王扬,2012;许汉友等,2008;邱吉福等,2012;王咏梅和陈磊,2012;许汉友等;2017)。许汉友等(2008)利用 2005 年度中国事务所百强榜公开的数据,以排名前 20 位的事务所为研究对象,以各类人力资源投入[包括 CPA(注册会计师)人数、30 岁以上的 CPA 人数、高学历 CPA 人数]、分所数量、城市、研发支出与品牌建设等为投入要素,以各类业务收入(包括审计业务收入、资产评估收入、其他业务收入、分所收入)为产出要素,运用 DEA 方法估计会计师事务所的运营效率。研究发现,在中国的国际会计师事务所的运营效率整体较高,三分之二的本土所的配置效率没有得到充分释放。杨永森(2009)以人力资源(包括 CPA 人数、经验丰富的 CPA 人数、高学历 CPA 人数)、分所数量、所在城市的百强事务所综合得分、教育培训费等为投入要素,以各类业务收入(包括审计收入、资产评估收入、其他业务收入、分所收入)、业务增长率等为产出要素,运用 DEA 方法估计 2005 年中国百强榜前 15 家事务所的经营效率。结果表明,15 家事务所的平均效率值为 0.8484;9 家事务所处于有效率状态,6 家事务所处于无效率状态;事务所之间的效率差异较大,最高值与最低值之间相差 0.8。刘明辉和王扬(2012)以 CPA 人数和其他从业人员人数为投入要素,以事务所总收入为产出要素,运用 DEA 估计 2006—

2010年35家证券所的经营效率。结果表明，事务所总体效率水平不高，但呈逐年上升趋势，综合效率均值从0.42提升到0.62，配置效率均值从0.64提升到0.81。邱吉福等（2012）以2007—2009年连续三年出现在中国会计师事务所百强榜的52家事务所为研究对象，以CPA人数、领军人才数、CPA学历结构、CPA年龄结构等人力资本和分所数量为投入指标，以总收入作为产出指标，运用DEA方法估算事务所效率值，并进一步估算反映事务所动态效率的生产率指数。研究指出，中国大型事务所的效率并不高，明显存在资源浪费；同时，事务所的综合效率变动为正增长，但总的生产率水平在逐渐下降；部分会计师事务所在扩张规模的同时并没有提升效率。王咏梅和陈磊（2012）以2002—2010年连续9年进入中国事务所百强榜的29家事务所为研究对象，以CPA人数的单要素作为投入指标，以总收入作为产出指标，运用DEA方法估算事务所的生产效率。结果显示，2002—2010年中国会计师事务所的相对效率呈下降趋势，从0.659下降到0.607；生产率却得到大幅提升；同时，事务所间的相对效率差距存在不断扩大趋势。卢太平和张东旭（2014）以2007—2010年连续四年进入中国事务所百强榜的26家事务所为研究样本，以劳动力和资本金作为投入指标，以业务收入作为产出指标，运用DEA方法估算事务所运营效率。结果表明，中国事务所的综合效率保持在0.7—0.8，并呈不断提升趋势；三分之二左右的事务所处于规模报酬递增状态，三分之一的事务所处于规模报酬不变或递减状态。蒋尧明和杨晓丹（2015）以2012年44家具有证券业务资格的会计师事务所作为研究对象，以CPA、合伙人、分所等为投入指标，以各类收入及其增长率等为产出指标，运用DEA方法测算事务所的运营效率，得到中国会计师事务所的整体运营效率较高的结论；同时，国际四大事务所的运营效率优于本土所。

2. 经营实体层面的会计师事务所运营效率

经营实体层面的会计师事务所（国际文献称为"City-Office level"或"City Offices"或"Local Offices"）是事务所的主要决策单元和审计契约的签订、执行主体以及审计费用的受益者（Francis等，1999；Ferguson等，2003；Mayhew和Wilkins，2003；Francis等，2005）。相比聚焦于总所层面的会计师事务所的决策行为和业务层面的审计生产行为，聚焦于具体实施审计业务的经营实体（总分所，或办事处）层面的经营决策行为，对理解会计师事务所的审计收费决策和审计质量决策更有意义（Wallman，1996；Francis 等，1999；Ferguson 等，2003；Francis 等，2005；Choi 等，2010；Fung 等，2012）。会计师事务所经营实体作为谈判、签订和执行审计契约的决策单元，与整体上的会计师事务所是局部与整体、实质与抽象的关系，因此，考察经营实体的组织效率（运营效率）能反映具体实施审计业务的决策单元真实的资源投入、审计师行为。遗憾的是由于缺乏经营实体层面的数据，极少文献研究经营实体层面的会计师事务所效率问题，导致人们难以洞察会计师事务所效率的真实水平及其影响因素和经济后果与社会后果。

（二）业务层面的审计生产效率

业务层面的审计生产效率是国际文献的重要内容。现有文献主要从以下三种方法衡量业务层面的审计生产效率。

第一，以劳动力（包括合伙人、注册会计师、一般从业人员等）要素资源为投入（Davidson 和 Gist，1996；Hackenbrack 和 Knechel，1997；Knechel 等，2009），或以审计客户特征（如规模、业务复杂性、风险等特征）为投入要素（Palmrose，1989；Davis 等，1993；O'Keefe 等，1994；Knechel 等，2009；Cao 等，2015；Kang 等，2015；Lee 和 Park，2016），以审计工时为产出，探索投入要素与产出要素的线性关系，衡量审计生产的投入产出效率。

第二，以审计工时为投入要素，以审计费用为产出要素，利用 DEA 方法估计审计生产的投入产出效率（Dopuch 等，2003；Kim 等，2005）。

第三，以审计延迟等指标考察财务报表审计的时效性，以衡量会计师事务所审计生产的效率（Whitworth 和 Lambert，2014）。

（三）文献评述

（1）绝大部分文献聚焦业务层面的审计生产效率，缺乏对组织层面的运营效率、特别会计师事务所经营实体的运营效率的研究。

（2）现有文献的结论不一致，认知不清晰。现有文献显示，学者对中国会计师事务所的效率水平的结论并不一致，有学者认为运营效率水平较高，有学者认为不高，而且不同学者对运营效率的测量存在较大差异（见

表3-1);但一致的是认为国际四大会计师事务所的运营效率普遍高于国内事务所,国内会计师事务所的运营效率还有进一步提升的空间。

(3)会计师事务所效率的测算存在严重缺陷。现有研究比较一致地采用 DEA 方法估算会计师事务所的运营效率,但是学者们运用 DEA 方法估算效率所选择的投入和产出要素指标各不相同,且存在以下显著缺陷。

第一,现有研究只有人力资源一种投入要素,缺乏资本投入要素。这类投入要素即使包括 CPA 人数、领军人才数、从业人员数等,这些投入要素也仅仅是人力资源要素,导致无法反映事务所经营效率的真实状况。本研究对事务所效率估计模型作出改进。标准的柯布道格拉斯生产函数由两个基本要素构成:一是劳动力投入,二是资本投入。显然,现有文献估计会计师事务所运营效率的生产函数仅有劳动力投入,缺少资本投入,导致所估计的全要素生产率必然失真。本研究估计会计师事务所效率的 DEA 估计模型包括人力资源投入和人力成本投入两大类投入要素,符合标准生产函数的基本投入要素,弥补现有文献在估计方法上的缺陷。从产出要素来看,本研究包括业务总收入和总客户数,总客户数指标能够克服会计师事务所对客户的依赖程度,反映会计师事务所的业务风险程度。从投入产出要素的特征来看,效率估计模型的投入产出指标具有全行业的普适性和代表性,不含反映区域特征的要素指标。

第二,现有研究所采用的会计师事务所数据是总所层面的数据,且连续性差。中注协每年发布的会计师事务所综合评价前百家信息榜中的数据中,只有会计师事务所总收入和 CPA 人数、被处罚扣分等三个指标连续多年发布,其他数据指标连续发布一般不超过3年。会计师事务所的分所是事务所具体的经营主体,是相对独立的决策单元;同一个会计师事务所内的不同经营主体、不同决策单元的经营效率必然存在较大差异。因此,本研究聚焦在会计师事务所具体的经营主体(即总分所)的经营效率的影响因素及其后果,是对现有研究的进一步深化和拓展。

第三,现有研究的样本数据缺乏多样化。一般情况下只有大型事务所、证券资格事务所才可能连续多年进入中注协发布的《会计师事务所综合评价前百家信息榜》,现有研究的样本数据大多数仅包括 20—30 家不等的大型事务所,没有涵盖中小规模的事务所,无法全面反映事务所

第三章 会计师事务所效率的文献回顾

表3-1 现有文献对我国会计师事务所总所层面的运营效率的估计结果

研究者(年度)	样本时期	样本来源	投入要素	产出要素	技术效率(TE)
许汉友等(2008)	2005	2005年度会计师事务所全国百家信息,前20家	1. CPA数 2. 大于30岁的CPA数 3. 大学以上学历的CPA 4. 分所数 5. 所在城市 6. 研发支出	1. 审计收入 2. 资评收入 3. 其他收入 4. 分所收入 5. 业务增长率	0.777
曹强等(2008)	2004—2005	全国证券资格所	1. 客户审计费用	1. 客户规模 2. 客户复杂程度 3. 客户风险	0.88
杨永淼(2009)	2005	2005年度会计师事务所全国百家信息,前20家	1. CPA数 2. 经验丰富的CPA 3. 大学学历以上的CPA 4. 分所数 5. 后续教育完成率 6. 所在城市得分	1. 审计收入 2. 资评收入 3. 其他收入 4. 分所收入 5. 业务增长率	0.848
邱吉福等(2012)	2008—2010	连续3年进入会计师事务所全国百家信息榜的52家	1. CPA数 2. 领军人才数 3. CPA学历结构 4. 分所数	1. 总收入	0.943
刘明辉等(2012)	2008—2010	35家证券所	1. CPA数 2. 从业人员数	1. 总收入	0.544
王咏梅等(2012)	2002—2010	连续9年进入会计师事务所全国百家信息榜的29家	1. CPA数	1. 总收入	0.626
卢太平等(2014)	2007—2010	连续4年进入会计师事务所全国百家榜的26家	1. CPA数 2. 领军人才人数 3. CPA学历结构 4. CPA年龄结构 5. 分所数 6. 注册资本	1. 总收入	0.85
蒋尧明等(2015)	2012	47家证券所	1. CPA数 2. 合伙人数 3. 分所数 4. 非财务比率	1. 业务收入 2. 统一经营的业务收入 3. 审计收入增长率 4. 审计收入增长率 5. 客户数 6. 客户增长率	0.967
许汉友等(2017)	2013—2014	40家证券所	1. CPA数 2. 合伙人数 3. 从业人员数 4. 分所数	1. 业务收入 2. 统一经营的业务收入 3. 综合评价其他指标得分	0.855

行业经营效率的真实状况。

综上所述，人们较多关注业务层面的审计生产效率，忽视了组织层面的经营效率的关注。在少量组织层面的运营效率的研究中，仅关注总所层面的运营效率，缺乏经营实体层面的运营效率的研究；而且，在总所层面的经济效率估计模型存在严重缺失，导致效率估计失真。在当前中国经济向高质量发展转型和产业转型升级的背景下，探索会计师事务所经营主体的运营效率，弥补了当前理论研究的不足与缺失，有助于为会计师事务所经营者提升运营效率提供决策参考，也有助于人们理解会计师事务所最基本的决策单元的运营效率对审计质量的影响，对推动会计师事务所向以效率为驱动的高质量发展转型提供经验证据。

第二节 会计师事务所效率的影响因素

影响组织效率的因素有很多，包括内部因素和外部因素（见图3-2）。

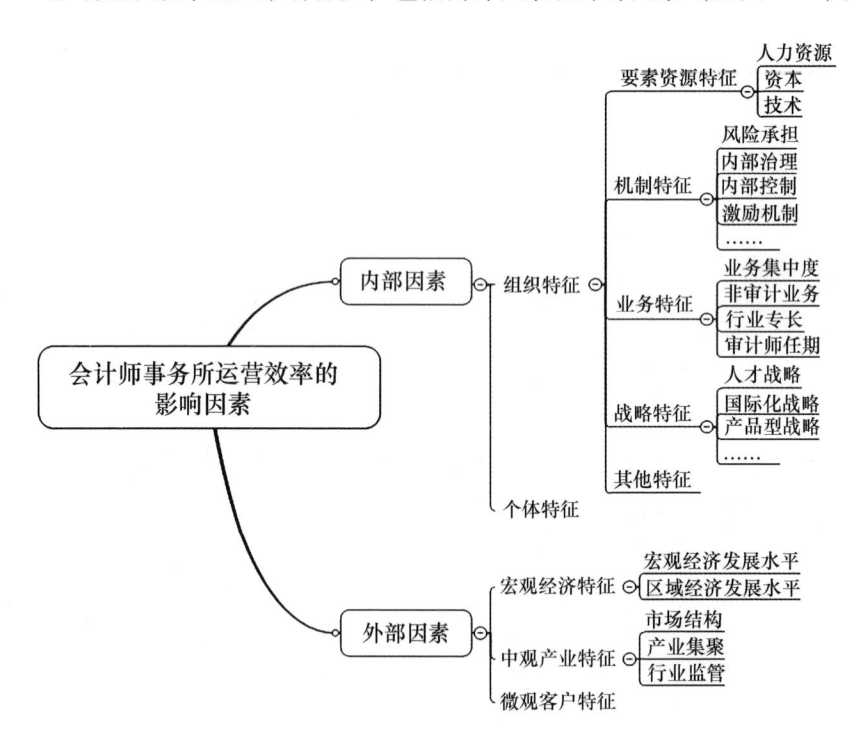

会计师事务所运营效率的影响因素
- 内部因素
  - 组织特征
    - 要素资源特征
      - 人力资源
      - 资本
      - 技术
    - 机制特征
      - 风险承担
      - 内部治理
      - 内部控制
      - 激励机制
      - ……
    - 业务特征
      - 业务集中度
      - 非审计业务
      - 行业专长
      - 审计师任期
    - 战略特征
      - 人才战略
      - 国际化战略
      - 产品型战略
      - ……
    - 其他特征
  - 个体特征
- 外部因素
  - 宏观经济特征
    - 宏观经济发展水平
    - 区域经济发展水平
  - 中观产业特征
    - 市场结构
    - 产业集聚
    - 行业监管
  - 微观客户特征

图3-2 会计师事务所运营效率的影响因素体系

由于该领域的相关文献较少，以下文献梳理将不局限于会计师事务所经营实体领域，同时包含上市公司领域的研究，特别是内部机制对企业运营效率的影响文献。

一 内部因素

（一）组织特征

1. 要素资源特征

会计师事务所行业是典型的人力资源密集型和智力密集型行业，合伙人（股东）、注册会计师是事务所的核心要素资源，雇用高素质的人力资源与投资于高素质的人力资源对会计师事务所的发展同样重要（Blokdijk 等，2006）。因此，人力资源要素对事务所效率有着非常重要的影响（O'Keefe 等，1994；Banker 等，2003；Banker 等，2005；郭弘卿等，2011；刘明辉和王扬，2012；Cheng 等，2013；卢太平和张东旭，2014；Lee 和 Park，2016）。O'Keefe 等（1994）提出了一个以公司投入和产出为基础的审计生产模型，利用美国一家具有代表性的大型会计师事务所的内部数据，对各级员工（如合伙人、经理、高级、员工等）的投资时间与产出的关系进行了评价。Banker 等（2003、2005、2007）基于美国最大的 100 家会计师事务所的公开数据，探讨人力资源、技术进步等对事务所综合效率和配置效率的影响，研究发现，技术进步是会计师事务所效率提升的主要驱动力。Chen 等（2008）的研究表明，专业培训和人力资源分别与事务所的经营业绩显著正相关。Chien 和 Lee（2008）基于 2002 年中国台湾地区财政部门的调查数据，从创新、人力资源、市场份额和广告支出的角度考察了会计师事务所的生产率。研究表明，创新能力、专业人员占员工总数的比例、市场份额与会计师事务所的生产率均呈正相关。然而，在大、中、小三种类型的会计师事务所中，广告支出与生产率的关系是不稳定的。由于中国台湾地区的监管规定，会计师事务所不允许登广告。相反，它们只能报道与新的职位空缺或新工作人员有关的媒体信息，广告不能对生产力产生积极影响的原因。Lee（2009）以分支机构数量、员工总数、合伙人数量、总支出为投入要素，以鉴证收入、税务收入、管理咨询收入、其他业务收入为投入要素，运用 DEA 方法评估 2005 年中国台湾地区 173 家中等规模的会计师事务所的经营效率。研究发现，员工和合伙人人数越多的事务所，其经营效率越高。Chang 等（2011）基于中国台湾地区会计师事务所 1993—2003 年的调查数据，研究发现 IT 技术和人力资本对企业的生产效率和生产率有重大影响：技术资本和人力资本的积累推动了会计师事务所行业生产率的提升；"四大"和"非四大"之间存在显著的生产率进步差异，这种差异主要归功于技术的进步，特别是技术资本的积累；相比专注于传统审计业务的事务所而言，非审计业务高增长的事务所通过信息技术和人力资本的积累而拥有更高的生产率提升。郭弘卿等（2011）的研究发现，会计师事务所薪资水平与经营绩效正相关；会计师事务所人力资本与经营绩效正相关。刘明辉和王扬（2012）的研究表明，合伙人占注册会计师的比例、注册会计师占其他从业人员的比例为特征的审计师人力资源分别与事务所运营效率显著正相关，而领军人才对运营效率的影响还不具有显著性。Lee 和 Park（2016）研究发现，内部审计人员越多，他们对财务报表审计的贡献就越大，外部审计师利用具有会计和法律专业知识的内部审计师的工作来提高审计效率，从而大大提升了审计效率。

投资信息技术已被认为是提高公共会计师事务所生产力和服务效率的关键因素（Banker 等，2002；Janvrin 等，2008）。在最近二十年来审计市场的竞争越来越激烈，一个显著的特征就是全球联盟和网络的数量快速增加，会计师事务所控制成本的压力不断增加（Johnstone 等，2004）。在这一竞争环境下，信息技术使会计师事务所能够实现日常审计任务的自动化，并改善审计团队内部的工作协作和沟通，从而加强其服务的质量和效率（Banker 等，2002；Janvrin 等，2008）。此外，客户聘用公共会计师事务所通常是为了帮助整合公司信息系统，或者是帮助实施包含办公室自动化和自动化仓储的完整系统（Banker 等，2002），从而推动了整个行业的技术进步水平；利用先进的信息技术能够降低审计师与客户之间的信息不对称，有助于提升审计师的生产效率（Melville 等，2004；Shin，2006；Chari 等，2008；曾昌礼等，2018）。但是，对信息技术的投资将挤占会计师事务所有限的资本，同时，信息技术的应用需要相应的技术培训和高素质员工聘用，这又将需要大笔的资本投入；

因此，信息技术的应用未必就能带来更多的产出和更高的效率（Lee，2009）。正如 Godwin（2007）的研究发现，在对各种类型的管理软件进行了大量投资之后，会计师事务所仍然难以获得有效管理所需的洞察力，无法提升事务所的绩效。

2. 基本特征

Chang 等（2009b）基于 1994 年中国台湾地区会计师事务所的数据的研究发现，事务所的规模和年龄、服务范围和员工培训支出等因素对事务所的整体效率产生了积极的影响。Lee 等（2009）的研究表明，事务所规模与运营效率显著正相关；相比没有分支机构的事务所，有分支机构的事务所的效率更高。Chang 等（2015）的研究发现，短期来看，事务所过度兼并带来的规模扩张有损事务所整体的规模经济效率，而长期来看事务所的规模扩张是否带来更高的规模经济效率尚不明确。刘明辉和王扬（2012）的研究表明，规模越大的事务所，其运营效率越高；审计质量与事务所效率显著负相关。

3. 业务特征

Chang 等（2009b）基于 1994 年中国台湾地区会计师事务所的数据的研究发现，事务所的审计、税务、管理和咨询服务等非审计服务对事务所的整体效率产生了积极的影响。Banker 等（2003）的研究发现，事务所的配置效率与审计业务、管理咨询业务显著正相关，与税务业务显著负相关；更早进入管理咨询业务的事务所和管理咨询业务发展速度高于传统审计与税务业务的事务所的经营效率更高，而且这些事务所对事务所行业的技术进步贡献更大。Kim 等（2005）的研究发现，"四大"会计师事务所提供管理咨询服务与审计生产效率负相关，而客户的股东现金流与事务所的审计生产效率正相关。Lee（2009）研究发现，业务收入越高、总支出越高，其经营效率越高。Chang 等（2009a）基于美国 62 家大型会计师事务所的公开数据，演讲发现在萨班斯—奥克斯利法案通过后，行业生产率的提高是由管理和咨询费等非审计业务收入的增长推动的。Chang 等（2011）将生产力增长分解为四个组成部分：效率变化、技术进步、信息技术资本积累和人力资本积累。该研究基于 1993—2003 年中国台湾地区 51 家事务所的研究发现，会计师事务所的非审计业务对生产率增长的贡献明显高于传统审计服务业务。审计师提供非审计服务有利于提升审计过程的效率（DeFond 等，2002；Ashbaugh 等，2003；Kinney 等，2004；Knechel 和 Sharma，2012）。Knechel 和 Sharma（2012）的研究发现，当非审计费用更高时，审计报告延迟越短，客户财务报告的操控应计越低、财务重述的概率也越低，表明非审计服务具有知识溢出效应，从而有助于提升审计师的审计质量，也提升了审计的有效性和效率；而且非审计服务对审计质量的促进作用在塞班斯法案（Sarbanes-Oxley Act，SOX 法案）实施前更显著。刘明辉和王扬（2012）的研究表明，以其他收入占比为特征的业务多元化程度与事务所运营效率显著正相关；以审计师行业专长与事务所运营效率呈负相关关系。

Bell 和 Marrs（1997）的研究表明，审计师积累特定行业知识和审计经验，有助于审计师更准确地评估企业风险和防范审计风险，从而提高审计师在该行业的审计效率和审计质量，也因此获得更高的审计收费溢价。宋子龙和余玉苗（2018）指出，不同行业专长的事务所，掌控要素投入的能力和水平存在显著差异，从而导致投入产出效率存在显著差异。曹强等（2008）的研究表明，行业专业化程度与审计生产效率正相关。刘明辉和王扬（2012）的研究表明，以审计师行业专长与事务所运营效率呈负相关关系。

4. 战略特征

事务所一般会根据自身的知识专长和资源优势，有的事务所选择通过审计少量大规模客户建立"产品型"行业专长，以占领市场制高点的战略或策略进入市场；而有的事务所选择通过审计大量小规模客户形成"低成本型"优势，以占领更多的市场。"产品型"战略一般需要事务所投入较多的要素资源，由此导致审计效率下降，但也可能给事务所带来更多的审计费用（Cahan 等，2011；Whitworth 和 Lambert，2014）。但是，"产品型"战略也可能造成事务所因经济上过度依赖客户而降低独立性，从而降低审计服务质量，甚至发生更严重的审计合谋等行为（Chen 等，2010；曹强等，2012；陆正飞等，2012；贾楠和李丹，2015）。"低成本型"战略通过审计大量的客户，积累丰富的审计经验和专业知识，有助于降低审计成本，从而提升审计效率；但是，在广大的小客户市场面临更为激烈的竞争，这些事务所可能为了获得规模经济效益和竞争优势，极有可能通过降低审计收费、减少单个客户的审计收费，以谋求"以数量取胜"的策略，最终导致事务所效率或审计效率的下降（Fund 等，2012；宋子龙和余玉苗，2018）。Chen 和 Lee（2006）的研究发现，加入战略联盟的会计师事务所的业绩显著好于没有加入战略联盟的事务所。卢太平和张东旭（2014）的研究表明，事务所的多元化战略与事务所运营效率显著正相关；规模化战略与事务所运营效率显著正相关；以注册会计师人数为衡量指标的人才战略与事务所运营效率显著负相关，而以领军人才数为衡量指标的人才战略与事务所运营效率显著正相关。

5. 内部机制特征

合伙制和有限责任制是两种不同的风险承担制度安排，代表不同的风险承担偏好；而风险承担偏好对审计师的投入产出决策和努力程度有着重要影响，从而影响会计师事务所的运营效率。但是，现有研究对合伙制和有限责任制的研究结论并不统一，刘明辉和王扬（2012）的研究表明，有限责任制会计师事务所的运营效率更高。

公司治理是基于历史和市场的原因，由于所有权与经营权的分离，用以缓解委托代理问题、提升企业绩效、保护所有产权人的利益的各种机制的集合（Shleifer 和 Vishny，1997；La Porta 等，2002；Li 等，2012）。治理机制包括内部控制机制，如所有权结构、董事会特征、外部监督者和高管薪酬，外部监督机制包括法律制度、活跃的收购市场和产品市场竞争等（Huson 等，2001；Denis 和 McConnell，2003；Huang 等，2014）。Lin 等（2009）考察股权结构、股权集中度、董事会特征、监事会结构、市场化程度、规模经济等治理机制对企业效率的影响。该研究利用 DEA 估计企业效率，投入要素包括员工人数、股本、中间产品，产出指标为收入。研究发现，企业效率与国有股权呈负相关；与公有制和职工持股呈正相关；股权集中度与企业效率的关系是"U"形的，表明了最大股东的掏空行为的存在。在三种控股股东中，国家对公司效率的负面影响最大，其次是国有法人。这些结果提供了强有力的证据，表明政府干预降低了企业效率。结果表明，外部董事比例和董事会会议次数与公司效率呈正相关,说明董事会可以成为一种有效的内部治理机制。省级市场化程度作为外部治理机制力量的代表,与企业效率呈正相关。结果表明,通过改善公司治理来重组国有企业已经提高了公司效率,但在不将所有权和控制权从国家转移到公众的情况下,部分私有化仍然是中国企业效率低下的主要原因。Cao等(2015)基于中国审计市场的研究表明,内部治理与审计努力之间显著负相关,表明公司的内部治理机制越好,事务所所花费的审计工时越少,从而提升了审计生产效率。

人力资源培训机制对改善企业绩效有积极影响(Nafukho和Hinton,2003;Biryukov,2017)。在会计师事务所,人力资源是最重要的投入要素,对事务所的业绩和效率影响最为明显(Banker等,2003;Yilmaz和Chatterjee,2003;Carcello等,2018);对审计师的培训对提升审计师的职业能力和审计质量以及事务所的绩效有积极作用(Chen等,2008)。Chen等(2008)研究职业培训和人力资源对不同组织类型的会计师事务所业绩的影响。研究发现,高职业培训和高人力资源的会计师事务所的业绩显著优于低职业培训和低人力资源的事务所,而且职业培训、人力资源越高,越有利于事务所的业绩。

6. 其他组织特征

李明辉和刘笑霞(2012)的研究表明,短期来看会计师事务所合并并不能降低审计延时、提升审计效率,但长期来看事务所合并特别是"非四大"事务所的合并能够降低审计延迟、提高审计效率。降低审计延迟,在短期内甚至还可能提高审计延迟。

基于内部控制的审计模式和基于风险导向的审计模式是两种不同的审计模式,审计模式决定了审计资源和审计计划的安排(Cao等,2015)。Cao等(2015)基于中国审计市场改革的研究表明,审计师采用基于风险导向的审计模式有助于优化审计资源配置,提升了事务所的风险审计能力,但增加了审计生产的总工时,降低了审计生产效率。

(二)审计师个体特征

高阶理论认为,企业是高层管理者的特征的反映,组织行为包含着显著的高管个人特征的印记,特别是CEO的个人特征印记。在过去的十多年里,越来越多的女性成为公司高管、企业家、政府高级官员,管理决策的性别差异得到越来越多研究者的关注。

关于性别差异的研究中，绝大部分研究认为女性审计师更谨慎、所提供的审计质量更高（Sun 等，2011；Niskanen 等，2011；Ittonen 等，2013；Hardies 等，2012、2016；），也有少部分文献认为女性审计师与男性审计师并不存在显著的性别差异（O'Donnell 和 Johnson，2001；Gul 等，2013；Hottegindre 等，2017）。有部分研究发现男性与女性审计师互有优劣（Chung 和 Monroe，2001；Hossain 等，2016；叶琼燕和于忠泊，2011；张兆国等，2014）。Chung 和 Monroe（2001）实验证明女性审计合伙人在复杂的审计任务中信息处理更有效率，而男性审计合伙人的审计判断更准确。O'Donnell 和 Johnson（2001）的实验表明，在复杂程度高的任务环境下女性审计师信息处理的效率更高，而男性审计师在复杂程度低的任务环境下信息处理的效率更高。总而言之，大部分主流文献发现女性审计师的财务报告质量更高（丁利等，2012；郭春林，2014）、会计信息更稳健（罗春华等，2014）等；少部分研究发现，男性审计师提供更高的审计质量优于女性审计师（叶琼燕和于忠泊，2011；张兆国等，2014）；也有少量研究发现，审计质量不存在显著的性别差异（李江涛等，2012；王兵等，2014）。

关于审计师的年龄的研究发现，审计师的年龄与审计质量显著正相关（叶琼燕和于忠泊，2011；丁利等，2012；张兆国等，2014）；与会计信息稳健性无显著关系（陈小林等，2016）。关于审计师的教育背景的研究发现，财会专业、接受过西方系统会计理论教育的审计师提供更高的审计质量（叶琼燕和于忠泊，2011；丁利等，2012；Gul 等，2013）；审计师具有本科及以上学历对客户财务报表会计稳健性具有显著正向影响（陈小林等，2016）；获得硕士及以上学位的注册会计师则更具有攻击性（Gul 等，2013）；但也有研究发现学历、专业等教育背景对审计质量无显著影响（叶琼燕和于忠泊，2011；丁利等，2012；郭春林，2014；张兆国等，2014）。关于审计师的执业经验的研究发现，丰富的执业经验能够提升审计质量（叶琼燕和于忠泊，2011；Gul 等，2013；郭春林，2014）和会计信息稳健性（罗春华等，2014），也有研究发现执业经验与会计信息稳健性无显著关系（陈小林等，2016）。关于审计师的身份特征的研究发现，合伙人审计师能够提供更高的审计质量（叶琼燕和于忠泊，2011；Gul等，2013），但也有研究发现合伙人审计师的审计质量更差（丁利等，2012）。政治身份与审计质量无显著关系（叶琼燕和于忠泊，2011；丁利等，2012；郭春林，2014）；党员的注册会计师则更具有攻击性（Gul等，2013）。拥有更高职位等级的审计师并没有提供更好的审计质量（郭春林，2014；罗春华等，2014），甚至审计质量更差（张兆国等，2014）。关于审计师任期的研究发现，审计师任期与审计质量显著正相关（张兆国等，2014），与会计信息稳健性显著负相关（周炜等，2012；朱松和陈关亭，2012）。获取其他资格证书越多的注册会计师反而降低了审计质量（郭春林，2014）。

以上审计师个体层面的研究从会计师事务所的社会组织属性出发，探讨审计师的个体特征对会计师事务所准公共服务职能的履行效果或质量的影响，而对会计师事务所经济组织属性的影响关注较少。人力资源的质量通常以教育水平和工作经验来衡量（Hall和Jones，1999；George和Anthony，2018）。人们普遍认为，大学教育和工作经验都是建立审计专业知识不可缺少的（Hitt等，2001；Chang等，2011）。由于会计师事务所提供的专业服务十分复杂，它们既需要技术知识，也需要隐性管理知识（Tan和Libby，1997），这些都是通过高级教育和工作经验获得的。因此，具有较高教育水平和在这一领域有更多经验的专业人员构成了会计师事务所更大的人力资本。这种人力资本反过来会为客户提供更高质量的服务，从而促进会计师事务所的生产力增长（Bröcheler等，2004）。不同审计师个体之间拥有不同的教育背景、行业专长知识和风险偏好以及行为倾向，不同审计师个体对审计资源的要求和投入水平以及产出水平的掌控能力也不尽相同，从而导致在投入产出效率和审计服务质量等结果上存在显著差异（Zerni，2012；宋子龙和余玉苗，2018）。Chen和Lin（2007）以1996—2001年中国台湾地区45家会计师事务所的面板数据，利用DEA和Malmquist生产率指标估计生产技术变化和技术效率变化，考察了合伙人的人力资本对事务所技术效率的影响。结果表明，在抽样期间事务所的生产率增长了27%，技术进步了31%，但相对效率下降了5%；事务所的技术效率与合作伙伴所体现的人力资本之间的正相关关系。

二 外部因素

（一）宏观经济因素

Lee（2009）认为，中国区域经济发展不平衡是地理条件、人力资本积累、基础设施投资、产业集聚、贸易和外商直接投资开放以及地方市场自由化政策等因素综合作用的结果。Dopuch等（2003）首次探讨审计生产效率对审计定价的影响中提到，他们的回归模型中缺乏事务所当地的宏观经济发展水平和市场竞争状况等影响效率的因素，降低了审计效率对审计定价影响的解释力。

（二）产业行业因素

市场结构对审计收费和审计质量有重要影响。市场结构，又称产业结构，是指市场中存在的竞争程度（Huber，2015）。市场结构有四种模式：完全竞争、垄断、垄断竞争和寡头垄断；但是，这四种市场模式都无法完全解释当前的审计服务市场的市场结构（Huber，2015）。一方面，竞争带来的行业集中度提升有利于事务所获得规模经济和产出效率的提升；另一方面，市场集中度过高将损害市场竞争，有可能导致效率损失。20世纪70年代中期，美国会计师协会取消了对会计师事务所广告和直接招揽的禁令，这些变化提升了美国审计市场的竞争活力和事务所效率（Maher等，1992；Hackenbrack等，2000；Hay和Knechel，2010）。进入80年代以来，大量会计师事务所合并加快了市场集中度的提升，引起监管部门和审计客户的担心。GAO（美国政府会计责任办公室，2008）认为，除了主要竞争对手利用其市场力量收取不具竞争力的价格的潜力，高度集中的市场也引起其他竞争问题，例如，具有巨大市场力量的事务所有可能降低其产品质量或削减其提供的服务，因为缺乏竞争性的替代选择将限制客户在其他地方获得审计服务的能力。GAO（2008）指出，许多客户认为他们在选择审计师方面的选择有限，审计师之间的竞争程度不够（Dunn等，2011）。Lee（2008）以1992—2003年中国台湾地区的调查数据，基于市场结构—行为—绩效（SCP）分析框架，研究了市场结构和审计事务所的行为对绩效的影响。实证结果表明，不完全竞争程度与绩效呈正相关，表明不完全竞争程度越高，市场就越趋向寡头垄断，从而导致审计公司的盈利能力增强。企业多元化程度也与绩效呈正相关，表明业务多元化对审计公司的绩效有积极的贡献。

行业集中度是反映市场结构的重要指标之一。具有较高行业集中度的大型会计师事务所一方面通过市场竞争和行业扩张获得更高的行业专业化水平和竞争优势，获得更高的审计收费议价能力和溢价水平；另一方面通过获取更多的大客户以分摊其审计投资成本，使事务所获得规模经济，从而提升了事务所的产出效率（Weiss，1989；Cahan 等，2011；Fung 等，2012；Eshleman 和 Lawson，2017）。

行业管制对市场的产出效率有明显影响。审计市场是一个受强管制的市场（Fogarty 和 Parker，2010）。Huber（2015）认为，审计服务市场是由政府创造的，导致审计服务的供求同时受到管制，以至于扭曲了审计的供求关系。对审计供给的管制，造成审计供给曲线是一条陡峭的、高度非弹性的供应曲线；供应的转移在短期内是不存在的。政府对上市公司发布经独立审计师审计的财务报表的法定要求和对审计市场准入和审计收费进行管制，造成了对审计需求的扭曲，也导致生产者面临着一条"扭曲的需求曲线"。扭曲的需求曲线干扰了企业实现利润最大化的能力（Hall 和 Hitch，1939；Stigler，1947；Reid，1981；Waldman 和 Jensen，2006；Baye，2010；Huber，2015），并导致事务所在审计收费和审计生产决策中必须使用战略博弈策略。在中国审计市场，政府管制并没有解决"市场失灵"，反而产生"管制失灵"，从而导致效率更大的损失（张奇峰，2005；于李胜和王艳艳，2010）。Chang 等（2009b）对比56家美国会计师事务所在美国萨班斯—奥克斯利法案通过前后的效率、生产率和技术进步的差异，发现外部管制对事务所内部资源配置效率的影响不显著，社会生产力的改进主要得益于技术进步，而不是提高效率。

（三）城市地域因素

Sen 和 MacPherson（1998）评估了纽约州中小型会计师事务所在增长、业绩和经营特征方面的区域差异程度，发现区位因素在这些企业的战略行为中只起着有限的作用。Eshleman 和 Lawson（2017）认为，美国审计市场的市场集中度提升对审计收费有何影响（负向或正向）尚不清楚，对首次审计的审计收费是否存在低价竞争也是不清楚的（Elliott 等，2013），很大的原因在于现有研究中是否控制了会计师事务所所在城市的固定效应带来的回归结果差异，这说明现有研究的回归模型存在遗漏变量的模型设计问题。曹强等（2008）的研究表明，异地所比本地所具有更高审计生产效率；未发现事务所任期对审计生产效率有显著影响；同时，事务所对被出具非标准审计意见的客户进行审计时表现出显著的高效率，表明审计师在面对高风险客户更倾向于直接出具非标审计意见作为自我保护措施，而不是通过追加审计程序、扩大审计范围来降低审计风险。

（四）审计客户的特征

审计客户特征是审计生产效率的外生影响因素（Hackenbrack 和 Knechel，1997；Knechel 等，2009；Fund 等，2012）。Hackenbrack 和 Knechel（1997）认为，审计契约决定了事务所的资源要素投入量和投入组合，客户规模、行业属性、业务复杂度、固有风险等审计契约的特征，决定了审计生产的总工时（O'Keefe 等，1994）。O'Keefe 等（1994）认为审计生产效率是固定保障水平下的受约束的成本最小化问题，审计客户规模是这一生产函数重要的自变量。Kang 等（2015）认为审计效率取决于实现成功审计所需的总体审计努力。他们的研究发现，在保持一定审计质量水平的前提下，客户财务报表的可比性与审计时间呈负相关，表明财务报表的可比性提升了审计效率；同时，外部分析师的关注减弱了财务报表可比性与审计工时之间的负相关关系。审计效率能够降低审计的机会成本，有助于审计师专注于高风险的工作，从而既提升了审计生产效率，又能改进审计生产质量。Knechel 等（2009）以劳动力成本为投入要素，花费的时间为产出要素，基于规模收益可变的 DEA-BCC 模型估计审计生产效率发现，规模大、自动化程度高的客户的审计效率更高，12 月进行审计的客户的效率更高。

先前的研究表明，客户的固有风险和控制风险降低了审计效率。O'Keefe 等（1994）的研究发现，审计时间水平对客户固有风险和控制风险有显著影响。Bell 等（2001）的研究发现，审计时间随着客户业务风险的增加而增加。Kopp 和 O'Donnell（2001）、Knechel 等（2010）的研究发现，包括审计风险评估在内的规划阶段对于提高审计效率非常重要；彻底评估客户的业务风险和固有风险可以改善审计工作的有效分配、提高审计效率和效力。对客户审计的分析程序是审计师提高审计效率的另一种方式（Tabor 和 Wills，1985；Wright 和 Ashton，1989；Chen 和 Leitch，1998）。监管机构和研究人员认为，在日益激烈的竞争和成本压力下，使用分析程序对于提高审计效率至关重要；有效的分析程序可以通过帮助审计员发现财务报表错误、提高信息的有效性，从而提高审计效率（Hylas 和 Ashton，1982；Cohen 和 Kida，1989；Ameen 和 Strawer，1994；Menon 和 Williams，2001）。

三 文献评述

从以上文献回顾可以看出，学者们对影响组织效率的因素已经有较为丰富的研究，但是对特殊行业、特殊组织的效率的影响因素的研究并不多。在少量会计师事务所效率的影响因素的研究中，学者们仅关注人力资源投入，或组织基本特征，或组织战略等单一要素对事务所效率的影响，缺乏系统、全面的研究设计，缺乏将组织内部、外部等主要因素和宏观、中观、微观等因素综合考虑。特别是缺乏关注会计师事务所的内部机制对会计师事务所及审计师的行为和后果的研究。"审计机构治理机制与审计质量研究（G0206）"列入2019年国家自然科学基金重点项目指南，反映了内部治理、内部控制等会计师事务所内部机制得到国家层面的广泛关注。

企业实践和理论研究的经验告诉我们，影响组织效率的因素一定是非常广泛的，现有文献展示的只是其中一小部分。尽管这样，我们从唯物辩证法的逻辑出发，梳理影响会计师事务所效率的主要内因和外因，内因主要包括组织的基本特征、要素资源特征、业务特征、战略特征、运行机制特征、审计师个体特征等因素，外因主要包括宏观经济发展的特征、中观产业发展的特征、城市地域的特征、客户的特征等因素，这些因素都将纳入我们的回归模型一起检验其对会计师事务所效率的影响。

第三节 会计师事务所效率的行为后果

一 审计定价行为及后果

传统经济学效率理论认为，效率提升导致总成本下降、市场竞争力增强，使经济体获得规模经济；认为效率是经济组织获得经济利益最大化的根本途径和重要抓手；而规模经济则导致垄断，垄断则反过来损害效率。这就是经济学上著名的"马歇尔冲突"（斯密，1776；马歇尔，1890；斯蒂格勒，1968；Baumol 等，1983；胡寄窗，1988；Clark，1998；苏东水，2010；王瑶，2011；洪银兴，2016；吴敬琏，2016；刘世锦，2017；《人民日报》特约评论员，2017），也就是说效率与经济利益最大化目标是高度统一的，这是主流经济学的一致观点。但是，理论上"马歇尔冲突"的存在，尽管 Baumol 等（1983）、Clark（1998）等学者对"马歇尔冲突"提出反驳，但并不能完全消除人们对效率的行为后果的质疑。

按照传统经济学效率理论的逻辑，效率提升导致规模收益，规模收益带来市场垄断（市场结构的一种表现形式），而垄断处理可能反过来影响效率外，还可能带来什么后果呢？顺着"马歇尔冲突"的逻辑，以梅森、贝恩为代表的芝加哥学派构建的产业组织理论结构主义认为，市场结构（Structure）决定组织行为（Conduct），组织行为决定组织绩效（Performance），理论界称为"SCP 分析框架"（Mason，1946；斯蒂格勒，1968；苏东水，2010）。SCP 分析框架认为，企业的绩效取决于其战略和行为，而战略和行为取决于行业内的市场结构与市场竞争。按照 SCP 分析框架的逻辑，高效率的企业更有可能获得市场垄断的地位，而获得垄断地位的企业由于拥有更大的成本优势而获得更强大的市场势力（Market Power），从而获得更强的实施相机抉择行为（机会主义行为）的能力——当竞争程度低时，可以提高价格；而当竞争程度高时，可以降低价格以打压竞争对手；当客户势力强时向客户妥协，而当客户势力弱时欺压客户（刘峰和周福源，2007；刘峰等，2009）。

在审计市场，效率是审计市场结构形成的主要内因之一（Doogar 和

Easley，1998）。按照传统经济学效率理论和产业组织理论结构主义的逻辑，审计效率的提升，给审计师带来规模收益，而规模收益带来审计市场的垄断，垄断则能给审计师带来更大的市场势力（Market Power）和更强的实施相机抉择行为（机会主义行为）的能力，从而诱发审计师的机会主义行为。正是基于这样的逻辑，Dopuch 等（2003）创建了"效率——组织行为及绩效"的分析框架，以 1989 年美国 1 家"六大"事务所 247 个样本数据，以 DEA 和 SFA（随机前沿分析）两种方法测量会计师事务所业务层面的审计生产效率，并检验审计生产效率与审计定价和审计费用之间的关系，探索效率提升对审计师的审计定价行为和审计师的审计费用的经济后果的影响。研究发现，审计生产效率提升了单位工时的审计定价，却降低了总的审计费用；表明效率提升了审计师的竞争力，却降低了审计师总的经济收益；这也表明，如果效率提升不能增加审计师的市场份额，那么效率提升不仅不能给审计师带来更大的经济利益，反而降低了审计师的经济利益。Kim 等（2005）检验了韩国审计市场的审计生产效率与审计定价和审计费用的关系，得到与 Dopuch 等（2003）一致的结论。

按照 Dopuch 等（2003）创建的"效率——组织行为及绩效"的分析框架的逻辑，效率提升带来规模收益，规模收益增加带来垄断（市场结构的一种形式），垄断对审计师的审计定价行为和审计费用以及审计质量等后果的影响存在不确定性，表现出不同市场结构下审计师的机会主义行为倾向。理论上，一个行业内的集中度与较高的价格有关（Weiss，1989；Gerakos 和 Syverson，2015；Eshleman 和 Lawson，2017）。在一个集中的寡头垄断行业，如美国审计市场，市场内较大的供应商有更大的定价权和增加价格合谋的可能性（Yardley 等，1992）。然而，更高的集中度也有可能增加市场领导者的规模经济，从而使他们能够向客户收取较低的费用，这就是说效率提升带来市场集中度的提升，能给大型会计师事务所带来规模经济和采取低价竞争的能力，但事务所不一定能获得更高的审计收费和审计收费溢价（Eichenseher 和 Danos，1981；Danos 和 Eichenseher，1982 1986；Cahan 等，2011）。会计师事务所的生产效率是形成审计市场结构的内在动因之一（Doogar 和 Easley，1998），但审计市场结构对审计收费的影响却存在不确定性。美国政府问责办公室（GAO）的研究发现，审计市场集中度与审计收费之间没有关联（GAO，2003，2008）。Pearson 和 Trompeter（1994）、Numan 和 Willekens（2012）的研究发现，审计市场集中度与审计收费之间存在负相关。Huang 等（2016）基于中国审计市场的研究也发现，市场集中度与审计质量呈负相关。Feldman（2006）、Gerakos 和 Syverson（2015）的研究发现，随着市场集中度提升，提升了四大会计师事务所的审计收费。Eshleman 和 Lawson（2017）认为，美国审计市场的市场集中度提升对审计收费有何影响尚不清楚。

二 审计质量行为及后果

效率提升对审计师的审计质量有何影响？效率是如何影响审计质量的？这是一个非常有趣的问题，也是会计师事务所实务界和监管者非常关注的焦点与难点问题。遗憾的是，由于缺乏独特的数据，目前尚未有文献对此问题进行研究，尚处研究空白。

Dopuch 等（2003）和 Kim 等（2005）等学者基于"效率——组织行为及绩效"的分析框架，研究效率对审计师审计定价及审计费用的影响的研究，为研究效率对审计质量的影响提供了可行的分析框架和研究逻辑。按照"效率——组织行为及绩效"的分析框架的逻辑，效率提升带来规模收益、规模收益导致市场结构的改变，而市场结构改变带来的市场势力（Market Power）对审计师发现客户错报误报并发表这些错报误报的联合概率［即 DeAngelo（1981b）所定义的"审计质量"］存在不同影响。就中国审计市场而言，有研究发现市场集中度与审计质量之间呈正相关关系（刘桂良和牟谦，2008；郭颖和柯大钢，2008；庄飞鹏和李晓慧，2014）；也有研究发现两者呈负相关（张良，2012；刘斌和王雷，2014；韩维芳，2015；Huang 等，2016）；还有研究发现两者既不是正相关，也不是负相关，而是倒"U"形关系（刘明辉等，2003；翟一花，2010；谯小霞等，2011）。而关于国外审计市场集中度与审计质量的研究，Francis 等（2013）利用42个国家的跨区域数据，检验审计市场集中度对审计质量的影响。该研究发现，国际四大会计师事务所的市场集中度与审计质量显著正相关,有理有据地回应了各国监管部门对市场集中度过高可能导致审计质量下降的担忧。Huang 等(2016)基于中国审计市场的研究发现,市场集中度通过增加审计费用间接提高了审计质量,而这种积极的间接影响抵消了市场集中度对审计质量的负面直接影响。这一结果表明,会计师事务所效率带来的市场集中度提升,并不一定能够提升事务所的审计服务质量,会计师事务所效率与审计质量之间的关系可能存在多种可能;同时也表明会计师事务所的经济收益能够强化市场集中度与审计质量之间的显著正相关关系,表明审计收费越高,效率或市场集中度与审计质量之间的正相关关系越强。

审计质量是会计师事务所绩效的重要组成部分,而且难以观察和测量。基于审计供给视角下的审计质量研究,认为审计质量是会计师事务所或审计师基本恒定的质量产出,但在实际的测量中又难以保证它是一个恒定的结果。实际上审计质量最有可能是一个动态的过程,审计师可能根据审计风险、审计收费等关乎自身利益的因素随时调整审计质量(Davidson 和 Gist,1996;刘峰等,2002;Kang 等,2015)。Davidson 和 Gist(1996)认为,会计研究人员通过测量达到一定审计质量水平所需的审计时数来检验审计效率,在审计总时数较低的公司,审计质量可能受到损害。Kang 等(2015)认为,审计员通常同时从事多项工作,提高审计效率可能会减少与审计时间有关的机会成本,同时有助于审计师将更多时间和精力集中在高风险的项目上,从而促进经济有效的资源分配,提高审计师进行基于风险的审计和分析程序的效率和审计质量。因此,当会计师事务所或审计师面临不同的投入产出水平和不同市场结构的竞争时,必然动态地根据效率产出和市场结构等影响自身经济结果的直接因素来调整审计质量供给。

审计师持续维持高水平的审计质量,意味着要么增加审计投入,要么放弃高风险的审计客户;前者导致审计成本的增加,后者则导致审计收入的减少。由此表明,持续维持高水平的审计质量是有经济成本的。按照传统经济学效率理论的观点,效率提升能够带来规模收益。保证审计质量有助于积累审计师声誉,审计师声誉能够提升审计师对客户的吸引力和经济收益。因此,提升效率和审计质量都能够给审计师带来更大的经济收益，效率与审计质量具有统一性，我们称为"统一假说"。但是，当效率提升带来的规模收益，小于维持高水平审计质量所需要付出的经济成本时，导致的结果就是，审计师要么缺乏提升效率的动力、停止提升效率，要么就是降低审计质量以降低维护审计质量的成本，以减少经济收益损失、实现经济利益最大化目标。因此，当效率提升到一定程度后，意味着审计质量也提升到一定程度，审计质量的成本性导致审计质量带来的经济成本大于经济收益，进一步提升效率和审计质量意味着审计师的经济收益受损，因而诱发审计师降低审计质量的机会主义行为，由此导致效率与审计质量之间相冲突，我们称为"冲突假说"。会计师事务所在提升运营效率的过程中，运营效率与审计质量之间的关系，从统一性向冲突性转变，导致运营效率与审计质量之间呈现倒"U"形非线性关系，我们称为"动态假说（倒'U'形）"。这也表明，审计师的经济收益是否得到满足，是会计师事务所提升运营效率过程中诱发审计师机会主义行为的关键和内在动因。

三 文献评述

尽管 Dopuch 等（2003）和 Kim 等（2005）等学者研究了西方审计市场审计生产效率对审计定价和审计费用的影响的研究，构建了"效率——组织行为及绩效"的分析框架，但是，他们的研究并没有深入探索审计生产效率如何影响审计定价，更没有发现提升审计效率对诱发审计师机会主义行为的影响，或者并没有关注到审计师实施机会主义行为的场景，而这种机会主义行为在中国这样的新兴审计市场可能更为严重，有待学者们进一步研究。

由于缺乏独特的数据，导致探索效率对审计师行为及绩效的影响的研究停滞不前。尽管如此，Dopuch 等（2003）和 Kim 等（2005）等学者的研究为进一步研究会计师事务所效率对审计质量的影响研究提供了分析框架。本书基于"效率——组织行为及绩效"的理论框架，研究会计师事务所经营实体的运营效率对审计质量的影响，洞察会计师事务所运营效率的社会后果，极大地拓展了该领域研究的深度和广度，既是本书的创新点，也是本书的难点。

第四节　本章小结

第一，关于会计师事务所效率。现有文献主要研究业务层面的审计生产效率，较少研究组织层面的运营效率；即使是组织层面的运营效率，也只能观测到会计师事务所作为一个整体组织的运营效率，而不是具体经营实体（决策单元）的运营效率。本书研究会计师事务所经营实体的运营效率恰好弥补了该领域的研究空白。

第二，关于会计师事务所效率的测量方法。在仅有少量的会计师事务所运营效率的研究中，测量会计师事务所运营效率的 DEA 模型存在严重缺陷——投入要素中只有劳动力投入，没有资本投入，不符合标准的生产函数的基本要素；导致效率值不准确、不全面。本书测量会计师事务所经营实体的运营效率的 DEA 模型的投入要素包含劳动力投入和资本投入，符合生产函数的基本要求，所得到的效率值准确、全面、平稳，是对现有会计师事务所运营效率测量方法的改进。

第三，关于会计师事务所效率的影响因素。在仅有少量的会计师事务所运营效率影响因素的研究中，学者们仅关注人力资源投入，或组织形式，或组织战略等单一特征对会计师事务所运营效率的影响，缺乏从内在机制层面研究多维度的组织机制特征体系对会计师事务所经营实体的运营效率的影响。本书研究将影响会计师事务所运营效率的组织特征从单一维度向多维度横向拓展，从显性的组织特征向隐性的内在机制纵向延伸，首次研究风险承担、内部治理、内部控制等内部机制对会计师事务所经营实体运营效率的影响，填补了该领域的空白。

第四，关于会计师事务所运营效率的行为后果。效率提升会导致何种经济行为及后果，理论上存在很大争议。传统经济学效率理论认为，效率是宏观经济发展的驱动力，是微观经济体实现利益最大化的最根本途径和最重要抓手。但效率提升也存在"马歇尔冲突"——效率提升会提升市场集中度，引起市场垄断，从而损害效率；效率提升会给高效率的会计师事务所带来更大的市场份额和市场势力，导致高效率的会计师事务所的机会主义行为——提高审计定价、降低审计质量，放弃审计独立性，与客户合谋欺诈等。在仅有少量的会计师事务所效率的行为及后果的研究中，Dopuch 等（2003）和 Kim 等（2005）从效率的经济行为及后果的视角，研究业务层面的审计生产效率对审计师定价及审计费用的影响。但现有文献缺乏从效率的社会行为及后果的视角，研究组织层面的运营效率对审计师审计质量的影响。本书恰恰是从效率的社会行为及后果的视角，研究会计师事务所经营实体的运营效率对审计质量的影响，将效率的经济后果拓展到效率的社会后果，填补了效率对审计质量的影响的研究空白。

第四章　中国会计师事务所效率现状

第一节　会计师事务所效率的测量方法

数据包络分析（Data Envelopment Analysis，DEA）是一种基于线性规划的、用于评价同类型组织或决策单元的工作绩效非常有效的工具手段。在测量经济组织或决策单元的全要素生产率过程中，当同类型的经济组织或决策单元的投入和产出要素都可以折算为同一计量单位时，比如用货币计量，该经济组织或决策单元的全要素生产率就是总产出与总投入之比。但是，当经济组织或决策单元存在多投入和多产出，且投入与产出的计量单位无法折算为同一计量单位时，就无法简单计算出该经济组织或决策单元的全要素生产率，这种情况下就需要通过估计这些同类型的经济组织或决策单元的生产前沿面来确定其是否达到效率帕累托最优。生产前沿面是生产可行集的一条数据包络线，它是既定效率水平下既定产出需要投入的要素组合的最低极限。处于生产前沿面上的经济组织或决策单元，则表示有效率；而不处于生产前沿面上的经济组织或决策单元，则表示无效率。

运用 DEA 估计得到的全要素生产率包括相对效率和相对效率的变化率；相对效率包括综合效率（技术效率）、生产率（纯技术效率）和配置效率（规模效率）三个效率值（常亚青和宋来，2006；鲁晓东和连玉君，2012；袁辉，2015）。综合效率（技术效率）是指既定条件下规模报酬不变时的实际产出与最优产出之比，等于纯技术效率乘以规模效率。生产率（纯技术效率）是指既定条件下规模报酬可变时的实际产出与最优产出之比，代表当前社会的生产率水平。配置效率（规模效率）是指既定条件下规模报酬可变时的实际生产规模与最优生产规模之比；而实际规模取决于资源配置，因此规模效率也被称为配置效率。在这三个效率中，生产率一般在很长一段时间内是比较稳定的。因此，微观主体的生产率水平一般相对稳定；而综合效率和配置效率则存在较大的个体差异。相对效率的变化率是文献中通常所指的全要素生产率增长率，指的是资源要素投入不变的情况下增加的产量，用来衡量技术进步的生产率的增长。由于本书并不探讨技术进步对会计师事务所效率的贡献，因此，本书就以全要素生产率中的相对效率值——综合效率（技术效率）和配置效率（规模效率）作为会计师事务所运营效率的替代指标。

会计师事务所作为"人合"和"智合"为显著特征的专业型新型组织，难以找到参数权重明确的函数形式，因此，运用 DEA 非参数估计方法比随机前沿分析法（SFA）、最小二乘法（OLS）等参数估计方法，能更好地衡量会计师事务所的全要素生产率（包括相对效率及其变化率）（Banker 等，2002；Banker 等，2003；Dopuch 等，2003；Banker 等，2005；Kim 等，2005；曹强等，2008）。正因如此，DEA 方法成为经济学、管理学领域最为常用的效率估计方法之一。

第二节 中国会计师事务所效率的现状分析

一 基于总所层面的会计师事务所效率

（一）数据来源和方法

基于总所层面的会计师事务所数据来源于中国注册会计师协会发布的 2006—2014 年度《会计师事务所综合评价前百家信息》（以下简称《百家信息》）[①]，共获得 900 个"事务所—年度"观测值。本书使用 DEA-BCC 模型估计会计师事务所的相对效率，估计软件为 Deap 2.1。

如表 4-1 所示，基于总所层面的会计师事务所的数据连续性较差，能够连续 3 年以上出现在《百家信息》榜的指标只有总收入、CPA 人数和事务所被处罚扣分数。为了获得更多的样本量和便于与基于经营实体层面的会计师

---

① 由于《百家信息》缺失 2015 年度会计师事务所的数据，为了保证连续性，仅使用 2006—2014 年度的会计师事务所数据。

表4-1 中注协公布的会计师事务所综合评价前百家信息数据指标

	2003年	2004年	2005年	2006年	2007年	2008年	2009年	2010年	2011年	2012年	2013年	2014年	2015年	2016年
	总收入	总收入	总收入	总收入	总收入	总收入	总收入	总收入	总收入	总收入	总收入	总收入	总收入	总收入
	CPA人数	CPA人数	CPA人数	CPA人数	CPA人数	CPA人数	CPA人数	CPA人数	CPA人数	CPA人数	CPA人数	CPA人数	CPA人数	CPA人数
				被处罚扣分	被处罚扣分	被处罚扣分	被处罚扣分	被处罚扣分	被处罚扣分	被处罚扣分	被处罚扣分	被处罚扣分	被处罚扣分	被处罚扣分
全体职工年龄结构		分所收入	审计收入	领军人才后备人选数	领军人才后备人选数	领军人才后备人选数	审计收入	审计收入	总收入得分	总收入得分	总收入得分	总收入得分	与事务所统一经营的其他执业机构收入	与事务所统一经营的其他执业机构收入
全体职工学历结构		分所数量	兼营资评收入	综合得分	综合得分	综合得分	领军人才后备人选数	领军人才后备人选数	CPA人数得分	与事务所统一经营的其他执业机构收入	与事务所统一经营的其他执业机构收入	与事务所统一经营的其他执业机构收入	业务收入得分	业务收入得分
		业务收入增长率	分所收入		分所数量	分所数量	综合得分	综合得分	综合得分	与事务所统一经营的其他执业机构收入得分	与事务所统一经营的其他执业机构收入得分	与事务所统一经营的其他执业机构收入得分	综合评价其他指标得分	综合评价其他指标得分

续表

2003年	2004年	2005年	2006年	2007年	2008年	2009年	2010年	2011年	2012年	2013年	2014年	2015年	2016年
总收入	总收入	总收入	总收入	总收入	总收入	总收入	总收入	总收入	总收入	总收入	总收入	总收入	总收入
CPA人数	CPA人数	CPA人数	CPA人数	CPA人数	CPA人数	CPA人数	CPA人数	CPA人数	CPA人数	CPA人数	CPA人数	CPA人数	CPA人数
			被处罚扣分	被处罚扣分	被处罚扣分	被处罚扣分	被处罚扣分	被处罚扣分	被处罚扣分	被处罚扣分	被处罚扣分	被处罚扣分	被处罚扣分
		分所数量		从业人员人数	从业人员人数	分所数量	分所数量		CPA人数得分	CPA人数得分	综合评价其他指标得分	人均业务收入	人均业务收入
总部所在地	总部所在地	业务收入增长率			合伙人（股东）数	从业人员人数	从业人员人数		综合得分	综合评价其他指标得分	人均业务收入	师均业务收入	师均业务收入
全体职工年龄结构	全体职工年龄结构	总部所在地			CPA年龄结构	合伙人（股东）数	合伙人（股东）数				师均业务收入		
全体职工学历结构	全体职工学历结构	全体职工年龄结构			CPA学历结构	CPA年龄结构	人均业务收入						
		全体职工学历结构				CPA学历结构	境外分支机构数量						
							CPA年龄结构						
							CPA学历结构						

事务所效率进行比较，本研究选择2006—2014年度《百家信息》榜的CPA人数作为唯一投入要素，总收入和被处罚扣分值[①]作为产出要素（见表4-2），运用基于产出导向的DEA-BCC模型估计总所层面的会计师事务所效率。

表4-2 总所层面的会计师事务所效率的投入产出要素变量定义

变量类型	变量名称	符号	单位
人力资源投入要素	CPA人数	CPA	人
产出要素	总收入	Totalincome	万元
	合规经营	Repu	分

注：合规经营得分等于100减去被处罚扣分。

（二）总所层面的会计师事务所运营效率的现状

表4-3显示，进入全国前100强的会计师事务所的总收入（Tincome）均值为25026.15万元，标准差54528.46万元；表明事务所平均收入规模比较大，但同时事务所之间收入规模的差距也较大。合规经营（Repu）方面，事务所平均得分为98.926分，被处罚的事务所样本占总样本16.1%；共有27个事务所—年度样本被罚10分以上，其中利安达会计师事务所2009年度因违规多人次，被处罚21分。事务所平均拥有注册会计师230人，且事务所之间注册会计师拥有量差别巨大（280人）。

样本期间总所层面的会计师事务所综合效率（Crste）、生产率（Vrste）均值分别为0.341、0.493，与效率最优（等于1）的差距巨大；配置效率（Scale）均值为0.811，表明当前事务所的实际规模与最优规模之比相对合理，但离最优水平也还存在一定差距。规模报酬趋势（Effchange）的均值为1.26，14.2%的样本事务所处于规模报酬递减状态，45.6%的样本事务所处于规模报酬不变状态，40.2%的样本事务所处于

---

① 该项产出我们定义为"合规经营"，满分为100，减去被处罚扣分值，得到最终的合规经营得分值。

第四章 中国会计师事务所效率现状

规模报酬递增状态，表明整体而言事务所处于规模报酬不变向规模报酬递增趋势发展，总体效率水平处于帕累托改进阶段。

51.6%的样本事务所属于证券所，同时，如表4-4所示，证券所的综合效率（Crste）略高于非证券所，但无显著差异；非证券所的生产率（Vrste）略高于证券所，但无显著差异；证券所的配置效率（Scale）显著高于非证券所；证券所的规模报酬趋势（Effchange）略优于非证券所。这些证据表明，可能由于证券所受到更严格的监管，导致证券所在现有的技术水平下的纯技术产出略低于非证券所；也可能由于证券所受到市场准入管制的保护，使得证券所的综合技术产出和规模配置更合理、综合效率、配置效率以及规模收益改进趋势等表现比非证券所更好。进一步对比四大所与非四大所、十大所与非十大所的效率发现（见表4-5，表4-6），四大所、十大所的综合效率、生产率、配置效率分别显著高于非四大所、非十大所；而可能由于非四大所、非十大所的效率起点低，改进机会更大，导致其规模报酬趋势表现更好。

综上所述，整体而言当前中国总所层面的会计师事务所的综合效率和生产率都很低，配置效率相对较高；而且，会计师事务所运营效率存在较大波动性（见图4-1），事务所之间的效率存在较大的个体差异（标准差都很大）。同时，证券所由于受到行业进入管制的保护，帮助其规模扩张更快、更大，且配置效率更合理，规模报酬趋势表现更好；但是，也可能由于存在市场进入管制的保护，导致缺乏有效竞争，同时，也可能由于证券所受到严格监管，使得证券所在充分利用现有审计市场的技术能力上并不比非证券所强，从而导致生产率的损失；同时也表明证券所获得配置效率（规模收益）仅仅依赖粗放的规模扩张，而不是内在技术效率提升带来的规模溢出。但是，证券所、四大所和十大所面临更大的监管压力，一般而言它们需要在风险控制、质量监控等内部控制领域额外投入更多的资源以保证审计质量和社会效益，从资源有限性的角度讲这必将影响事务所的经济产出和经济利益。这也可能是缺失资本投入要素对基于总所层面的会计师事务所效率估计造成的失真后果。

表4-3 总所层面的会计师事务所投入产出要素及效率描述性统计

变量名称	变量符号	观测值	均值	标准差	最小值	中值	最大值
总收入	Tincome	900	25026.1500	54528.4600	1416.4900	6410.3750	371348.2000
合规经营	Repu	900	98.9261	2.9885	79	100	100
注册会计师	Cpa	900	230.4322	280.2867	7	126.5000	2357
综合效率	Crste	900	0.3411	0.2574	0.0425	0.2455	1
生产率	Vrste	900	0.4928	0.3426	0.0780	0.3210	1
配置效率	Scale	900	0.8114	0.2843	0.0470	0.9925	1
规模报酬趋势	Effchange	900	1.260	0.6909	0	1	2
证券所	ZQS	900	0.5156	0.5000	0	1	1
被处罚	Punish	900	0.1611	0.3678	0	0	1

表4-4 总所层面的证券所与非证券所之间的效率差异

变量	证券所		非证券所		T检验	P值
	观测值	均值	观测值	均值		
Crste	464	0.3412	436	0.3405	-0.0397	0.9684
Vrste	464	0.4782	436	0.5082	1.3133	0.1894
Scale	464	0.8265	436	0.7949	-1.6610	0.0971
Effchange	464	1.2931	436	1.2248	-1.4838	0.1382

表4-5 总所层面的四大所与非四大所之间的效率差异

变量	四大所		非四大所		T检验	P值
	观测值	均值	观测值	均值		
Crste	36	0.8308	864	0.3205	-12.6291	0.0000
Vrste	36	0.8967	864	0.4759	-7.4323	0.0000
Scale	36	0.9270	864	0.8064	-2.4965	0.0127
Effchange	36	1.0000	864	1.2708	2.3100	0.0211

第四章 中国会计师事务所效率现状

表4-6　总所层面的十大所与非十大所之间的效率差异

变量	十大所		非十大所		T检验	P值
	观测值	均值	观测值	均值		
Crste	90	0.5470	810	0.3180	-8.2976	0.0000
Vrste	90	0.6583	810	0.4744	-4.8909	0.0000
Scale	90	0.8683	810	0.8048	-2.0077	0.0450
Effchange	90	1.1556	810	1.2716	1.5127	0.1307

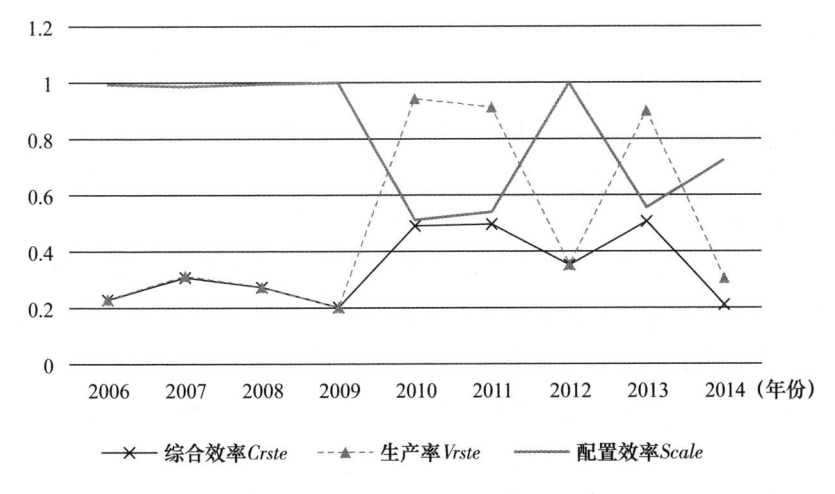

图4-1　总所层面的会计师事务所运营效率年度趋势

以上证据表明，中国总所层面的会计师事务所效率的整体水平较低、波动性大（见图4-1），个体之间的效率差异大。这些特点在现有关于中国会计师事务所经营效率的研究文献中也有所表现。现有研究基于总所层面的会计师事务所效率估计至少存在以下四个方面的问题：一是样本区间短，无法利用大样本数据准确估计效率。二是样本量少，且只有证券所和大规模所，事务所类型单一。三是大部分研究的投入要素只有劳动力一类要素，无法满足标准生产函数包含劳动力和资本两类基本投入的要求。四是同样年度的样本数据估计出来的效率值差异较大，例如，许汉友等（2008）与杨永淼（2009）、邱吉福等（2012）与刘明辉等（2012）的效率估计值差异较大。这些问题可能导致对中国会计师事务所行业的效率估计不准确（差异大）、不合理（波动大），误导会计师事务所经营者、监管部门以及其他利益相关者对事务所效率的真实认识，不利于相关利益者做出最有利的决策，也不利于会计师事务所行业高质量发展。

二 基于经营实体层面的会计师事务所效率

（一）数据来源和方法

从中国注册会计师协会行业管理信息系统财务报表子系统获得2006—2016年度711家广东省会计师事务所经营实体的财务报表数据，共获得5125个"事务所—年度—城市"观测值。本书使用DEA-BCC模型估计会计师事务所的相对效率，估计软件为Deap 2.1。

依据经典的前沿生产函数（生产边界函数）和独特的会计师事务所内部数据，本研究的投入要素包括人力资源和资本两大类投入要素（见表4-7），符合标准前沿生产函数的基本构成；产出要素包括业务总收入和总客户数，总客户数指标能够考察事务所对客户的依赖程度，能够衡量事务所的经营风险。从投入产出要素的特征来看，本研究的投入产出指标具有全行业的普适性和代表性，不含反映区域特征的要素指标。

表4-7　经营实体层面的会计师事务所效率的投入产出要素变量定义

变量类型	变量名称	符号	单位
人力资源投入	CPA人数	CPA	人
	合伙人人数	Partner	人
	从业人员人数	Employee	人
资本投入	工资支出	Salary	万元
	福利支出	Welfare	万元
	其他支出	Otherpay	万元
产出	总收入	Totalincome	万元
	总客户数	Totalcustomer	个

（二）经营实体层面的会计师事务所运营效率的现状

从投入产出来看（见表4-8），经营实体层面的会计师事务所总收入（*Totalincome*）均值为835.797万元，中位数为206.7709万元，表明事务所的收入规模整体处于中等规模水平①；标准差为2910万元，表明事务所收入规模存在较大的个体差异。总客户数（*Totalcustomer*）均值为536个，中位数为336个，表明事务所客户较分散，不存在客户过度依赖，但同时也可能导致效率损失；标准差为721个，表现客户拥有量在事务所之间存在较大差异。在投入要素方面，合伙人、CPA、从业人员三种人力资源投入要素基本按照1∶3∶10的比例进行配置；福利支出、其他支出、工资支出三种资本投入要素基本按照1∶12∶18的比例进行配置。以上要素投入和产出的数据显示，经营实体层面的会计师事务所的投入产出要素有两个共同特征：一是均值显著高于中位数；二是标准差都很大，且普遍高于均值（除合伙人外）。这些特征表明，经营实体层面的会计师事务所的行业集中度越来越高，事务所收入分布呈右偏态势，或者说是典型的"二八"市场；个体差异较大；同样，这些特征也表明经营实体层面的会计师事务所与总所层面的会计师事务所具有同样的行业特征，也表明本书基于经营实体层面的研究样本具有全行业的代表性。

从会计师事务所的运营效率来看（见表4-8），经营实体层面的会计师事务所综合效率（*Crste*）平均为0.6918，配置效率（*Scale*）均值为0.74，与效率最优还有很大差距，但远高于总所层面的会计师事务所效率；生产率（*Vrste*）均值为0.93，处于较高水平。*Effchange*表示规模报酬的变动方向，0表示递减，1表示不变，2表示递增；超过一半以上（87.4%）的事务所的规模报酬处于递减状态，10.8%的事务所处于效率不变状态，只有1.8%的事务所处于效率递增状态。运用规模收益不变的DEA-CCR模型估计的相对效率值——技术效率（*TE*）的均值为0.6917，与规模收益可变的DEA-BCC模型估计的相对效率值——综合效率（*Crste*）的均值非常接近，标准差、中位数和最大值完全一致。

---

① 相对于工业企业以500万产值为规模以上企业统计起点而言，均值835万、中位数为206万的收入规模对服务业而言还是不错的。

表4-8 经营实体层面的会计师事务所投入产出要素及效率描述性统计

变量名称	变量符号	观测值	均值	标准差	最小值	中值	最大值
总收入	Totalincome	5125	835.797	2910	1	206.7709	38700
总客户数	Totalcustomer	5125	536.0345	721.9638	1	336	13848
注册会计师	CPA	5125	11.9887	16.2563	1	7	227
从业人员	Employee	5125	30.0857	61.3456	1	16	769
合伙人	Partner	5125	3.6113	2.9720	1	2	80
工资支出	Salary	5125	297.8137	1210	1	74.745	17300
福利支出	Welfare	5125	16.7551	154.5234	1	1.0325	7880
其他支出	Otherpay	5125	216.0935	762.2922	1	42.2567	15600
综合效率	Crste	5125	0.6918	0.1748	0.412	0.659	1
生产率	Vrste	5125	0.9328	0.0485	0.8	0.933	1
配置效率	Scale	5125	0.7392	0.1677	0.432	0.724	1
规模报酬趋势	Effchange	5125	0.1436	0.3977	0	0	2
技术效率	TE	5125	0.6917	0.1748	0.412	0.659	1
证券所	QSB	5125	0.0933	0.2908	0	0	1
四大所	Big4	5125	0.0160	0.1255	0	0	1
十大所	Big10	5125	0.0215	0.1449	0	0	1

进一步区分不同特征的事务所发现（见表4-9），非证券所的综合效率（Crste）、配置效率（Scale）和规模收益变动趋势（Effchange）以及技术效率（TE）都显著优于证券所；非四大、非十大（见表4-10、表4-11）的综合效率（Crste）、配置效率（Scale）和规模收益变动趋势（Effchange）以及技术效率（TE）也显著优于四大所、十大所；证券所、四大所、十大所只有在生产率（Vrste）表现更好。导致这样的结果可能有三个方面的原因：第一，非证券所、非四大所、非十大所的综合效率、配置效率更高可能是由会计师事务所经济组织的基础属性决定的。90%以上的样本事务所无法进入收益率更高的证券业务市场，在非证券业务市场面临非常激烈的市场竞争，生存压力较大，导致非证券所必须通过提升效率，才能获得生存机会和相对竞争优势；同样的道理，非四大所、非十大所一般规模较小，面临的生存压力比四大所、十大所更大，导致其更有动机提升

自身效率。第二，证券所、四大所、十大所的综合效率、配置效率更低也可能是由会计师事务所提供准公共服务的社会组织属性决定的。证券所受到政府市场准入管制的保护，证券业务市场缺乏有效的市场竞争，导致证券所获得更高的超额收益，但管制也带来相关市场主体对管制依赖和效率损失，导致其缺乏进行帕累托改进的动力，从而表现为效率更低。第三，证券所、四大所、十大所的生产率更高，是因为这些类型的事务所规模更大，更有能力利用和改进现有审计技术，从而使其获得更大的生产率（即纯技术效率水平）产出。

表 4-9　经营实体层面的证券所与非证券所之间的效率差异

变量	证券所		非证券所		T 值	P 值
	观测值	均值	观测值	均值		
Crste	478	0.6611	4647	0.6949	4.0360	0.0001
Vrste	478	0.9756	4647	0.9284	-21.0834	0.0000
Scale	478	0.6780	4647	0.7455	8.4371	0.0000
Effchange	478	0.0732	4647	0.1509	4.0702	0.0000
TE	478	0.6617	4647	0.6948	4.0219	0.0001

表 4-10　经营实体层面的四大所与非四大所之间的效率差异

变量	四大所		非四大所		T 值	P 值
	观测值	均值	观测值	均值		
Crste	82	0.5442	5043	0.6942	7.7502	0.0000
Vrste	82	0.9968	5043	0.9318	-12.2202	0.0000
Scale	82	0.5471	5043	0.7423	10.5718	0.0000
Effchange	82	0.0122	5043	0.1457	3.0191	0.0025
TE	82	0.5442	5043	0.6941	7.7444	0.0000

从会计师事务所运营效率的年度趋势来看（见图 4-2），经营实体层面的会计师事务所效率表现出两个显著特征：第一，综合效率由于是生产率和配置效率的综合反映（也称为"综合效率"），综合效率略低于配置效率，生产率水平最高；第二，相对总所层面的事务所效率而言，经营实体

层面的事务所效率的年度波动较小，且保持持续的效率改进态势。在这两个特征中，生产率处于较高的水平，表明当前中国会计师事务所对现有的审计技术的利用已经达到非常高的利用率；而事务所效率的持续提升，表明事务所对审计技术的改进也促使事务所获得帕累托效率改进。

表4-11　经营实体层面的十大所与非十大所之间的效率差异

变量	十大所		非十大所		T值	P值
	观测值	均值	观测值	均值		
Crste	110	0.5578	5015	0.6947	8.1748	0.0000
Vrste	110	0.9965	5015	0.9314	-14.1811	0.0000
Scale	110	0.5618	5015	0.7431	11.356	0.0000
Effchange	110	0.0182	5015	0.1464	3.3475	0.0008
TE	110	0.5578	5015	0.6945	8.1680	0.0000

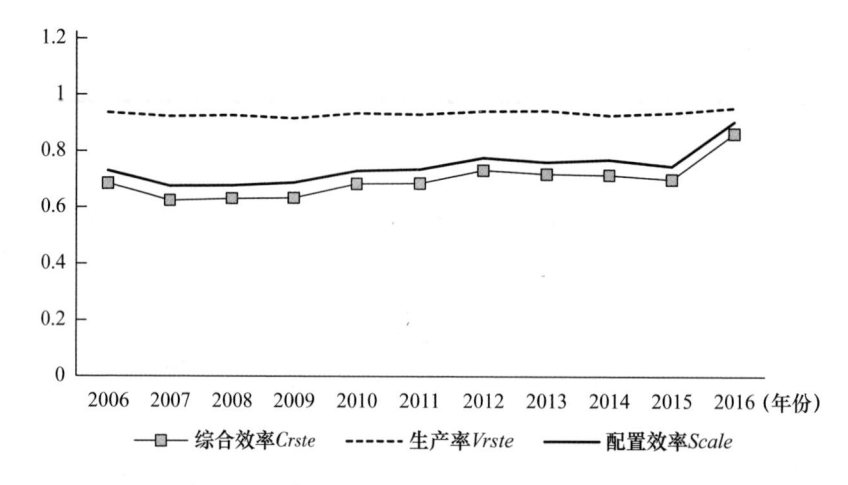

图4-2　经营实体层面的会计师事务所运营效率趋势

在127家连续11年进入样本的事务所样本中（见图4-3），综合效率（Crste）、生产率（Vrste）、配置效率（Scale）所处的水平区间和变动趋势与全样本基本一致。在127家共1397个事务所—年度样本数据中，只有5个事务所样本度处于效率递增状态，7%的事务所样本处于效率不变状态，接近93%的事务所—年度处于效率递减状态，处于规模收益递减的事务所样本占比略高于全样本（87.4%）。

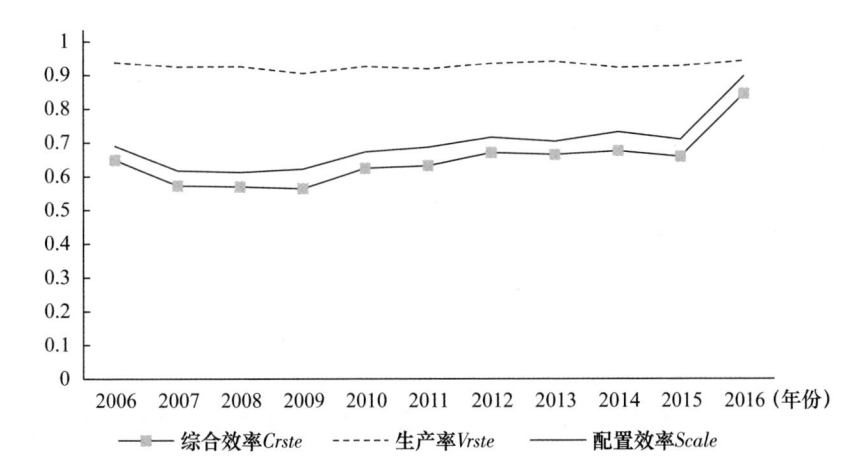

图 4-3　127 家连续 11 年进入样本期会计师事务所经营实体的运营效率

综上所述，我们得出以下结论：第一，经营实体层面的会计师事务所的综合效率和配置效率处于中等水平，与帕累托效率最优还有较大差距，表明还存在较大的帕累托改进空间。第二，经营实体层面的会计师事务所的综合效率处于较高水平，表明事务所对现有审计技术的利用率较高。第三，经营实体层面的会计师事务所效率表现较平稳、波动性小，且保持持续提升，处于持续的帕累托效率改进状态；表明经营实体层面的会计师事务所效率更能代表当前中国会计师事务所行业的整体水平和发展趋势。第四，尽管经营实体层面的会计师事务所的综合效率、配置效率不高，但已显著高于总所层面的会计师事务所的综合效率、配置效率，且表现更为稳定，发展趋势更为合理，更能反映当前中国会计师事务所行业经营效率的真实水平。

三　总所层面与经营实体层面的数据比较

（一）从效率估计的样本规模来看，经营实体层面的数据更有优势

表 4-12 所示，无论是全样本还是区分各种事务所特征的子样本，无论是事务所的个数还是样本总数，经营实体层面的会计师事务所数据都大于总所层面的会计师事务所的数据。

表 4-12　会计师事务所效率估计的样本规模的描述性统计

	项目	全样本	四大所	十大所	外来所	本土所	证券所	非证券
经营实体层面 (2006—2016)	事务所个数	711	17	35	83	628	90	621
	样本数	5125	88	186	457	4668	479	4646
总所层面 (2006—2014)	事务所个数	237	5	17	—	—	84	153
	样本数	900	36	90	—	—	423	477

（二）从事务所的规模类型来看，经营实体层面的数据更有优势

在事务所规模方面，如表4-13所示，总所层面的事务所规模一般都比较大，业务收入都位于全国前100名，属于中型以上规模的事务所；收入规模最小的事务所也有1416.49万元，最大规模为371378.2万元，标准差为54528.46万元。经营实体层面的事务所规模最小的只有1元，最大规模为33100万元，标准差为773.5131万元。相比而言，经营实体层面的事务所规模数据包括微、小、中、大型各种类型的规模，规模的类型更丰富；78%的事务所收入规模小于500万元，更符合中国会计师事务所行业的整体特征；事务所规模的标准差更小，表明事务所之间的规模差异更合理。

表 4-13　会计师事务所规模的描述性统计　　　　单位：万元

	总所层面 (2006—2014)	经营实体层面 (2006—2014)	经营实体层面 (2006—2016)
最小值	1416.4900	0.0001	0.0001
1%分位值	2091.5600	6.2930	6.7500
5%分位值	2676.5000	27.7480	29.3800
10%分位值	3013.4950	44.7000	46.9950
25%分位值	4165.5000	91.5160	95.7800
50%分位值	6410.3750	196.8915	206.7709
75%分位值	15315.9000	407.8880	432.4449
90%分位值	53074.1300	1040.0000	1110.0000
95%分位值	132908.9000	2350.0000	2700.0000
99%分位值	291769.7000	15900.0000	17200.0000

续表

	总所层面 (2006—2014)	经营实体层面 (2006—2014)	经营实体层面 (2006—2016)
最大值	371348.2000	33100.0000	38700.0000
样本量	900	4347	5125
均值	25026.1500	773.5131	835.7970
标准差	54528.4600	2690.0000	2910.0000

表4-14　经营实体层面的会计师事务所规模的样本描述性统计

事务所规模	事务所数量
收入小于1万元	7
收入小于10万元	71
收入小于50万元	570
收入小于100万元	1340
收入小于500万元	4019
收入小于1000万元	4529
收入小于5000万元	4967
收入小于10000万元	5017
收入小于20000万元	5086
收入小于30000万元	5116
收入小于40000万元	5125

（三）经营实体层面的数据更可靠稳健

从可靠性来看，由于缺乏更全面的数据，在估计总所层面的事务所效率时所能够使用的数据非常有限，仅有人力资源一类投入资源要素，且人力资源要素也仅有CPA人数的数据出现的年份较长；缺乏标准生产函数中另一个投入资源要素——资本，从而严重影响了事务所效率估计值的可靠性。

从稳定性来看，总所层面的事务所效率——综合效率（$Crste$）、生产率（$Vrste$）、配置效率（$Scale$）的标准差分别为0.258、0.343、0.285（见表4-3），分别是均值的76%、70%、35%，反映事务所之间的综合效率和生产率差异较大。图4-1显示,事务所效率波动幅度非常大,特别是生产率和配置效率。理论上,生产率反映的是当前的事务所行业整体的生产率水平,在没有重大技术变革的情况下一般是非常稳定的。相比总所层面的事务所效率而言,经营实体层面的事务所效率无论是标准差(见表4-9)还是时间趋势(见图4-2)都比较合理,综合效率(Crste)、生产率(Vrste)、配置效率(Scale)的标准差分别为0.1748、0.0485、0.1677,分别是均值的25%、22%、5%,图4-2反映事务所效率的时间趋势平稳向上,且生产率(Vrste)平稳,符合生产率水平的实际趋势。

(四)两组数据互有优劣,经营实体层面的数据更有价值

1. 总所层面的数据优劣势

相比经营实体层面的数据而言,总所层面的数据优势主要体现在研究事务所效率的经济后果和社会后果部分,在匹配事务所所审计的上市公司客户后,能得到更多的"事务所+上市公司"样本量;从客户公司的角度看更具代表性。但是,只是在客户公司方面具有代表性,并不是在事务所本身具有代表性;而在事务所的多样化方面反而具有明显的劣势,事务所规模只有大中型,四大与非四大、证券所与非证券所等类型分布的合理性差;效率估计的样本少,所估计的效率值可靠性和稳定性差等。

2. 经营实体层面的数据优劣势

经营实体层面的数据优势主要体现在五个方面。

第一,新视角切入新的研究场景。经营实体层面的数据最大的价值,在于帮助我们从新的视角切入新的场景,研究接近现实的组织层面的事务所效率问题。经营实体层面的事务所是整体意义上的会计师事务所的主体构成,是事务所及其注册会计师实施审计业务的具体决策单元。对市场、客户产生直接影响的主体是具体的经营实体,而不是整体意义上的会计师事务所总所。因此,研究经营实体层面的会计师事务所的效率比总所层面的会计师事务所效率更有现实意义。基于经营实体层面的会计师事务所的独特数据,为我们提供新的视角、切入新的场景,研究经营实体层面的事务所效率创造了难得的机会,使我们从更加具体、更真实的视角窥探事务所效率的成因及其后果。

第二,事务所类型具有多样性。效率估计的样本数据包含了大、中、

第四章 中国会计师事务所效率现状

小型多种类型的事务所，确保样本数据接近于现实中的会计师事务所行业的真实状态。在具有证券业务资格的事务所样本同样具有这种多样性。

第三，事务所及其审计的客户公司的区域分布具有合理性。表4-13显示，全样本中以本土事务所为主，体现事务所的完整性和真实性，能够反映全省全行业完整、真实的效率水平。而在与上市公司匹配后的具有证券业务资格的子样本中（见表4-15），事务所及其所审计的客户公司以省外为主，体现事务所及其客户公司来源的广泛性和全国性，能够代表全国事务所和客户公司的整体水平。

表4-15　经营实体层面的会计师事务所和上市公司匹配后的样本总体分布

	全样本	四大	十大	外来所（省外所）			本土所（省内所）		
					其中：四大	十大		其中：四大	十大
事务所个数	86	16	37	70	16	37	16	0	0
样本数	4287	1040	2636	3582	1040	2636	705	0	0
上市公司个数	1218	389	881	800	203	565	418	186	316
样本数	4287	1040	2636	2031	494	1345	2256	546	1291

第四，广东省会计师事务所的发展与广东省经济发展高度匹配。这种匹配主要表现在：一是广东省会计师事务所行业收入规模占全国事务所行业收入规模的比重，与广东省GDP占全国GDP的比重相一致（见表4-16）；二是证券所在广东省开设的分所数与广东省经济发展水平以及市场开放程度相匹配（见表4-16）；三是证券所在广东省所开设的分支机构（经营实体）的上市公司客户的审计收入规模占其总所上市公司客户的审计收入的比重，证券所在广东省所开设的分支机构（经营实体）的上市公司客户数量占其总所的上市公司客户数量的比重（见表4-17），与广东省的经济发展水平相匹配。

第五，事务所所审计的上市公司的行业分布具有普遍性特征。表4-18显示，广东省的会计师事务所（总分所）所审计的上市公司的行业分布包含17个一级行业、70个二级行业，行业分布具有普遍性。

经营实体层面的数据劣势主要体现在会计师事务所样本来源的区域性，导致在事务所效率的经济后果和社会后果的研究部分，上市公司样本损失较大。

综上所述，尽管基于经营实体层面的数据存在区域性的劣势，但其所审计的上市公司客户并不存在区域性（全国性上市公司客户占总样本的66%）；即使是区域性的数据，也不影响反映经营实体层面的事务所效率问题的研究（Dopuch 等，2003）[①]。同时，经营实体层面的数据还具有样本规模及类型多样性、效率估计的可靠性和稳定性等优势，为延伸和拓展事务所效率的影响因素和经济与社会后果的研究提供更有价值的贡献。因此，本研究所用的会计师事务所样本数据选用来自中国注册会计师协会行业管理信息系统财务报表子系统中2006—2016年广东省会计师事务所的财务报表数据。

表4-16　中国主要发达地区事务所行业与经济发展水平对照[②]

	事务所数量（家）		证券所的经营实体数	事务所行业收入（亿元）	GDP规模（亿元）
	总数	其中：证券所			
全国	8374	40	638	689.71	676708
广东	818	34	71	68.99	72813

---

① Dopuch 等（2003，pp.51-52）仅以1家"六大"的事务所及其所审计的247家公司的数据，检验审计生产效率对审计定价的影响。他认为虽然数据有缺陷，但对探索业务层面的审计生产效率的成因及后果已经具有足够的说服力。

② 此表所统计的数据截至2015年12月31日。依据2014年3月3日财政部、证监会公布的40家证券资格会计师事务所的经营主体情况，2017年4月财政部、证监会又公布了40家证券资格会计师事务所，两个事务所名录没有变化。在这两个名录中，总部在广东省内的事务所仅有广东正中珠江会计师事务所1家。在2009年8月财政部、证监会公布的60家证券资格会计师事务所名录中，共有5家事务所总部设在广东省内。而根据我们的内部数据统计，2006—2016年的样本期间，总部设在广东省内的证券资格会计师事务所共有15家（分别是：广东正中珠江会计师事务所、广东大华德律会计师事务所、广东恒信德律会计师事务所、广东羊城会计师事务所、广东康元会计师事务所、广州中审会计师事务所、广州中信诚会计师事务所、深圳鹏城会计师事务所、深圳大华诚会计师事务所、深圳南方民和会计师事务所、深圳天健会计师事务所、深圳融信会计师事务所、深圳巨源会计师事务所、佛山市智信会计师事务所、立信羊城会计师事务所），具有证券业务资格的会计师事务所经营主体共有90家，经营实体数量占全国证券所经营实体总数的13.68%。

第四章 中国会计师事务所效率现状

续表

	事务所数量（家）		证券所的经营实体数	事务所行业收入（亿元）	GDP规模（亿元）
	总数	其中：证券所			
北京	636	37	37	160.95	22969
上海	312	27	28	103.08	24965
江苏	495	25	61	49.07	70116
山东	599	29	47	26.19	63002
浙江	378	20	26	46.76	42886
广东占比	9.77%	85.00%	11.13%	10.00%	10.76%
北京占比	7.59%	92.50%	5.80%	23.34%	3.39%
上海占比	3.73%	67.50%	4.39%	14.95%	3.69%
江苏占比	5.91%	62.50%	9.56%	7.11%	10.36%
山东占比	7.15%	72.50%	7.37%	3.80%	9.31%
浙江占比	4.51%	50.00%	4.08%	6.78%	6.34%

表4-17 "四大"所在广东省的分所的审计费用与上市公司客户占其总所的比重　　　单位：%

	2006年	2007年	2008年	2009年	2010年	2011年	2012年	2013年	2014年	2015年	2016年	平均
审计费用占比	14.07	25.73	23.13	18.40	14.76	17.19	17.16	14.64	14.37	11.85	6.40	15.13
上市公司客户占比	27.78	31.86	33.88	28.50	28.45	30.51	31.87	32.46	30.46	24.92	12.64	26.42

表4-18 事务所所审计的上市公司的行业分布

一级分类	二级分类	样本数	合计	一级分类	二级分类	样本数	合计
采矿业	黑色金属	3	82	制造业	计算机设备	508	2579
	开采辅助	15			皮革制品	12	
	煤炭开采	22			农副食品	49	
	石油天然气	10			木材加工	12	
	有色金属	32			金属制品	49	

续表

一级分类	二级分类	样本数	合计	一级分类	二级分类	样本数	合计
电热水	电热生产	136	179		家具加工	20	
	燃气生产	14			医药	221	
	水生产	29			运输设备	45	
房地产	房地产	292	292		非金属	110	
建筑业	建筑装饰	67	152		酒饮料	55	
	土木工程	85			电气机械	298	
交通运输	仓储	9	186		服装	29	
	道路	57			纺织	24	
	航空	45			废弃资源	13	
	水运	50			黑色金属	41	
	铁路	8			化学化纤	16	
	邮政	15			化学原料	241	
	装卸	2			汽车	97	
教育	教育	9	9		石油加工	11	
科研技术	科研实验	3	19		食品加工	73	
	专业技术	16			通用设备	137	
农林牧渔	农	6	55		专用设备	198	
	林	9			文教体育	26	
	牧	16			橡胶塑料	76	
	鱼	13			仪器仪表	33	
	配套服务	11			印刷	11	
批发零售	批发	130	211		有色金属	89	
	零售	81			造纸	62	
水利环境	公共设施	25	27		其他	23	14
	生态保护	2		住宿餐饮	住宿餐饮	14	
卫生	卫生	21	21	综合	综合	27	27

续表

一级分类	二级分类	样本数	合计	一级分类	二级分类	样本数	合计
文体娱	广播电视	30	51	租赁商务	租赁	4	97
	文艺	1			商务服务	93	
	新闻出版	20					
信息技术	电信传输	17	286				
	互联网	55					
	软件技术	214					

第三节 本章小结

第一，主流文献衡量决策单元的全要素生产率主要包括两种方法：一是相对效率，是绝对的量；二是相对效率的变化率，是相对的量。本书采用相对效率衡量会计师事务所经营实体的运营效率。

第二，DEA作为测量决策单元的组织效率最为常用的方法，比SFA更适合测量会计师事务所等专业型服务组织的组织效率（Kim等，2005；曹强等，2008）。

第三，基于独特的内部数据估计的会计师事务所经营实体的运营效率，比公开数据估计的总所层面的会计师事务所运营效率更符合标准生产函数的基本要求，所估计的效率值更科学、更稳健。

第四，会计师事务所经营实体作为总所层面的会计师事务所的分支机构，是审计契约的谈判、签订、执行的载体，也是审计契约的受益者，研究会计师事务所经营实体的运营效率的测量与影响因素及其后果，对理解会计师事务所经营实体的组织行为和注册会计师的个体行为更有意义。

第五章 高效率会计师事务所的决定机制
——内部机制的视角

第一节 引言

当前中国经济已由高速增长阶段转向高质量发展阶段,要实现经济高质量发展,关键是深化要素市场化配置改革,提升宏观经济发展的效率和微观经济体的全要素生产率(洪银兴,2016;吴敬琏,2016;刘世锦,2017;《人民日报》特约评论员,2017)。在国家经济向以效率为驱动的高质量发展转型的大背景下,如何提升会计师事务所的运营效率、加快会计师事务所行业高质量发展是实务界和理论界关注的焦点和难点问题。

从宏观层面来看,内生增长理论认为,经济持续增长是内生因素驱动的结果,而特殊的知识和专业化的人力资本以及制度是效率提升与经济增长最为关键的内生驱动因素(Romer,1986)。X效率理论认为,组织不是一个标准化的机器,而是一个包含人性化的社会人的集合,效率是资源要素投入的直接结果;但是,在既定的资源要素投入和配置水平下,组织的效率取决于组织内的各种运行机制和文化以及受此影响的经理人与员工的努力程度。因此,在一定技术水平和既定的要素资源投入组合及水平条件下,组织制度、文化、管理机制等内部机制决定着组织的产出效率(Leibenstein,1966)。会计师事务所依法从事的审计鉴证业务,面临很大的经济责任和法律诉讼风险,风险意识和风险控制对会计师事务所的生存与发展至关重要。因此,审计风险如何在会计师事务所内部各个利益主体之间的合理安排和分配,是会计师事务所经营过程中

第五章 高效率会计师事务所的决定机制——内部机制的视角

首先要解决的关键问题。从制度经济学的视角来看,组织的风险分摊制度及机制直接影响内部相关利益者的利益分配和委托代理关系中委托契约的执行,从而影响组织的生产效率和资源配置效率(Acemoglu 等,2007;Costinot,2009;Lin 等,2010)。按照传统的经济学假设,理性的"经济人"普遍厌恶风险。在高风险的执业环境下,如何激励和监督会计师事务所经营者及其审计师努力经营、提升经营效率和审计质量,是会计师事务所行业面临的核心问题。从治理理论的视角来看,内部治理能有效缓解相关利益者的利益冲突和代理冲突,对提升组织运营效率有重要作用(Billett 等,2011;Appuhami 等,2015)。尽管理性"经济人"厌恶风险,但是,"高风险高收益"假说(Altunbas 等,2007)认为,高风险能够带来高收益,审计业务的高风险能够激发管理者和专业人员的积极性和努力程度,从而降低会计师事务所内部各个利益主体之间的委托代理成本,提升利润效率和产出效率。为了减弱高风险高收益的经济利益驱动对审计师激进性的激励,避免审计师为追求高收益而损害会计师事务所经营安全和审计质量,在组织内部建立严格的内部控制体制机制成为会计师事务所普遍的做法。而从内部控制理论的视角,内部控制通过对组织任务及个人行为的限制和规范,从而影响组织的效率(李万福等,2011;Cheng 等,2013;方红星和金玉娜,2013)。由此看出,风险承担制度安排、内部治理和内部控制对会计师事务所的运营绩效具有十分重要的作用。

企业是一系列契约的有机组合(Coase,1937),特别是企业内部雇佣契约的集合(Alchian 和 Demsetz,1972)。企业内部雇佣契约的设计和履行过程中存在多层级的委托代理、多重代理和代理人多重任务以及共谋等问题(Jensen 和 Meckling,1976;Tirole,1988),特别是在知识型员工密集型的新型企业中,关键知识分散掌握在关键员工手中,对关键员工的雇佣契约的设计和履行带来的委托代理问题和代理人共谋问题将更为严重(Rajan 和 Zingales,1998、2001);而企业内的风险承担、内部治理以及激励等制度安排和机制,是抑制企业内部雇佣契约带来的代理成本和效率损失的关键(Williamson,1996;Rajan 和 Zingales,2000;Foss,2002、2007)。会计师事务所是以"人合""智合"为显著特征的新型企业组织，关键知识掌握在合伙人和具有注册会计师、税务师、资产评估师等执业资格的专业人员手中，而会计师事务所恰恰又是由具有注册会计师执业资格的专业人员出资或合伙组建，合伙人（股东）之间存在相互委托代理的成本，合伙人（股东）与专业人员之间存在雇佣契约代理成本（吴溪和陈梦，2012），如何降低会计师事务所内的委托代理成本、提升组织运营效率成为实务界和监管部门共同关心的问题。

正是基于这一严峻的现实问题，2008年1月中注协发布实施《会计师事务所内部治理指南》（以下简称《内部治理指南》），对会计师事务所的风险承担制度安排和内部治理、内部控制等机制提出了目标要求；而加强会计师事务所风险承担、内部治理、内部控制等内部机制建设，能否提升会计师事务所的运营效率成为各方争论的焦点。本章基于广东省711家会计师事务所经营实体的财务报表数据，在第4章估计会计师事务所经营实体的运营效率的基础上，检验会计师事务所的风险承担制度机制、内部治理机制、内部控制机制对会计师事务所组织运营效率的影响，并进一步检验外部管制和市场结构以及事务所规模等因素对会计师事务所内部机制与会计师事务所运营效率之间关系的调节影响，为会计师事务所经营者加强内部建设、提升组织运营效率提供决策建议，为监管者优化产业政策和监管政策提供建议参考。

第二节 理论分析与研究假设

一 风险承担制度机制对会计师事务所运营效率的影响

风险承担反映了行为主体追逐高收益并愿意为之付出代价的行为倾向（Lumpkin和Dess，1996）。为了规范行为主体的这些行为倾向，企业组织一般通过制度的形式将风险在各个行为主体之间进行分配，明确行为主体之间的风险责任，从而形成企业组织的风险承担制度机制（黄少安等，2005；王菁华和茅宁，2015）。"高风险高收益"假说认为，企业承担的风险越高，越有利于协调股东与管理者之间目标的一致性，激发管理者的积极性和努力程度，从而降低股东与管理者之间的委托代理成本，提升利润效率和产出效率（Altunbas等，2007）。

第五章 高效率会计师事务所的决定机制——内部机制的视角

在企业经营实践中，企业的经营决策通常建立在对风险与收益的权衡之上，而风险与收益又建立在对未来不确定性的一系列假设之上；总体而言，企业具有选择高风险、高收益的投资活动的主动性和积极性，即具有多承担风险、多争取收益的主动性和积极性（Amihud 和 Lev，1981）。从宏观层面看，高风险一般能够带来高回报，而高风险高回报的投资活动能够促进技术进步，加快社会的资本积累，提高社会生产率，从而持续推动经济稳定增长（Acemoglu 和 Zilibotti，1997；John 等，2008；王菁华和茅宁，2015）。从微观层面看，企业投资决策的目的是获得高回报，而在获得高回报的过程中伴随的高风险是企业收益函数的必然因素，尽管高回报投资活动的高风险可能带来损失，但是企业决策者非常清楚没有不承担风险而获得成功（Nakano 和 Nguyen，2012；Boubakri，2013）。研究表明，愿意承担高风险的国家表现出更高的全要素生产率（John 等，2008）；高风险承担水平的企业获得更高的资本配置效率（余明桂等，2013）、更高的投资效率（Faccio 等，2016）、更高的企业价值（Kim 和 Lu，2011；李文贵和余明桂，2012；Habib 和 Hasan，2017）。

会计师事务所的审计业务是高风险业务，但审计业务能给审计师积累行业专长和技术壁垒，帮助审计师构筑较高的市场壁垒，从而获得高回报、高收益。为了分解审计风险，监管者设计了两种风险承担制度安排，即有限责任制和合伙制（包括普通合伙制和特殊普通合伙制）两种组织形式。有限责任制意味着审计师在审计失败后承担有限的连带责任和诉讼赔偿，风险较低；合伙制意味着审计师在审计失败后需要承担无限的连带责任和诉讼赔偿，风险较高。高风险承担的制度安排能够促进会计师事务所的组织运营效率的理论解释包括以下方面。

第一，高风险偏好的激励效应。相对审计业务的高风险而言，选择合伙制的风险承担制度安排是外生的；也就是说选择合伙制的风险承担制度不取决于审计业务的风险性，而取决于会计师事务所的合伙人（股东）对风险承担的偏好。存在风险承担偏好的合伙人（股东）之所以选择高风险的合伙制，是基于"高风险高收益"假说（Altunbas 等，

2007）的基本逻辑，高风险承担的制度安排能促进合伙人（股东）与管理者、掌握关键知识的 CPA 之间目标的一致性，激发管理者和专业人员的积极性和努力程度，从而降低会计师事务所内部各个利益主体之间的委托代理成本，提升利润效率和产出效率。同时，高风险偏好的激励效应还表现在合伙制能带给掌握关键知识的员工更高的经济收益。区别于有限责任制会计师事务所以股权认购的方式组建和按股份分配利益，合伙制会计师事务所的收益分配机制相对独立，在完成事务所既定的目标任务量后，剩余收益由合伙人及其团队成员独立分享，这种分配机制能激励合伙人及其团队提升运营效率以确保"多劳多得"，也激励合伙人及其团队成员之间的相互监督，避免"搭便车"带来的效率损失。此外，高风险偏好的激励效应还表现在合伙制有利于会计师事务所的代际传承，为优秀员工提供职业发展的上升通道，从而提升员工的努力程度和组织的产出效率。

第二，合伙制的风险约束效应。合伙制的高风险预期，一方面使合伙人的个人利益与会计师事务所的利益整体上相一致，降低代理成本；另一方面能够减少审计师的机会主义行为和非效率审计行为，提升审计效率，极大调动内部相关利益者的积极性，促进各投入要素资源的有效利用，从而获得更高的运营效率（Fama 和 Jensen，1985；朱小平和叶友，2003；刘明辉和王扬，2012；杨雪和张俊民，2016）。因此，我们预期，合伙制会计师事务所比有限责任制会计师事务所更有效率。由此本书提出假设 H5-1：

H5-1：风险承担越高的会计师事务所，其运营效率越高，即相比有限责任制会计师事务所，合伙制会计师事务所的运营效率更高。

二 内部治理机制对会计师事务所运营效率的影响

基于劳动雇佣资本的治理理论指出，在以人力资源和人力资本为显著特征的新型企业中，员工作为人力资本的拥有者，掌握着企业的关键知识；而这些拥有关键知识的员工既可能是管理者，也可能不是管理者，但他们享有较大的权利，并参与分享组织剩余；这种新型企业所面临的委托代理问题是掌握关键知识的员工（包括股东和非股东、管理者和非

第五章 高效率会计师事务所的决定机制——内部机制的视角

管理者)的相互监督与激励,其内部治理模式是掌握关键知识的员工之间的自主治理(Ostrom,1990;Rajan 和 Zingales,2000)。会计师事务所作为以人力资源密集型和智力资本密集型为显著特征的专业服务组织,是典型的知识型新型企业。在这一知识型新型企业中,合伙人(股东)既是拥有所有权的股东,又是拥有关键知识的业务经理;CPA 既可能是合伙人(股东),又可能是董事会、监事会和各专业委员会成员[①]。会计师事务所的运营依赖于各个相对独立的合伙人(股东)和 CPA 带领各自的业务团队进行,合伙人(股东)之间、CPA 之间、合伙人(股东)与非合伙人(股东)CPA 之间既相互合作又相互竞争,非排他性地共享会计师事务所的核心资源,在客户和人才资源方面又存在相互竞争,从而对会计师事务所的核心资源形成相互委托代理关系,而这种相互委托代理关系下的内部治理是通过合伙人(股东)之间、CPA 之间、合伙人(股东)与非合伙人(股东)CPA 之间的相互监督与激励来实现,这种内部治理模式就是合伙人(股东)和 CPA 的自主治理[②](Greenwood 等,1990;Ostrom,1990;Rajan 和 Zingales,2000;吴溪和陈梦,2012;Ostrom,2015)。因此,合伙人(股东)和 CPA 作为会计师事务所最高决策和运营管理的核心成员,承担着会计师事务所股东会、董事会、监事会以及高管层的治理功能,对会计师事务所的内部治理建设有着重要影响。

[①] 《内部治理指南》第六条规定,"事务所内部治理应当以增进内部和谐为重点,合理规范和有效协调事务所合伙人(股东)之间、合伙人(股东)与注册会计师和员工之间以及其他各相关方面的关系,充分发挥事务所各层次管理机构的职能作用,保障事务所及各利益相关者的合法权益"。第二十八、第二十九条分别规定了事务所股东会表决方式和决策程序。第三十条规定了事务所董事会的设立、权力和特别情况。第三十六条规定了监事会的设立及权责。第四十条规定了主任会计师的设立及权责,合伙事务所的主任会计师由执行事务所事务的合伙人担任;有限责任事务所的主任会计师由法定代表人担任,从董事中产生;因此,主任会计师相当于事务所的 CEO。第三十、第三十六条还规定,小规模的事务所可以不设立董事会和监事会,只设 1 名执行董事、1—2 名监事。

[②] 该理论由美国学者 Elinor. Ostrom(1990)提出。该理论有两个基本假设:第一,公共池塘资源是准公共物品,具有非排他性和竞争性;第二,公共池塘资源的使用者是一群相互依赖的委托人。该理论的中心内容是研究一群相互依赖的委托人如何才能把自己组织起来,进行自主治理,从而在所有资源使用者都面对搭便车、规避责任或其他机会主义行为的情况下,取得持久的共同收益(吴溪和陈梦,2012)。

关于上市公司内部治理的研究表明，大股东有能力和动力监督和激励管理层的行为（Burns 等，2010），同样也有能力和动力侵占中小股东的利益（La Porta 等，1999；Johnson 等，2000；Jiang 等，2010）；但当内部治理得到改善时，中小股东的利益得到有效保护，能够激励公司管理层提升投资效率，从而增加公司绩效和股东价值（La Porta 等，2008）。以董事会为核心的内部治理机制对企业效率有重要影响（Richardson，2006）。内部治理通过改善信息不对称、降低代理成本，激励高管改进资源投入与配置的积极性，从而改善公司的资源配置效率和运营效率（Bertrand 和 Mullainathan，2003；Dittmar 和 Mahrt-Smith，2007；Billett 等，2011），能有效抑制非效率投资（Giroud 和 Mueller，2010；方红星和金玉娜，2013；杨兴全等，2010；俞红海，2010；张会丽和陆正飞，2012），优化公司资本配置效率（Bates，2005；李云鹤等，2011）。

知识型新型组织内部治理的研究表明，专业化组织的内部治理通过改善各专业人员之间的相互约束和相互竞争，缓解各专业人员之间互为委托代理的成本，从而优化组织内部资源配置效率和组织运营效率（Ostrom，1990，2000，2015；Clark，1998；Rajan 和 Zingales，2000；Greenwood 等，2005）。在会计师事务所内，一方面，合伙人（股东）会的相对规模越大，意味着合伙人（股东）的数量越多，合伙人（股东）之间的相互竞争和相互约束力就越强，内部竞争与相互制约促进了内部资源的协调与配置，从而促进资源配置效率的提升。另一方面，合伙人（股东）会的相对规模越大，意味着非合伙人（股东）CPA 晋升为合伙人（股东）的晋升机制更好，而良好的晋升机制能够激励掌握关键知识的 CPA 加大自身的智力资源的投入，更加勤勉尽责，从而提升组织的经营绩效。因此，合伙人（股东）会的相对规模越大，意味着会计师事务所的内部治理水平越好，对提升会计师事务所的全要素生产率的贡献越大。由此本书提出假设 H5-2：

H5-2：在其他条件不变的情况下，会计师事务所的合伙人（股东）会相对规模与会计师事务所的运营效率显著正相关。

三 内部控制机制对会计师事务所运营效率的影响

内部控制是由董事会、管理层和其他员工实施的、为提高财务报表的可靠性、合规性和经营效率与效果的合理保证的过程（COSO，1992；财政部等，2008；杨雄胜，2011）。内部控制的主要目标是降低经营风险和管理风险以及代理成本，提升经营效益和效率（Alexander 等，2013；COSO，2013；Feng 等，2015）。尽管有不少研究表明，加强内部控制可以防范舞弊、降低代理成本，抑制业务流程风险和管理层机会主义（王运陈等，2015），抑制非效率投资（方红星和金玉娜，2013），提高投资效率（李万福等，2011；刘焱，2014）和经营效率（Cheng 等，2013；赵息和张西栓，2013；叶陈刚等，2016）；改善盈余质量（方红星和金玉娜，2011；Järvinen 和 Myllymäki，2016），提升公司绩效与公司价值（李万福等，2011；刘焱和姚树中，2014）。但是，由于内部控制存在极大的经济成本，导致内部控制能否提升企业经营绩效存在较大争议。方红星（2002）认为，组织效率等于内部控制效益减去内部控制成本，而内部控制成本包括由于内部控制而耗费的组织资源的实际成本与机会成本以及内控带来的效率损失。显然，内部控制并不是都能改善企业的会计信息质量和资源配置效率（于忠泊和田高良，2009）；内部控制也不是越多越好，需要掌握内部控制收益与成本的合理平衡点。由此可见，加强内部控制，将意味着增加内控流程和审批程序，降低了经营者投资 NPV>0 的项目的积极性，从而导致投资不足和降低未来成长机会；同时，加强内部控制，也意味着减少高风险的投资活动，导致市场对未来高收益、高成长预期下降，从而降低了企业经济效益和股东价值（Kinney 和 Shepardson，2011；Munsif 等，2013；李心合，2013；李庆玲和沈烈，2016）。

特别是近年以来，国内外发生的众多财务舞弊、欺诈及公司违规操作的案件表明，内部控制只能为避免错误和舞弊提供"合理"的保证，而不能提供"有效"的保证。内部控制的加强能否抑制大股东和管理层机会主义行为、降低业务操作风险和决策风险成为各方关注的焦点（杨有红和胡燕，2004；COSO，2013）。在 2013 年版的 COSO 框架中指出，内部控制存在法规层、战略层、经营层、财务层四个层面的不同目标，当财务层的目标与战略层、经营层的目标冲突时，内部控制作为风险管理的手段和机制对财务层的呈报目标和法规层的遵循性目标的合理保证程度，优于战略层目标和经营层目标，这就意味着以财务报表呈报为导向的内部控制将一定程度上减少了企业的成长机会，不利于企业价值最大化目标的实现。

作为新型企业组织的典型代表的会计师事务所，其内部控制既缺乏统一规范的操作程序和标准，也缺乏实践环节的监管；而且由于缺乏公开数据，会计师事务所内部控制领域的研究尚处空白，导致会计师事务所内部控制的经济后果还处于"黑箱"状态。中国正在推进多层次资本市场体系建设，会计师事务所行业面临快速成长的机会，高收益与高风险并存，内部控制作为协调发展与风险的"保险栓"和"减速带"，过度强调内部控制意味着放弃快速成长和获取高收益的机会，从而降低会计师事务所的产出效率。因此，我们预测，加强内部控制将导致会计师事务所运营效率损失。由此本书提出假设 H5-3：

H5-3：在其他条件不变的情况下，内部控制与会计师事务所运营效率显著负相关。

第三节 研究设计

一 变量选择与定义

（一）被解释变量

运用 DEA-BCC 模型估计会计师事务所的全要素生产率得到三个效率值：综合效率（即技术效率，$Crste$）、生产率（即纯技术效率，$Vrste$）、配置效率（即规模效率，$Scale$）。综合效率等于生产率乘以配置效率，代表综合技术效率水平；配置效率反映会计师事务所内部资源配置效率；生产率反映会计师事务所行业整体的生产率水平，2006—2016 年会计师事务所行业的技术水平没有发生大的变革，因此生产率的变化应该是不明显的。不同风险承担、内部治理和内部控制的会计师事务所，可能存在较大的综合效率和配置效率差异。基于此，本书选用综合效率（$Crste$）作为模型（5-1）的被解释变量，配置效率（$Scale$）用于模型（5-1）稳健性检验。

(二) 解释变量

本章主要探讨会计师事务所的风险承担制度机制、内部治理机制与内部控制机制对会计师事务所运营效率的影响。会计师事务所的风险承担制度机制反映在它的组织形式（Org_form）。当前中国的会计师事务所存在两种风险程度制度安排，即两种组织形式：合伙制和有限责任制。合伙人（股东）会的自主治理是会计师事务所内部治理的主体构成，合伙人（股东）会的规模既反映会计师事务所内部的晋升激励机制和风险约束机制，又反映会计师事务所内部自我监督和自我治理的内部治理特征，因此，我们选择合伙人（股东）会的相对规模（$Partner\_g$）作为会计师事务所内部治理的测量指标，一方面可以测量事务所的内部治理水平，另一方面又可以降低合伙人（股东）会绝对规模受会计师事务所运营效率影响的内生性问题。

会计师事务所不仅是一个经济组织，还是一个承担国家监督和社会治理使命的社会组织，为社会各相关利益者提供鉴证、审计信息、经济信息质量公证及会计咨询等准公共服务社会组织。会计师事务所的社会组织属性和准公共服务职能，决定了其必然是一个严监管的行业，特别是进入期货、证券业务领域的会计师事务所（以下简称"证券所"），其面临更为严格的监管要求。财政部、中注协和证监会分别从市场准入、执业规范与质量控制、审计质量等方面对证券所进行监管；同时，证券所执行证券业务审计涉及的利益相关者众多，影响面广。因此，基于外部监管要求由外向内传导和基于审计风险和声誉考虑，相比非证券所而言，证券所对自身的执业规范、质量控制体系、风险管控等的要求更高更严，自律性更好，内控质量普遍更好。因此，我们选择是否具有期货、证券业务资格（QSB）作为衡量会计师事务所内部控制的测量指标，证券所代表内部控制强，非证券所代表内部控制弱。

中国的会计师事务所产生于政府体系之内,"脱钩改制"之后逐渐从政府体系分离,成为独立的法人组织。这一独特的"出身"使得会计师事务所具有显著的地域特征。异地所和本地所面临不一样的竞争优势。本地所在客户关系、人际关系、区域制度文化等方面具有优势,而外来所存在"外来者劣势"(李奇凤和宋琰纹,2007;吕兆德等,2007;曹强等,2008)。在中国审计市场,分所承担开疆拓土、抢占市场的发展任务,是会计师事务所实施做大做强战略的主要支撑点。正是基于这样的使命和会计师事务所发起成立的制度特点,总所一般不会对分所实施严格的管控,当然也难以实施有效管控;同时,分所迫于抢占市场的利益驱动和总分所共担风险的风险承担制度,决定了分所更倾向于"重发展而轻管控"。因此,我们选择是否是分所(Divisions)作为会计师事务所内部控制另一个测量指标,分所代表内部控制弱,总所代表内部控制强。

(三)控制变量

1. 会计师事务所的规模

在上市公司领域的研究中,组织规模越大意味着业务复杂程度越高,信息不对称程度越高,委托代理成本越高。在审计市场的研究中,会计师事务所的规模越大,意味着会计师事务所的声誉越高。而对组织规模与规模经济的关系讨论中,存在规模经济与规模不经济的两种不同观点(DeAngelo,1981b;刘明辉和王扬,2012;卢太平和张东旭,2014)。

2. 业务集中度

会计师事务所专注于某一领域或者在某一领域获得竞争优势,一般表现为业务集中度较高、专门化程度较高,行业专长更明显,因此也可能对会计师事务所的经营效率产生重要影响(Hogan 和 Jeter,1999;曹强等,2008;刘明辉和王扬,2012;卢太平和张东旭,2014)。

3. 资源要素投入

按照标准生产函数的构成,劳动力资源投入、资本投入和信息技术水平及教育培训等是影响企业产出效率的重要因素。在资源要素投入方面,劳动力资源是经济增长的重要投入要素,劳动力资源的投入效率和配置效率是过去四十年中国经济增长奇迹的核心基础（才国伟和刘剑雄，2015；苏治和徐淑丹，2015；杨汝岱，2015）。会计师事务所是典型的人力资本密集型专业性服务行业，以具有注册会计师、注册税务师、资产评估师等专业资格的高端人才的"人合""智合"为显著特征。不同的人力资本存量水平意味着不同的效率水平。一般而言，人力资本存量越高，效率水平可能越高。注册会计师（以下简称"CPA"）是会计师事务所中最核心的人力资源和智力资本，CPA 数量对会计师事务所的经营效率有着重要影响（Banker 等，2003；Banker 等，2005；Lin 等，2010；郭弘卿等，2011；刘明辉和王扬，2012；Cheng 等，2013；卢太平和张东旭，2014）。因此，我们认为，增加以 CPA 为核心的专业人才的投入和对专业人才的资本投入，将有助于调动会计师事务所核心资源——CPA 的积极性，从而提升会计师事务所的效率。资本投入要素是标准生产函数两个基本要素之一，对企业组织的产出效率同样重要。但是，过去四十年中国经济取得举世瞩目的成就，资本的边际产出（即产出效率）和配置效率远远低于劳动力的产出效率和配置效率（Hsieh 和 Klenow，2009；龚关和胡关亮，2013）。对现阶段中国相对落后的服务业而言，服务业对资本的要求也远低于工业，增加资本投入不一定有助于服务业的产出效率和配置效率的提升（王恕立和胡宗彪，2012；庞瑞芝和邓忠奇，2014）。信息化技术和员工的后续培训教育对个人工作效率（史小坤，2003；陈玉宇等，2008）和组织效率（任迎伟和张曼，2004；Brazel 和 Dang，2008；曾昌礼等，2018）产生重要影响。

4. 组织战略

在战略层面，会计师事务所的多元化战略、差异化战略、人才战略、国际化战略等战略导向决定了事务所的资源配置方向，对资源的使用效率和配置效率有重要影响（Shockley 和 Holt，1983；Banker，1984；Chen 等，2008；刘明辉和王扬，2012；卢太平和张东旭，2014）。

5. 风险文化及机制

审计业务是具有高风险的业务，风险导向和风险保障机制等组织文化对审计师个人和组织决策行为有重要影响（王棣华，2006）。

6. 宏观经济及产业发展水平

经济越发展，越需要会计师事务所的专业服务，经济发展水平越高，对会计师事务所的需求越大。因此，国家或区域的经济发展水平决定了要素市场的发展水平，而要素市场的发展水平严重影响事务所的资源利用效率和配置效率（杜克锐，2013；范剑勇等，2014；盖庆恩等，2015）。

基于以上分析，我们选择会计师事务所的规模（$Big\ 4$）、业务集中度（$Busi\_con$）、CPA 相对投入规模（CPA_g）、资本投入强度（$Capital\_h$）、技术投入（$Tech\_b$）、员工培训（$Train\_b$）、国际化战略（$Stra$）、风险导向（$Risk\_d$）、风险保障机制（$Risk\_b$）等内部因素，和经济发展水平（$GDPindex$）、市场集中度（HHI）、产业集聚（$CYJJ$）等外部因素作为控制变量，在控制年度效应（$Year$）和城市效应（$City$）的基础上，探讨会计师事务所的基本组织制度、内部治理、内部控制等核心组织特征对会计师事务所效率的影响。回归模型的相关变量定义如表 5-1 所示。

表 5-1　　　　　　　　　　变量定义

变量名称	变量符号	定义
综合效率	$Crste$	DEA 估算的技术效率，等于纯技术效率×规模效率
配置效率	$Scale$	DEA 估算的规模效率
生产率	$Vrste$	DEA 估算的纯技术效率，代表行业技术水平
风险承担	Org_form	事务所为合伙制（含普通合伙和特殊普通合伙）取 1，表示高风险承担；否则取 0
内部治理	$Partner\_g$	合伙人（股东）大会的相对规模，等于合伙人（股东）会人数除以员工人数
内部控制 1	QSB	证券所，有证券业务资格的事务所取 1，否则取 0
内部控制 2	$Divisions$	分所，是事务所的分所取 1，否则取 0
事务所规模	$Big\ 4$	经营实体或其总所属于四大事务所，取值 1，否则取值 0
业务集中度	$Busi\_con$	等于审计收入除以总收入
人力资源投入	CPA_g	等于 CPA 人数除以员工人数

续表

变量名称	变量符号	定义
资本投入强度	Capital_h	等于工资薪酬支出+职工福利除以员工人数的自然对数
技术投入	Tech_b	等于技术软件费支出除以总收入
员工培训	Train_b	等于员工培训教育支出除以总收入
国际化战略	Stra	加入国际会计网络组织的取值1，否则取值0
风险导向	Risk_d	存在计提坏账或跌价准备，取值1，表示谨慎性风险导向；否则取值0，表示激进性风险导向
风险保障	Risk_b	高于（职业保险+执业保障基金）的中位数，取值1，否则取值0
经济发展水平	GDPindex	等于事务所所在地级市GDP发展指数
市场集中度	HHI	等于事务所所在地级市审计市场的HHI指数
产业集聚	CYJJ	等于事务所所在地事务所数量占全省事务所数量的比重
城市	City	地区效应
年度	Year	年度效应

二 研究方法与模型构建

（一）第一阶段：DEA 估计

本章在 Banker 等（2005）、卢太平和张东旭（2014）的研究基础上进一步改进会计师事务所效率估计方法，以会计师事务所的人力资源和资本为投入要素，以会计师事务所的总业务收入和总客户数量为产出要素，运用产出导向的 DEA-BCC 模型（Banker 等，1984），利用 Deap2.1 软件估计可变规模报酬下会计师事务所经营实体的全要素生产率相对效率值，以所估计的相对效率值作为第二阶段面板 Tobit 回归的被解释变量。

（二）第二阶段：面板 Tobit 回归

以第一阶段估计出的事务所综合效率和规模效率为被解释变量，构建面板 Tobit 回归模型（5-1）。在控制事务所其他组织特征和外部环境因素的基础上，分年度、城市检验事务所的组织形式、内部治理、内部控制与事务所效率的关系。模型如下：

$$E_{ff} = \beta_0 + \beta_1 Org\_form + \beta_2 Partner\_g + \beta_3 QSB +$$
$$\beta_4 Divisions + \beta_5 \Sigma Controlvias + \beta_6 \Sigma Year + \beta_7 \Sigma City + \varepsilon \quad (5-1)$$

在模型（5-1）中，被解释变量 Eff 代表事务所效率，分别以综合效率（$Crste$）和配置效率（$Scale$）代替；四个解释变量中，Org_form 为风险承担，$Partner\_g$ 为内部治理，QSB 代表强的内部控制，$Divisions$ 代表弱的内部控制；$\Sigma Controlvias$ 代表控制变量集，包括会计师事务所的规模（$Big4$）、业务集中度（$Busi\_con$）、CPA相对投入规模（CPA_g）、资本投入强度（$Capital\_h$）、技术投入（$Tech\_b$）、员工培训（$Train\_b$）、国际化战略（$Stra$）、风险导向（$Risk\_d$）、风险保障机制（$Risk\_b$）等内部因素，和经济发展水平（$GDPindex$）、市场集中度（HHI）、产业集聚（$CYJJ$）等变量；$\Sigma Year$ 表示年度固定效应，$\Sigma City$ 表示城市固定效应；ε 为随机扰动项。

三　数据来源

本章所用到的会计师事务所的数据全部来源于中国注册会计师行业管理信息系统财务报表子系统，经广东省注册会计师协会授权，获得2006—2016年广东省内的会计师事务所经营实体（含总所和分所）的财务数据。GDP发展指数来源于《广东省统计年鉴》。经整理，最终获得5125个"事务所—年度—效率—内部特征"非平衡面板样本数据和1397个"事务所—年度—效率—内部特征"平衡面板样本数据。为减少极端值的影响，我们对所有的连续变量进行了1%和99%分位的缩尾处理。

第四节　实证分析

一　描述性统计

表5-2展示的是回归模型主要变量的描述性统计。如表5-2所示，会计师事务所的综合效率（$Crste$）均值为0.69，配置效率（$Scale$）均值为0.74，与效率最优还有较大差距；表明中国会计师事务所行业的经营效率水平还不高。生产率（$Vrste$）均值为0.93，处于较高水平；表明当

第五章 高效率会计师事务所的决定机制——内部机制的视角

前中国审计市场的生产率处于较高水平。$Effchange$ 表示会计师事务所的规模收益的变动方向，0 表示递减，1 表示不变，2 表示递增；超过一半以上（87.4%）的会计师事务所的规模收益处于递减状态，10.85% 的会计师事务所处于规模收益不变状态，只有 1.76% 的会计师事务所处于规模收益递增状态。将近 63% 的会计师事务所经营实体为合伙制，表明大部分会计师事务所经营实体愿意承担更多的风险。合伙人（股东）会

表 5-2　　　　　　　　回归模型变量描述性统计

变量	样本量	均值	标准差	最小值	中位数	最大值
$Crste$	5125	0.6918	0.1748	0.412	0.659	1
$Scale$	5125	0.7392	0.1677	0.432	0.724	1
$Vrste$	5125	0.9328	0.0485	0.8	0.933	1
$Effchange$	5125	0.1436	0.3977	0	0	2
Org_form	5125	0.6279	0.4834	0	1	1
$Partner\_g$	5125	0.1569	0.1126	0.0065	0.1333	0.6
QSB	5125	0.0933	0.2908	0	0	1
$Divisions$	5125	0.1019	0.3025	0	0	1
$Big\ 4$	5125	0.016	0.1255	0	0	1
$Busi\_con$	5125	0.7131	0.2005	0.0664	0.7523	0.9944
CPA_g	5125	0.3503	0.1609	0.0909	0.3286	0.9167
$Capital\_h$	5125	10.1269	1.8232	0	10.4121	12.2558
$Tech\_b$	5125	0.0001	0.0007	0	0	0.0066
$Train\_b$	5125	0.0040	0.0081	0	0	0.0462
$Stra$	5125	0.0006	0.0242	0	0	1
$Risk\_d$	5125	0.0213	0.1443	0	0	1
$Risk\_b$	5125	0.4983	0.5000	0	0	1
$GDPindex$	5125	111.41	3.1374	105	110.65	132.92
HHI	5125	0.0053	0.0051	0.0000	0.0007	0.0144
$CYJJ$	5125	0.1839	0.1405	0.0066	0.2405	0.3628

相对规模的均值为 16%，从绝对值来看并不算高。只有 9.33% 的会计师事务所具有期货、证券业务资格，但高于全国的平均水平（7.71%）。10.19% 的样本为会计师事务所分所，分所代表内部控制较弱。控制变量中，CPA_g 均值为 35%，代表事务所核心人力资源 CPA 的投入水平。$Capital\_h$ 的均值为 10.1269，代表会计师事务所的资本投入强度。1.6% 的样本为国际"四大"会计师事务所在广东省的经营实体。审计业务占会计师事务所收入的比重（即业务集中度）均值为 71%，与全国平均水平保持一致。技术投入和员工培训投入水平远低于 1%，表明会计师事务所的信息化水平不高，对员工的后续教育投入不够。只有 0.06% 的样本会计师事务所实施国际化战略，表明即使在对外开放程度最高的广东地区，中国会计师事务所行业的国际化之路还非常遥远。11.08% 的样本会计师事务所具备多元化经营的能力；绝大部分会计师事务所表现出激进性的风险导向，这可能是过去十多年来中国会计师事务所取得快速发展的原因之一，特别是小型会计师事务所取得"野蛮式"增长的原因之一；将近一半的样本会计师事务所建立良好的风险保障机制，分散了审计师个人和组织的审计风险。在外部环境因素中，会计师事务所所在地的经济发展水平普遍较快，高于同期全国 GDP 发展指数均值（109.34）。会计师事务所行业的赫芬达尔—赫希曼指数（HHI）均值为 0.0053，表明市场集中度非常低，与全国会计师事务所市场集中度现状基本吻合[1]；会计师事务所产业集聚（$CYJJ$）均值为 0.18，聚集度也不高。

表 5-3 的解释：回归变量的相关系数（表 5-3）的结果显示，风险承担（Org_form）、内部治理（$Partner\_g$）与事务所效率（$Crste$）呈正相关；表示强内部控制的证券所（QSB）与事务所效率（$Crste$）呈负相关，而表示弱内部控制的分所（$Divisions$）与事务所效率（$Crste$）呈正相关，与本章的理论假设基本一致。

---

[1] 凡是涉及与全国会计师事务所行业对比的数据均来源于中国注册会计师协会：《注册会计师行业业务收入分析报告 2015》，中国财政经济出版社 2016 年版。

第五章 高效率会计师事务所的决定机制——内部机制的视角

表 5-3 回归变量的相关系数

Variables	(1)	(2)	(3)	(4)	(5)	(6)	(7)	(8)	(9)	(10)	(11)	(12)	(13)	(14)	(15)	(16)	(17)	(18)	(19)	(20)
(1) Crste	1.000																			
(2) Scale	0.978	1.000																		
(3) Vrste	0.510	0.328	1.000																	
(4) TE	0.993	0.971	0.511	1.000																
(5) Org_form	0.351	0.376	0.086	0.351	1.000															
(6) Partner_g	0.086	0.126	-0.141	0.086	-0.172	1.000														
(7) QSB	-0.056	-0.117	0.283	-0.056	0.126	-0.333	1.000													
(8) Divisions	0.020	-0.037	0.281	0.020	0.088	-0.347	0.835	1.000												
(9) Big4	-0.108	-0.146	0.168	-0.108	0.098	-0.161	0.398	0.379	1.000											
(10) Busi_con	-0.068	-0.075	-0.007	-0.067	-0.015	-0.105	0.090	0.067	0.086	1.000										
(11) CPA_g	-0.014	-0.002	-0.069	-0.014	-0.164	0.518	-0.096	-0.089	-0.171	-0.024	1.000									
(12) Capital_h	-0.206	-0.210	-0.049	-0.205	-0.030	-0.057	0.087	0.070	0.114	0.126	-0.063	1.000								
(13) Tech_b	-0.018	-0.036	0.083	-0.018	-0.012	-0.086	0.149	0.169	0.090	0.034	-0.057	0.067	1.000							
(14) Train_b	-0.005	-0.012	0.040	-0.004	-0.006	0.018	0.029	0.018	0.011	-0.025	-0.011	-0.045	0.090	1.000						
(15) Stra	0.008	0.008	0.007	0.016	-0.015	-0.013	-0.008	-0.008	-0.003	0.015	-0.006	0.014	-0.003	0.018	1.000					
(16) Risk_d	-0.099	-0.124	0.087	-0.093	0.016	-0.096	0.222	0.210	0.445	0.069	-0.066	0.072	0.086	0.025	-0.004	1.000				
(17) Risk_b	0.027	0.019	0.045	0.029	0.043	-0.023	-0.018	-0.034	-0.077	0.015	-0.019	0.040	0.036	0.094	0.024	-0.004	1.000			
(18) GDPindex	-0.137	-0.143	-0.046	-0.136	-0.064	0.143	-0.050	-0.073	-0.002	-0.208	0.142	-0.167	-0.104	0.086	-0.026	-0.010	-0.031	1.000		
(19) CYJJ	0.044	0.047	0.015	0.047	0.174	-0.206	0.161	0.131	0.099	0.043	0.012	-0.073	0.050	-0.088	-0.007	0.025	-0.113	-0.051	1.000	
(20) HHI	-0.071	-0.074	-0.021	-0.068	0.064	-0.163	0.153	0.116	0.109	-0.007	0.053	-0.111	0.020	-0.083	-0.016	0.029	-0.132	0.038	0.896	1.000

二 实证结果分析

表5-4列（1）展示了模型（5-1）的回归结果。结果显示，会计师事务所的风险承担（*Org_form*）与会计师事务所综合效率显著正相关，表明合伙制会计师事务所的效率更高，验证了本章的假设H5-1。会计师事务所的内部治理（*Partner_g*）与会计师事务所综合效率显著正相关，验证了本章的假设H5-2。这一证据表明，在中国会计师事务所行业发展的现阶段，提高合伙人（股东）会的相对规模，有助于建立良性的内部晋升激励机制和发挥合伙人之间的自我监督与自我治理功能，从而促进了会计师事务所效率的提升和会计师事务所的高质量发展。会计师事务所的内部控制（*QSB*）与会计师事务所综合效率显著负相关，表明证券所为适应外部监管环境而加强自身内部控制，导致显著降低了自身运营效率；这意味着加强内部控制，可能有助于降低会计师事务所经营风险，但也会带来效率损失。另一个会计师事务所内部控制（*Divisions*）指标与会计师事务所综合效率显著正相关，表明内部控制越差的分所的运营效率反而更高，这意味着放松自我控制的约束能够提升会计师事务所的运营效率，有助于会计师事务所获得更高的产出效率；由此验证了本章的假设H5-3。

控制变量的回归结果显示，CPA相对规模（*CPA_g*）与会计师事务所综合效率显著正相关，表明作为会计师事务所的核心资源，CPA投入越多越有利于效率提升。资本投入（*Capital_h*）与事务所综合效率显著负相关，表明现阶段中国会计师事务所行业存在资本投入冗余，资本并不是驱动会计师事务所提升效率的主要动力；同时，这一证据也反映当前会计师事务所行业的人均收入较高，人力资源成本高于全国平均水平，有可能成为会计师事务所行业效率提升过程中的制约因素。会计师事务所规模（*Big4*）与会计师事务所综合效率显著负相关，这可能与我们的固有认知不相符，但实际上在中国会计师事务所行业现阶段，会计师事务所规模与综合效率负相关有其合理性，原因有二：一是*Big4*会计师事务所都是具有证券业务资格[①]的证券所，而具有证券业务资格的会计师

[①] 截至2016年12月31日，全国40家证券业务资格事务所共有34家在广东开设了分所，含广东省内1家证券业务资格所的总所和分所，共有71家总分所具有证券业务资格。

第五章 高效率会计师事务所的决定机制——内部机制的视角

事务所受到外部监管和自我内控的约束，牺牲效率以保证审计质量的可能性更大；二是中国会计师事务所行业小散乱的现状，恶性竞争较为普遍（许汉友等，2008；邱吉福等，2012；蒋尧明等，2015），特别是在非上市公司业务和政府购买服务领域大型会计师事务所并不具备优势。会计师事务所的业务集中度（$Busi\_con$）与会计师事务所综合效率显著负相关，表明会计师事务所审计业务占比越高，综合效率越低；同时也表明监管部门鼓励会计师事务所发展新业务、实施多元化战略的用心良苦。会计师事务所的技术投入水平（$Tech\_b$）与会计师事务所综合效率显著负相关，表明技术投入并不一定能够提升会计师事务所效率。虽然信息技术能够提高审计效率的结论得到不少文献的支持（O'Leary，2004；Masli 等，2010；曾昌礼等，2018），但是，信息技术的使用增加了审计业务的复杂程度，需要审计师更高的技术专业技能，而当前中国会计师事务所从业人员的学历绝大部分是本科以下，以大专学历居多（中国注册会计师协会，2016），特别是在有限的员工培训系统支持下，增加信息技术投入有可能降低了审计效率（Brazel 和 Dang，2008；Chen 等，2014）。会计师事务所所在城市的产业聚集水平（$CYJJ$）与会计师事务所综合效率显著正相关，符合产业聚集理论的基本判断，产业聚集越高，意味着与产业发展的相关要素资源聚集度越高，有助于人才、资金等要素在产业内更好地流动，从而促进产业组织的组织效率提升。其他控制变量，如员工培训投入（$Train\_b$）、国际化战略（$Stra$）、风险导向（$Risk\_d$）、风险保障机制（$Risk\_b$）、经济发展水平（$GDPindex$）和产业集中度（HHI），与会计师事务所综合效率之间的关系不显著相关，这些因素对会计师事务所效率的影响有待进一步检验。

表 5-4 模型（5-1）回归结果

VARIABLES	(1) $Crste$	(2) $Scale$	(3) $Crste$	(4) $Crste$
Org_form	0.131*** (0.0103)	0.140*** (0.00998)	0.144*** (0.0107)	0.162*** (0.0143)

续表

VARIABLES	(1) Crste	(2) Scale	(3) Crste	(4) Crste
$Partner\_g$	0.188*** (0.0305)	0.223*** (0.0291)	0.226*** (0.0305)	0.122*** (0.0416)
QSB	-0.102*** (0.0244)	-0.122*** (0.0234)	-0.0543* (0.0310)	-0.102*** (0.0379)
$Divisions$	0.126*** (0.0241)	0.114*** (0.0231)	0.150*** (0.0372)	0.133*** (0.0368)
$Big4$	-0.127*** (0.0421)	-0.150*** (0.0405)	—	—
$Busi\_con$	-0.0578*** (0.0112)	-0.0577*** (0.0106)	-0.0551*** (0.0116)	0.0131 (0.0162)
CPA_g	0.0631*** (0.0180)	0.0401** (0.0171)	0.0364** (0.0186)	0.0799*** (0.0245)
$Capital\_h$	-0.0246*** (0.00135)	-0.0240*** (0.00129)	-0.0231*** (0.00142)	-0.0188*** (0.00235)
$Tech\_b$	-5.115** (2.606)	-5.764** (2.446)	-3.952 (3.363)	-7.144 (4.764)
$Train\_b$	-0.169 (0.246)	-0.0858 (0.233)	-0.193 (0.249)	-0.391 (0.282)
$Stra$	-0.0179 (0.0741)	-0.00583 (0.0696)	-0.0174 (0.0726)	-0.00658 (0.0707)
$Risk\_d$	-0.0138 (0.0147)	-0.0170 (0.0138)	-0.00771 (0.0171)	-0.00375 (0.0177)
$Risk\_b$	-0.00395 (0.00471)	-0.0105** (0.00445)	-0.00208 (0.00487)	0.00643 (0.00624)
$GDPindex$	0.00142 (0.00104)	0.00136 (0.000987)	0.00130 (0.00103)	0.00198*** (0.000991)
HHI	1.006 (1.347)	0.0512 (1.275)	1.136 (1.392)	50.64 (79.52)
$CYJJ$	0.893*** (0.148)	0.699*** (0.139)	0.911*** (0.153)	-0.587 (0.583)

续表

VARIABLES	(1) Crste	(2) Scale	(3) Crste	(4) Crste
Constant	0.668*** (0.130)	0.709*** (0.123)	0.649*** (0.129)	0.480*** (0.129)
Year	控制	控制	控制	控制
City	控制	控制	控制	控制
Observations	5125	5125	4668	2291
Wald chi2	1926.11***	2158.29***	1802.11***	955.86***
Number of id	711	711	628	299

注：括号内数字为标准差，***$p<0.01$，**$p<0.05$，*$p<0.1$。

三 稳健性检验

我们对模型（5-1）的稳健性做了五个检验。

第一，我们用配置效率（Scale）代替综合效率（Crste），作为被解释变量代入回归模型（5-1）。回归结果如表5-4列（2）所示，检验结果与主检验回归结果完全一致。

第二，剔除总部在广东省外的会计师事务所的样本，即剔除外来所样本。据统计，40家具有证券业务资格的全国性大型事务所有34家在广东省内开设了71家分所，这些分所背靠大品牌，拥有强大的总所资源。相对于地方会计师事务所总所及其分所，全国大型会计师事务所分所的内部治理和内部控制质量比较好。为避免这部分样本对本章的研究结果造成影响，我们剔除全国大型会计师事务所分所的样本，对剩下的省内会计师事务所分所的样本进行回归。回归结果如表5-4列（3）所示，依然支持我们的研究假设。

第三，剔除会计师事务所聚集过高地区的样本。由于广州、深圳两市聚集超过55%的会计师事务所经营实体，为避免样本过度集中带来的影响，我们剔除广州、深圳两市的会计师事务所样本，对余下的非广州、深圳的会计师事务所样本进行回归。回归结果如表5-4列（4）所示，依然支持我们的研究假设。

第四，我们以投入导向的DEA-CCR模型重新估计会计师事务所经营实体的全要素生产率。由于投入导向的 DEA-CCR 模型以规模收益不变为前提，因此，我们所估计的效率值只有一个技术效率（TE），我们以此技术效率（TE）替换产出导向的 DEA-BCC 模型的综合效率（$Crste$）和配置效率（$Scale$），代入模型（5-1），回归结果如表5-5列（1）所示，回归结果依然支持我们的研究假设。

第五，我们从总样本中挑选出连续11年进入样本期的127家会计师事务所、共1397个样本，构建平衡面板子样本，然后分别以综合效率（$Crste$）、配置效率（$Scale$）、技术效率（TE）作为被解释变量进行面板 Tobit 分年度、城市进行回归，回归结果如表5-5列（2）、列（3）、列（4）所示。结果显示，除列（2）中 Divisions 的显著性水平有明显变化外，其他主要变量与会计师事务所效率的关系方向、显著性水平保持不变，依然稳健地支持我们的研究假设。

通过以上五个稳健性检验，风险承担（Org_form）、内部治理（$Partner\_g$）和内部控制（QSB 和 $Divisions$）与会计师事务所效率的关系方向保持一致，显著性水平也保持一致；表明我们的3个研究假设是稳健成立的。

四 内生性讨论

本书的四个主要考察变量中，反映会计师事务所风险承担制度机制的组织形式（Org_form），是会计师事务所成立时就必须做出选择，选择的依据主要是目标战略和风险承担而不是效率因素。即使少部分会计师事务所在样本时期内变更了组织形式，也是受国家政策导向的外生影响[①]。内部治理的替代变量——合伙人（股东）会的相对规模（$Partner\_g$）可

[①] 2010年10月，前面提到的国办发〔2009〕56号文件提出，积极探索适用于大中型会计师事务所发展的组织形式，大力推进特殊普通合伙制。2010年7月，财政部、工商总局《关于推动大中型会计师事务所采用特殊普通合伙组织形式的暂行规定》（财会〔2010〕12号），要求大型会计师事务所采用特殊普通合伙的组织形式，就合伙人在执业活动中因故意或重大过错造成的债务，承担无限责任或无限连带责任；该规定第十五条规定，有限责任公司制事务所转制为特殊普通合伙制，要注销原有限责任公司，因此无法对比转制前后的效率变化；原组织形式为普通合伙制的大中型会计师事务所，按变更登记办理；本书没有进一步区分合伙制是普通合伙还是特殊普通合伙。

能存在一定内生性，但是我们采用合伙人的相对规模，一定程度减弱了随着会计师事务所效率提升、发展壮大而导致合伙人（股东）会绝对规模变大的内生性。内部控制的替代变量之一——是否证券所（QSB）是市场准入许可资格，受财政部和证监会审批，具有很强的外部性特征[①]；内部控制的另一个替代变量——总分所（Divisions）存在内生性可能性极小，原因是对分所的控制主要来自总所，也属于外生的。

表 5-5　　　　　　　　　稳健性检验回归结果

VARIABLES	(1) TE	(2) TE	(3) Crste	(4) Scale
Org_form	0.131*** (0.0104)	0.118*** (0.0222)	0.118*** (0.0220)	0.126*** (0.0198)
Partner_g	0.183*** (0.0305)	0.131** (0.0585)	0.142** (0.0584)	0.166*** (0.0549)
QSB	-0.101*** (0.0244)	-0.0917* (0.0492)	-0.0975** (0.0490)	-0.134*** (0.0447)
Divisions	0.125*** (0.0241)	0.126 (0.0870)	0.129 (0.0862)	0.140* (0.0777)
Big4	-0.130*** (0.0422)	-0.0921 (0.111)	-0.0888 (0.110)	-0.112 (0.0992)
Busi_con	-0.0586*** (0.0112)	-0.0201 (0.0193)	-0.0193 (0.0193)	-0.0192 (0.0178)
CPA_g	0.0647*** (0.0180)	0.114*** (0.0338)	0.110*** (0.0338)	0.0922*** (0.0315)
Capital_h	-0.0246*** (0.00135)	-0.0242*** (0.00307)	-0.0243*** (0.00307)	-0.0246*** (0.00291)
Tech_b	-4.961* (2.605)	8.026* (4.189)	8.124* (4.191)	7.207* (3.856)

---

① 相比《关于会计师事务所从事证券期货相关业务有关问题的通知》（财会〔2007〕6号），2012年1月21日，财政部、证监会发布实施的《关于调整证券资格会计师事务所申请条件的通知》（财会〔2012〕2号）对事务所的内控条件和标准提出了更高的要求。

续表

VARIABLES	(1) TE	(2) TE	(3) Crste	(4) Scale
Train_b	-0.184 (0.246)	0.490 (0.442)	0.563 (0.442)	0.475 (0.408)
Stra	0.0197 (0.0741)	—	—	—
Risk_d	-0.00877 (0.0147)	-0.0443** (0.0215)	-0.0436** (0.0216)	-0.0469** (0.0198)
Risk_b	-0.00353 (0.00471)	0.00556 (0.00790)	0.00553 (0.00790)	-0.000186 (0.00728)
GDPindex	0.00154 (0.00104)	0.00150 (0.00177)	0.00149 (0.00177)	0.00164 (0.00164)
HHI	0.884*** (0.147)	1.006** (0.248)	1.190 (1.963)	1.129 (1.820)
CYJJ	0.880 (1.346)	1.261 (1.961)	0.984*** (0.248)	1.001*** (0.229)
Constant	0.657*** (0.130)	0.637*** (0.214)	0.637*** (0.214)	0.654*** (0.198)
Year	控制	控制	控制	控制
City	控制	控制	控制	控制
Observations	5,125	1,397	1,397	1,397
Wald chi2	1910.44***	1125.13***	1117.36***	1377.77***
Number of id	711	127	127	127

注：括号内数字为标准差，***p<0.01，**p<0.05，* p<0.1。

第五节 进一步研究

一 外部管制的影响

中国是一个有强外部管制、弱内部治理的传统的社会（Bodde 和 Morris，1967；陈冬华等，2008；于李胜和王艳艳，2010）。会计师事务所因其依法行使鉴证会计信息质量的准公共社会公证职能，在中国甚至

第五章　高效率会计师事务所的决定机制——内部机制的视角

在全球范围内都是受政府管制和监管非常严厉的行业。政府对审计市场的管制一般包括事前的市场准入管制，事中的执业标准、行为规范、道德准则、质量检查、价格管制等，以及事后对违规、违法行为的惩罚等（DeFond 等，2005；Nelson，2006；Palmrose，2006；Lennox 等，2010；于李胜和王艳艳，2010）。最近十多年来，中国审计市场呈现不断加强政府管制和监管的趋势，主要表现在以下方面。

第一，2012 年 1 月 21 日，财政部、证监会发布实施的《关于调整证券资格会计师事务所申请条件的通知》（财会〔2012〕2 号，以下简称"2 号文"），该文件在注册会计师人数（从 80 人增加到 200 人）、职业保险与职业风险基金额（从 600 万元增加到 8000 万元）、业务收入（从 1600 万元增加到 8000 万元）、合伙人规模（从无要求改为至少 25 人）等多个方面大幅度提高会计师事务所进入证券市场的要求，并对证券所提出更高的监管要求，导致具备证券业务资格的会计师事务所数量进一步减少，证券市场的审计业务竞争趋于垄断竞争状态。

第二，2010 年 1 月 27 日，国家发展改革委、财政部发布《关于印发〈会计师事务所服务收费管理办法〉的通知》（发改价格〔2010〕196 号）。根据此文的要求，各省、直辖市纷纷出台具体实施细则，2011 年 11 月 28 日广东省物价局下发《关于会计师事务所服务收费有关问题的通知》（粤价〔2011〕313 号，以下简称"313 号文"），实施期限为 2012 年 1 月 1 日至 2014 年 12 月 31 日。该文对广东省内会计师事务所（含分所）的审计收费规定了收费标准和最低限价，对广东省内会计师事务所的运营绩效产生重大影响。在调研中发现，不同规模的会计师事务所对 313 号文的评价并不一致，甚至完全相反。由此看出，对审计市场的价格管制可能对会计师事务所的运营效率可能存在差异化影响。

为评估这两项管制措施对会计师事务所效率的影响，我们以 2 号文和 313 号文作为两个外生事件，分别检验加强市场准入管制前后[①]和实

[①] 2 号文规定，现有具有证券业务资格的事务所"应当在 2013 年 12 月 31 日前达到前述各项要求，逾期未达到的，财政部、证监会撤回其证券许可证。"，基于各事务所调整、整改以达到新标准的进程不一致，我们将 2 号文件实施前的时间设为 2006—2011 年，2 号文件实施后的时间设为 2014—2016 年，以便更干净地区分 2 号文件实施对会计师事务所效率的影响。

施价格管制前后[①]，不同管制压力对会计师事务所核心组织特征与会计师事务所效率之间关系的差异化表现。表5-6显示，在加强市场准入管制前后，会计师事务所的组织形式（Org_form）、内部治理（$Partner\_g$）、内部控制（QSB和$Divisions$）与会计师事务所效率（$Crste$）之间的关系方向及显著性水平一致，且与表5-4列（1）的假设检验结果一致，表面上无法识别加强市场准入管制前后对会计师事务所核心组织特征与会计师事务所效率之间关系的影响的差异。

进一步对比组间系数差异的Chow Test检验发现，加强政府管制前会计师事务所的组织形式（Org_form）、内部治理（$Partner\_g$）、内部控制（QSB和$Divisions$）的回归系数显著大于加强市场准入管制后，表明加强会计师事务所进入证券市场的市场准入管制弱化了合伙制的风险承担和内部治理对会计师事务所效率的正向影响，同时也弱化了内部控制对会计师事务所效率的负向影响。这些证据和结论在加强对审计市场的价格管制前后同样成立（见表5-7）。

表5-6　　　　　　　加强市场准入管制的影响

VARIABLES	（1）市场准入管制前	（2）市场准入管制后	（3）Chow Test
	$Crste$		$chi2\ (Prob>chi2)$
Org_form	0.152*** (0.0119)	0.0957*** (0.0130)	22.66*** (0.0000)
$Partner\_g$	0.239*** (0.0378)	0.183*** (0.0593)	7.89*** (0.0050)
QSB	-0.0639** (0.0270)	-0.242*** (0.0403)	22.99*** (0.0000)
$Divisions$	0.0902*** (0.0267)	0.239*** (0.0370)	9.91*** (0.0016)
$Big4$	-0.0819* (0.0471)	-0.201*** (0.0479)	

---

① 313号文实施期限为3年，因此，该文实施前后的时间分别为2009—2011年、2012—2014年。

续表

VARIABLES	(1) 市场准入管制前	(2) 市场准入管制后	(3) Chow Test
	Crste		chi2 (Prob > chi2)
$Busi\_con$	-0.0601*** (0.0147)	-0.00132 (0.0206)	
CPA_g	0.0741*** (0.0215)	0.000744 (0.0427)	
$Capital\_h$	-0.0262*** (0.00150)	-0.0218*** (0.00417)	
$Tech\_b$	—	-5.747* (3.081)	
$Train\_b$	-0.557* (0.317)	0.994* (0.562)	
$Stra$	—	-0.0270 (0.0659)	
$Risk\_d$	-0.0149 (0.0184)	0.00306 (0.0265)	
$Risk\_b$	0.00242 (0.00598)	-0.00276 (0.00953)	
$GDPindex$	0.00189* (0.00114)	0.00977 (0.00625)	
HHI	0.550** (0.272)	-3.429** (1.567)	
$CYJJ$	1.784 (2.138)	-2.096 (2.552)	
$Constant$	0.625*** (0.143)	-0.210 (0.678)	
$Year$	控制	控制	
$City$	控制	控制	
$Observations$	2838	1278	
$Wald\ chi2$	962.24***	827.88***	
$Number\ of\ id$	610	560	

注：括号内数字为标准差，***p<0.01，**p<0.05，*p<0.1。

表 5-7　　　　　　　实施价格管制的影响

VARIABLES	（1）价格管制前	（2）价格管制后	（3）Chow Test
	Crste		chi2（Prob>chi2）
Org_form	0.153*** (0.0124)	0.122*** (0.0154)	3.59* (0.0580)
$Partner\_g$	0.391*** (0.0550)	0.235*** (0.0673)	9.92*** (0.0016)
QSB	-0.0947*** (0.0305)	-0.165*** (0.0437)	3.68* (0.0552)
$Divisions$	0.122*** (0.0291)	0.199*** (0.0408)	2.95* (0.0859)
$Big4$	-0.113** (0.0484)	-0.194*** (0.0567)	
$Busi\_con$	-0.0727*** (0.0219)	-0.0303 (0.0226)	
CPA_g	-0.00348 (0.0347)	-0.0222 (0.0404)	
$Capital\_h$	-0.0273*** (0.00218)	-0.0184*** (0.00481)	
$Tech\_b\_w$	—	-3.506 (3.537)	
$Train\_b\_w$	-0.464 (0.502)	0.482 (0.430)	
$Stra$	—	0.0757 (0.102)	
$Risk\_d$	0.00174 (0.0304)	0.00518 (0.0235)	
$Risk\_b$	0.000438 (0.00859)	0.00413 (0.00853)	
$GDPindex$	0.000427 (0.00331)	-0.000860 (0.00330)	

续表

VARIABLES	(1) 价格管制前	(2) 价格管制后	(3) Chow Test
	Crste		*chi2（Prob > chi2）*
HHI	1.655** (0.802)	0.932* (0.504)	
CYJJ	5.929 (3.788)	3.415 (5.329)	
Constant	0.741** (0.375)	0.899** (0.373)	
Year	控制	控制	
City	控制	控制	
Observations	1513	1509	
Wald chi2	624.92***	164.32***	
Number of id	566	540	

注：括号内数字为标准差，***p<0.01，**p<0.05，*p<0.1。

二 市场结构的影响

古典经济学的奠基者亚当·斯密在其《国富论》（1776）中指出，分工带来效率的提升，而分工总要受到交换能力的限制，不同市场结构则反映不同的交换能力。斯密认为，社会分工（意味着生产效率提升）的结果必定是垄断，而垄断又将限制分工，这是一个"两难的选择"。新古典经济学的奠基者阿尔弗雷德·马歇尔（1890）认为，市场竞争带来的效率提升和生产规模扩大，能够给经济组织带来规模经济和市场占有率，同时还不可避免地带来市场垄断，而垄断发展到一定程度又必然阻止竞争，扼杀企业活力，造成资源的不合理配置和效率低下或效率损失，这就是经济学中的"马歇尔冲突"（斯蒂格勒，1968；苏东水，2010；王瑶，2011）。但是，Clark（1998）提出"有效竞争理论"（Workable Competition）的概念，认为竞争并不一定就能带来垄断，理论上"马歇尔冲突"存在的条件并不具备（王瑶，2011；张日波，2013）。Baumol 等（1983）提出"可竞争市场理论"（Contestable Markets），认为效率带来的规模收益递增和市场垄断，将使原有的市场分化出更多的细分市场，市场的再分工带来新的效率增长和规模收益递增以及市场垄断，市场也实现了不断扩张和更新（王瑶，2011；张日波，2013）。按照这些传统经济学效率理论的观点，效率提升意味着降低企业组织的成本，提升企业组织的竞争力和规模收益，竞争力和规模收益促进市场结构的改变，而不同的市场结构对企业组织的行为及绩效存在不同的影响（斯密，1776；穆勒，1844；马歇尔，1890；斯蒂格勒，1968；Baumol 等，1983；胡寄窗，1988；Clark，1998；苏东水，2010；王瑶，2011）。

为检验不同的市场结构或市场竞争对会计师事务所内部机制特征与会计师事务所运营效率之间关系的影响，以中国审计市场的市场集中度（HHI）的中位数为基础，分组检验不同市场集中度对风险承担、内部治理、内部控制与会计师事务所运营效率之间关系的影响。分组检验结果如表5-8所示，在市场集中度低组和高组，会计师事务所的风险承担（Org_form）、内部治理（$Partner\_g$）、内部控制（QSB 和 $Divisions$）等内部机制特征对会计师事务所的综合效率（$Crste$）的影响，与表5-4的回归结果完全一致。进一步对两组样本的回归结果进行组间差异 Chow Test 发现，在市场集中度低、竞争程度高的市场结构下，会计师事务所的风险承担（Org_form）、内部治理（$Partner\_g$）对会计师事务所综合效率的正向影响更显著，表明市场竞争能够激励审计师更偏好承担风险和改善内部治理，从而促进会计师事务所的运营效率。尽管 Chow Test 检验结果不支持内部控制（QSB 和 $Divisions$）对会计师事务所效率的影响在不同市场集中度样本组之间存在显著差异，但对比不同市场集中度样本组中内部控制（QSB 和 $Divisions$）的回归系数发现，在市场集中度高、竞争程度低的市场结构下，两个内部控制测量指标 QSB 和 $Divisions$ 的回归系数分别降低了40%、17%，表明在市场集中度低、竞争程度高的市场结构下，内部控制（QSB 和 $Divisions$）对会计师事务所综合效率的负向影响更显著。

表 5-8 市场集中度的影响

VARIABLES	(1) 市场集中度低	(2) 市场集中度高	(3) Chow Test
	Crste		chi2 (Prob > chi2)
Org_form	0.154*** (0.0125)	0.105*** (0.0151)	17.97*** (0.000)
Partner_g	0.126*** (0.0393)	0.277*** (0.0462)	5.63** (0.018)
QSB	-0.137*** (0.0315)	-0.0819*** (0.0318)	0.18 (0.675)
Divisions	0.142*** (0.0305)	0.118*** (0.0319)	0.26 (0.610)
其他控制变量	控制	控制	
Constant	0.563*** (0.123)	1.680** (0.819)	
Year	控制	控制	
City	控制	控制	
Observations	2665	2460	
Wald chi2	1255.21***	675.72***	
Number of id	473	404	

注：括号内数字为标准差，***p<0.01，**p<0.05，*p<0.1。

三 会计师事务所规模的影响

会计师事务所的规模隐含很多信息，大规模的会计师事务所既是市场选择的直接结果，又是会计师事务所经营者的管理和资源配置选择的直接结果。因此，不少研究以会计师事务所规模进行区分会计师事务所的声誉、审计质量、审计师独立性、组织类型、内部控制与机制等，认为规模大的会计师事务所内部控制好、规范程度高、注重声誉、审计师具有较高独立性，因此能提供更高的审计服务质量（DeAngelo，1981a；DeAngelo，1981b；耿建新和房巧玲，2005；Chen 等，2008；Cahan 等，2009；曾亚敏和张俊生，2010；Chan 和 Wu，2011；王兵等，2009；王兵等，2013）。按照这样的逻辑，我们检验会计师事务所规模对会计师事务所效率的影响结果显示［见表 5-4 列（1）］，代表会计师事务所规模的 Big4 与事务所效率之间显著负相关，反映规模越大、内部控制越好的会计师事务所，其效率越低；表明内部控制确实是抑制了会计师事务所效率。进一步对不同规模（业务收入 Auditsize）的会计师事务所综合效率的 T 检验发现（见表 5-9），小规模会计师事务所的效率显著高于大规模事务所，符合基于生存压力的组织理论的预期。但是，由于会计师事务所规模所隐含的信息太多，一般而言规模越大，内部机制一般也更好，而且会计师事务所的内部机制有很多。因此，还需要对会计师事务所规模背后所隐含的内部机制做进一步的区分，才能更好地理解监管不能鼓励和要求会计师事务所加强内部机制建设的政策动机。

表 5-9　以会计师事务所规模为分组的会计师事务所效率 T 检验

检验变量	分组变量		观测数	均值	T 值	备注
Crste	Auditsize	小规模	2563	0.7379	19.5789 ***	以中位数分
		大规模	2562	0.6456		

我们以会计师事务所规模（业务收入 Auditsize）进行分组，检验会计师事务所规模对核心组织特征与会计师事务所效率之间关系的影响。结果如表 5-10 所示，在小规模事务所样本组，解释变量 Org_form、$Partner\_g$、$Divisions$ 的回归系数的关系方向和显著性水平与表 5-4 列（1）的回归结果完全一致，表明假设 H5-1、H5-2、H5-3 比较稳健；QSB 的回归系数关系方向与回归结果一致，但显著性水平较低、不显著，主要原因是小规模会计师事务所样本组中具有证券业务资格的样本太少。

在大规模事务所样本组中，Org_form、QSB、$Divisions$ 的回归系数的关系方向和显著性水平与表 5-4 列（1）的回归结果完全一致，表明假设 H5-1、H5-2、H5-3 比较稳健。$Partner\_g$ 的回归系数不显著为负，且关系方向与回归结果不一致，表明大规模会计师事务所的内部治理机制对事务所效率有负向影响，造成这一结果的原因很复杂，因为大规模会计师事务所的内部治理更好，内部控制也更严更规范，而这两种机制对事务所效率的影响恰好相反，有可能是内部控制的抑

第五章 高效率会计师事务所的决定机制——内部机制的视角

制作用抵消了内部治理的激励作用,或者其他原因,也由此说明会计师事务所内部机制对事务所效率的影响机制很复杂,有待学者们进一步关注和研究。

对比不同规模样本组中核心组织特征对会计师事务所效率的影响差异发现[见表5-10列(3)],小规模样本组的解释变量的回归系数显著大于大规模样本组,表明合伙制组织形式的制度安排、合伙人自主治理的内部治理机制、内部控制机制对会计师事务性效率的影响,在小规模事务所中表现更强烈、更明显。

表5-10 会计师事务所规模的影响

VARIABLES	(1) 小规模所	(2) 大规模所	(3) Chow Test
	$Crste$		$chi2\ (Prob>chi2)$
Org_form	0.159*** (0.0146)	0.0795*** (0.0120)	46.11*** (0.0000)
$Partner\_g$	0.296*** (0.0404)	-0.0391 (0.0524)	34.51*** (0.0000)
QSB	0.0301 (0.0459)	-0.0823*** (0.0243)	2.48 (0.1155)
$Divisions$	0.133*** (0.0392)	0.112*** (0.0244)	5.48** (0.0193)
其他控制变量	控制	控制	
$Constant$	0.547*** (0.158)	0.841*** (0.236)	
$Year$	控制	控制	
$City$	控制	控制	
$Observations$	2563	2562	
$Wald\ chi2$	652.97***	1534.86***	
$Number\ of\ id$	503	491	

注:括号内数字为标准差,*** $p<0.01$,** $p<0.05$,* $p<0.1$。

第六节 本章小结

本章基于 2006—2016 年广东省会计师事务所经营实体的财务数据，运用 DEA - 面板 Tobit 二阶段的研究框架，探讨会计师事务所的风险承担制度机制、内部治理机制与内部控制机制等内部机制特征对会计师事务所运营效率的影响。研究发现：第一，相比有限责任制，合伙制会计师事务所的运营效率更高；表明越愿意承担风险的会计师事务所，越能激励会计师事务所的经营者及其审计师提升运营效率。第二，提升合伙人（股东）会相对规模能够激励合伙人之间的自我监督和自我治理以及 CPA 的晋升动力，调动合伙人和核心人力资源的积极性，从而改善会计师事务所的内部治理，而内部治理的改善能够提升会计师事务所的运营效率。第三，会计师事务所加强内部控制抑制了合伙人（股东）和 CAP 等核心人才的积极性，从而降低了会计师事务所的运营效率。第四，提高市场准入门槛和实行价格干预的政府管制，弱化了合伙制的风险承担制度机制和内部治理机制对会计师事务所运营效率的正向激励，也弱化了内部控制机制对会计师事务所运营效率的负向激励。第五，市场集中度弱化了合伙制的风险承担制度机制和内部治理机制对会计师事务所运营效率的正向激励，也弱化了内部控制机制对会计师事务所运营效率的负向激励。第六，会计师事务所的规模弱化了合伙制的风险承担制度机制和内部治理机制对会计师事务所运营效率的正向激励，也弱化了内部控制机制对会计师事务所运营效率的负向激励。

综上所述，本章研究的研究证据和研究结论，为会计师事务所的经营者选择何种风险承担制度安排、加强内部治理和内部控制等机制建设、优化资源配置效率和综合效率提供了努力方向，也为监管部门改善对审计市场的监管提供决策参考。

第六章 高效率会计师事务所的行为后果之一：审计定价的视角

党的十九大报告指出，中国经济从高速增长向高质量发展转型，关键在效率变革。这一重要论述引起学术界和实务界高度关注如何才能实现高效率，但却少有理论研究关注企业组织获得高效率后会有哪些的行为及后果。早在130多年前新古典经济学的奠基者阿尔弗雷德·马歇尔（1890）在其巨著《经济学原理》中就指出，效率提升将带来规模收益递增，规模收益递增将带来市场结构的变化，甚至导致市场垄断，从而反过来威胁效率。这就是经济学界争论已久的著名的"马歇尔冲突"（王瑶，2011；张日波，2013）。尽管 Baumol（1982）、Clark（1998）等学者分别从"有效竞争理论"（Workable Competition）和"可竞争市场理论"（Contestable Markets）的视角，反驳论证"马歇尔冲突"存在的可能性，但已经表明提升效率有可能存在不同的经济后果。Dopuch 等（2003）基于美国会计师事务所和 Kim 等（2005）基于韩国会计师事务所的研究发现，业务层面的审计生产效率能够提升审计师单位工时的审计定价，却减少了总的审计收费，从而降低了会计师事务所的审计收入和经济效益。业务层面的审计生产效率反映了业务团队的投入产出关系，并不反映组织层面的组织经营效率（以下简称"组织效率"）。组织效率反映会计师事务所合理利用资源或浪费资源的程度（刘明辉和王扬，2012），是会计师事务所高质量发展的重要特征之一（杨世信等，2020）。会计师事务所作为国家治理的制度安排和国家经济监督体系的重要组成部分，其组织效率的提升对企业的会计信息质量和资本市场资源配置效率有着重要影响（刘明辉和刘雅芳，2014；王彦超和赵璨，

2016；徐玉德和温泉，2018；汪寿成等，2019），对推动当前中国以资源配置效率为核心的国家经济体制改革有着重要贡献。遗憾的是，已有文献极少关注组织效率对会计师事务所决策行为后果的影响，不利于在会计师事务所行业营造效率变革、提升效率的环境氛围。

本书依托会计师事务所经营实体的独特数据，运用DEA-BCC模型估计会计师事务所经营实体的效率（以下简称"会计师事务所效率"），检验会计师事务所效率对审计收费的影响。研究发现：第一，提升效率能够给会计师事务所带来更多审计收费，表明会计师事务所效率对审计收费具有显著的正向激励效应。第二，效率是通过增强会计师事务所的成本优势和市场竞争优势，正向激励审计收费和经济利益，从而实现效率正向的经济利益。第三，市场集中度增强了会计师事务所效率对审计收费的正向激励效应。第四，政府管制弱化了会计师事务所效率对审计收费的正向激励效应。第五，以审计师独立性和审计质量为核心内容的社会利益，能够增强会计师事务所效率对审计收费的正向激励效应。

第一节 理论分析与假设发展

审计收费是会计师事务所实现其经济利益的主要来源，而效率是经济组织实现其利益最大化目标的根本途径和重要抓手（Eshleman 和 Lawson，2017）。传统经济学效率理论认为，组织通过提升效率来降低成本，从而建立竞争优势、实现经济利益最大化目标（Gerakos 和 Syverson，2015）。Dopuch 等（2003）和 Kim 等（2005）的研究表明，审计生产效率能够提升审计定价。尽管业务层面的审计生产效率与组织层面的效率存在差异；传统经济学效率理论的基本逻辑在业务团队和组织中是一致的。因此，我们可以预期相比低效率的会计师事务所，高效率的会计师事务所能够将效率优势转化为审计收费优势，以实现会计师事务所的经济利益最大化目标。由此发展我们的假设：

H6-1：在其他条件不变的情况下，提升会计师事务所效率能带来更高的审计收费，即会计师事务所效率对审计收费具有显著的正向激励效应。

第六章 高效率会计师事务所的行为后果之一：审计定价的视角

Dopuch 等（2003）以 1989 年单个"六大"会计师事务所业务层面的研究发现，会计师事务所的审计生产效率与审计定价显著正相关，与总的审计费用显著负相关。Kim 等（2005）考察韩国会计师事务所业务层面审计生产效率的经济后果，研究发现，审计生产效率提高了单位工时的审计定价，却降低了总的审计费用。这一证据表明，高效率的审计师通过提升效率、降低成本而获得更高的单位投入收益（即审计定价），同时将节省的成本转移给他们的客户，降低了客户的审计成本。对于为什么存在审计生产效率的正外部溢出的问题，Dopuch 等（2003）认为，尽管美国审计市场的集中度很高[①]，但市场竞争仍然非常激烈，市场竞争使高效率的审计师不得不让渡高效率带来的经济收益。效率是市场结构形成的内在动因（Doogar 和 Easley，1998），而产业组织理论结构主义（SCP）认为，市场结构决定组织行为，组织行为决定组织绩效（斯蒂格勒，1968）。已有研究表明，拥有高市场占有率的会计师事务所能够获得更高的审计定价和审计定价溢价（Huang 等，2016）。因此，我们可以预期，市场集中度将强化会计师事务所效率与审计收费之间的正相关关系。由此发展我们的假设：

H6-2：市场集中度强化会计师事务所效率对审计收费的正向激励效应。

40 多年来，尽管中国会计师事务所取得长足的发展，但还是一个不成熟的市场，市场集中度较低。市场不成熟、集中度低带来的恶性竞争将导致市场失灵（Lin 和 Yen，2016；段宏，2017；杨剑钧，2017）；而市场失灵必然招来更强的政府管制（刘明辉和汪玉兰，2015）。监管部门出于产业扶持和保护的初衷，对会计师事务所进入证券期货业务市场规定了较高的门槛（杨世信等，2018b），实施市场准入管制和价格管制。基于"帮助之手"的管制理论认为，通过政府管制以纠正和规避市场失灵（Stigler，1971；陈冬华等，2008）。但是，基于中国审计市场环境，市场管制并不能带来更高的审计师声誉（张奇峰，2005），也不能提升审计师的绩效（于李胜和王艳艳，2010），反而导致审计师的机会

[①] Frankel 等（2002）指出，在美国 *Big4* 的市场占有率为 90.44%。Huang 等（2016）指出，2011 年国际 *Big4* 的市场占有率为 90.8%。

主义行为（刘峰和周福源，2007；刘峰等，2009；叶凡等，2017）。由此发展我们的假设：

H6-3：政府管制将弱化会计师事务所效率对审计收费的正向激励效应。

第二节 研究设计

一 主要变量

（一）被解释变量

审计收费是会计师事务所实现经济利益最大化目标的基础。参考主流文献有关审计收费的定义（Simunic，1980；郑莉莉和郑建明，2017；宋子龙和余玉苗，2018），本书从两个维度测量会计师事务所的审计收费：一是相对审计收费（Audfee），主流文献通常做法是审计费用除以审计客户的总资产；二是绝对审计收费（Lnfee），主流文献通常做法是审计费用绝对值的自然对数。另外，审计收费溢价（Audfeepre）是会计师事务所相对审计收费与同行相对审计收费年度行业均值之差，反映会计师事务所与同行竞争中是否具有更高的议价能力，本书用来测量会计师事务所的市场竞争优势。具体变量定义如表6-1所示。

（二）解释变量

参考杨世信等（2018a，2018b）的做法，本书基于会计师事务所经营实体的人力资源投入（包括合伙人、注册会计师、从业人员）和资本投入（工资支出、福利支出、其他支出）两类投入要素和事务所营业收入与总客户数两类产出要素，运用产出导向的DEA-BCC模型估计事务所的全要素生产率，以全要素生产率代表会计师事务所经营实体的效率。DEA-BCC模型估计的事务所全要素生产率的相对效率值包括三个指标，分别是技术效率（Crste）、规模效率（Scale）、纯技术效率（Vrste）。技术效率（Crste）也称综合效率，是指在给定投入数量下，实际产出与理论最大产出之比。规模效率（Scale）也称配置效率，是指决策单元实际规模与最优生产规模之比。纯技术效率（Vrste）也称生产率，是指决策单元受管理与技术条件等因素影响后的生产率；纯技术效率反映当前社会的整体技术水平，如果没有出现重大技术变革，一般而言是相对稳定

第六章 高效率会计师事务所的行为后果之一：审计定价的视角

不变的。

（三）控制变量

参考 Simunic（1980）、郑莉莉和郑建明（2017）、宋子龙和余玉苗（2018）、杨世信等（2018a，2018b）的研究，本研究的控制变量包括六类：一是事务所所审计的客户公司的财务特征，包括公司规模、财务杠杆、应收账款、存货、总资产报酬率、流动比率、财务困境 7 个指标；二是客户公司的业务复杂度特征，包括海外收入、子公司、业务多元化 3 个指标；三是客户公司的治理特征，包括产权性质、独董规模、两职合一、股权集中度 4 个指标；四是会计师事务所的特征，包括上一期的审计意见、会计师事务所规模 2 个指标；五是宏观经济特征，包括事务所所在城市的 GDP 指数、市场集中度、产业聚集 3 个指标；六是控制行业效应和年度的时间效应。

表 6-1 变量定义

变量名称	变量符号	变量定义
被解释变量		
相对审计收费	$Audfee$	等于审计费用除以客户期末总资产，乘以 10000
审计收费溢价	$Audfeepre$	等于审计费用除以客户期末总资产，减去审计收费的年度行业均值，再乘以 10000
绝对审计收费	$Lnfee$	等于审计费用的自然对数
解释变量		
综合效率	$Crste$	DEA-BCC 模型估计的技术效率，等于规模效率乘以纯技术效率
配置效率	$Scale$	DEA-BCC 模型估计的规模效率
生产率	$Vrste$	DEA-BCC 模型估计的纯技术效率，代表行业技术水平
技术效率	TE	DEA-CCR 模型估计的技术效率
控制变量		
公司规模	$Size$	等于公司期末总资产的自然对数
财务杠杆	LEV	等于总负债除以期末总资产
应收账款	$Rece$	等于应收账款除以期末总资产
存货	$Iven$	等于存货除以期末总资产

续表

变量名称	变量符号	变量定义
控制变量		
总资产报酬率	ROA	等于息税前利润×2/（期初总资产+期末总资产）
流动比率	Radio	等于流动资产除以流动负债
财务困境	Loss	等于净利润为负数取值1，否则为0
海外收入	Forg	等于海外业务收入除以总营业收入
子公司	Subs	等于子公司数的平方根
业务多元化	Diver	等于经营范围涉及的行业数量减1的平方根
产权性质	SOE	等于实际控制人为国有企业或政府机构、事业单位取值1，否则为0
独董规模	Board	等于独立董事人数除以董事会人数
两职合一	CEO_m	等于CEO兼任董事长取值1，否则为0
股权集中度	Owner1	等于第1大股东的持股比例×100
审计意见	AO_lag	等于上一期的审计意见，非标意见取值1，否则为0
事务所规模	Auditsize	等于事务所总收入的自然对数
事务所任期	Tenu	等于事务所连续审计该客户的年数
经济发展	GDPindex	地级市GDP指数
市场集中度	HHI	等于地级市范围内的事务所赫芬达尔—赫希曼指数，值越大表示集中度越高，竞争程度越低；反之亦然
产业聚集	CYJJ	等于地级市事务所数量占全省事务所数量的比重
行业	Indu	剔除金融行业后，将制造业相近归整，共获得35个行业
年度	Year	2006—2016年共11个年度

二 回归模型

参考 Simunic（1980）、郑莉莉和郑建明（2017）、宋子龙和余玉苗（2018）的做法，我们构建以下回归模型：

$$Audfee/Audfeepre/Lnfee = \beta_1 Crste（Scale）+ \beta_2 Size + \beta_3 LEV + \beta_4 Rece +$$
$$\beta_5 Iven + \beta_6 ROA + \beta_7 Radio + \beta_8 Loss + \beta_9 Forg + \beta_{10} Subs + \beta_{11} Diver +$$
$$\beta_{12} SOE + \beta_{13} Board + \beta_{14} CEO\_m + \beta_{15} Owner1 + \beta_{16} AO\_lag +$$
$$\beta_{17} Auditsize + \beta_{18} Tenu + \beta_{19} GDPindex + \beta_{20} HHI + \beta_{21} CYJJ +$$
$$\beta_{22} Year + \beta_{23} Indu + \varepsilon \quad (6-1)$$

三 数据来源及样本选择

（一）数据来源

首先，从中国注册会计师协会行业管理信息系统财务报表子系统获得2006—2016年度675家会计师事务所、711个经营实体的财务报表数据；其次，从《某省统计年鉴》获得2006—2016年某省各地级市的经济发展数据；最后，从中国注册会计师协会行业管理信息系统行业信息查询子系统获得上市公司签字审计师所在分支机构信息，与Wind数据库获得上市公司的财务特征数据和CSMAR数据库获得上市公司内部治理特征数据进行匹配。

（二）样本选择

首先，以事务所的合伙人、CPA、从业人员等人力资源投入和事务所全部工资、福利、其他等资本投入为投入要素，以事务所营业收入、客户数为产出要素，运用DEA-BCC模型估计方法，获得711家事务所经营实体、5125个"投入产出—事务所效率—年度—城市"样本观测值，其中，共有89个具有证券业务资格的会计师事务所经营实体、478个"投入产出—事务所效率—年度—城市"样本观测值。其次，匹配上市公司（剔除金融行业）的特征数据后，共获得1218个上市公司、4287个"事务所效率—公司特征—年度—行业"样本观测值。最后，对所有的连续变量进行了1%和99%分位的缩尾处理。

第三节 实证分析

一 描述性统计

表6-2显示，相对审计收费定价（$Audfee$）的均值为3.1124，表示每亿元资产平均收取31124元审计费用；标准差大于均值，表明事务所审计收费存在较大个体差异。审计收费溢价（$Audfeepre$）的均值和中位数均为负数，表明绝大部分事务所并没有获得审计收费溢价，整个事务所行业处于低价竞争状态，也隐含着只有高效率的事务所才可能获得审计收费溢价。同时，审计收费溢价的均值和中位数较为接

近，表明样本分布趋于合理；标准差大于均值，表明事务所审计收费溢价存在较大个体差异。绝对审计收费（$Lnfee$）的均值为 4.2885，表示每亿元资产收取 42885 元审计费用；均值和中位数较为接近，表明样本分布较为合理；标准差较小，表明事务所个体之间的差异较小。综合效率（$Crste$）和配置效率（$Scale$）的均值分别为 0.6266、0.6396，处于中等水平，离效率最优（效率值等于 1）的状态还有较大差距，表明中国经营实体层面的会计师事务所效率还有较大的帕累托效率改进空间。生产率（$Vrste$）的均值为 0.9795，已经接近效率最优状态，表明当前审计市场的生产力水平很高，技术水平与审计业务的匹配度很高，生产率的帕累托改进空间有限。以规模收益不变为前提的 DEA-CCR 模型估计的会计师事务所经营实体的技术效率（TE）的均值为 0.6270，与规模收益可变为前提的 DEA-BCC 模型估计的会计师事务所经营实体的综合效率（$Crste$）非常接近。此外，Pearson 相关系数表显示，绝大部分变量之间的相关系数均小于 0.5，且回归变量通过多重共线性检验。限于版面，本书未报告相关系数和多重共线性检验结果，相关资料备索。

表6-2　　　　　　　　描述性统计

变量	观测值	均值	标准差	最小值	中位数	最大值
$Audfee$	4287	3.1124	3.4282	0.0000	2.2082	22.3982
$Audfeepre$	4287	-0.3048	3.7489	-20.0295	-0.6492	15.7346
$Lnfee$	4287	4.2885	0.7077	3.0910	4.1744	7.1148
$Crste$	4287	0.6266	0.1899	0.4120	0.5540	1
$Scale$	4287	0.6396	0.1876	0.4320	0.5690	1
$Vrste$	4287	0.9795	0.0232	0.8870	0.9880	1
TE	4287	0.6270	0.1885	0.3950	0.5540	1
$Size$	4287	12.6537	1.3095	9.7404	12.4953	16.4948
LEV	4287	0.4272	0.2278	0.0465	0.4182	1.2359
$FRece$	4287	0.1133	0.1020	0.0000	0.0898	0.4656
$FIven$	4287	0.1590	0.1635	0.0000	0.1152	0.7842

第六章 高效率会计师事务所的行为后果之一：审计定价的视角

续表

变量	观测值	均值	标准差	最小值	中位数	最大值
ROA	4287	6.5473	6.3431	-14.0481	6.0441	29.2243
Radio	4287	2.8774	3.6936	0.1972	1.7043	24.3442
Loss	4287	0.0889	0.2846	0	0	1
Forg	4287	0.1328	0.2172	0.0000	0.0101	0.8975
FSubs	4287	3.5467	2.1588	0.0000	3.1623	12.0416
Diver	4287	0.7895	0.8015	0.0000	1.0000	2.6458
FBoard	4287	0.3719	0.0540	0.3000	0.3333	0.5714
SOE	4287	0.3588	0.4797	0	0	1
CEO_m	4287	0.2706	0.4443	0	0	1
Owner1	4287	35.6528	15.5004	7.8500	33.6800	74.4500
FAO_lag	4287	0.0429	0.2027	0	0	1
Auditsize	4287	17.5367	1.0729	14.6598	17.6073	18.9630
Tenu	4287	5.0187	3.2785	1.0000	4.0000	19.0000
GDPindex	4287	110.3584	2.0653	106.1000	110.5000	119.2100
HHI	4287	0.0073	0.0037	0.0000	0.0074	0.0144
CYJJ	4287	0.2538	0.0949	0.0073	0.2717	0.3628

二 实证结果

（一）假设 H6-1 的检验结果

表 6-3 列（1）、列（2）显示，会计师事务所经营实体的综合效率（$Crste$）与相对审计收费（$Audfee$）之间呈显著正相关关系，与绝对审计收费（$Lnfee$）之间呈显著正相关关系。这些证据表明，会计师事务所经营实体的效率越高，能为其在审计市场中带来更高的审计收费和更大的经济利益。本书的假设 H6-1 得到验证，该结论与 Dopuch 等（2003）、Kim 等（2005）基于业务层面的研究结论稍有不同。Dopuch 等（2003）、Kim 等（2005）的研究发现，审计生产效率有助于提高审计师单位投入的审计定价，但却降低了总的审计收费；表明审计生产效率提升了单位投入的经济利益，却降低了总投入的经济利益。在中国审计市场，会计师事务所效率不仅提升了单位投入的经济利益，也提升了总投入的经济

利益;表明提升会计师事务所效率对审计收费的正向激励效应非常显著。导致中国审计市场与国外审计市场的效率对审计收费的正向激励效应差异的原因,一是 Dopuch 等(2003)、Kim 等(2005)是基于业务层面的审计生产效率,而本书是基于组织层面的会计师事务所经营实体的效率;二是中国会计师事务所的效率整体水平较低,但处于上升期,且行业处于"小散乱"的发展状态(许汉友等,2008;邱吉福等,2012;蒋尧明等,2015),迫于短期内生存与发展的压力,提升效率并将效率转化为经济利益的动机更强烈,推动了会计师事务所经营者有效协调提升运营效率与增加经济利益之间的关系。

表 6-3　假设 H6-1 检验结果

VARIABLES	(1) Audfee	(2) Audfee	(3) Lnfee	(4) Lnfee
Crste	0.586** (0.243)		0.137*** (0.0424)	
Scale		0.597** (0.249)		0.145*** (0.0437)
Size	-1.911*** (0.0707)	-1.911*** (0.0707)	0.349*** (0.0106)	0.349*** (0.0106)
LEV	2.084*** (0.430)	2.086*** (0.430)	-0.0269 (0.0498)	-0.0266 (0.0498)
Rece	-1.818*** (0.532)	-1.818*** (0.532)	0.0365 (0.0717)	0.0366 (0.0717)
Iven	-1.160*** (0.369)	-1.160*** (0.369)	-0.248*** (0.0556)	-0.248*** (0.0556)
ROA	0.00843 (0.0104)	0.00845 (0.0104)	0.00232* (0.00140)	0.00232* (0.00140)
Radio	0.0608*** (0.0187)	0.0608*** (0.0187)	-0.00259 (0.00245)	-0.00257 (0.00245)
Loss	0.424** (0.195)	0.424** (0.195)	0.0756*** (0.0290)	0.0756*** (0.0290)

续表

VARIABLES	(1) Audfee	(2) Audfee	(3) Lnfee	(4) Lnfee
Forg	-0.128 (0.185)	-0.128 (0.185)	0.0581** (0.0278)	0.0581** (0.0278)
Subs	0.229*** (0.0238)	0.228*** (0.0238)	0.0638*** (0.00509)	0.0638*** (0.00509)
Diver	-0.0671 (0.0524)	-0.0670 (0.0524)	-0.0328*** (0.00917)	-0.0328*** (0.00917)
SOE	-0.473*** (0.0903)	-0.473*** (0.0903)	-0.149*** (0.0164)	-0.149*** (0.0164)
Board	2.497*** (0.751)	2.501*** (0.751)	0.151 (0.131)	0.151 (0.131)
CEO_m	-0.0130 (0.104)	-0.0131 (0.104)	-0.0239 (0.0152)	-0.0240 (0.0152)
Owner1	0.000803 (0.00234)	0.000798 (0.00234)	-0.000752* (0.000452)	-0.000752* (0.000452)
AO_lag	2.205*** (0.414)	2.204*** (0.414)	0.198*** (0.0422)	0.198*** (0.0422)
Auditsize	0.262*** (0.0447)	0.267*** (0.0451)	0.104*** (0.00727)	0.105*** (0.00740)
Tenu	0.0271** (0.0127)	0.0271** (0.0127)	0.0142*** (0.00218)	0.0142*** (0.00218)
GDPindex	-0.0720* (0.0420)	-0.0725* (0.0420)	-0.00782 (0.00600)	-0.00798 (0.00601)
HHI	58.28** (24.82)	58.46** (24.83)	12.85*** (4.565)	12.91*** (4.565)
CYJJ	-1.440* (0.854)	-1.442* (0.854)	-0.429*** (0.160)	-0.431*** (0.160)
Constant	28.82*** (4.971)	28.78*** (4.971)	-0.877 (0.718)	-0.887 (0.718)
Year	控制	控制	控制	控制
Indu	控制	控制	控制	控制
Observations	4287	4287	4287	4287
R-squared	0.472	0.472	0.646	0.646

注：括号内数字为标准差，*** $p<0.01$，** $p<0.05$，* $p<0.1$。

（二）假设 H6-2 的检验结果

按照产业组织理论结构主义"市场结构—组织行为—组织绩效"的逻辑，不同的市场结构对审计师的审计收费行为和经济利益有着显著的影响。市场结构实际上反映的是市场的竞争激烈程度，理论上通常用市场集中度来衡量。我们以市场集中度（HHI）的中位数为分界点，构建一个衡量市场集中度高低的哑变量（DHHI），将样本分为两组，并分组检验会计师事务所效率对审计收费的影响。回归结果如表 6-4 所示，当处于市场集中度较低的环境下，会计师事务所效率与审计收费之间不存在显著正相关关系；当处于市场集中度较高的环境下，会计师事务所运营效率与审计收费之间呈显著正相关关系。这一证据验证了本书的假设 H6-2，表明由于市场竞争较为激烈，为了保住现有客户、开拓新客户，高效率的会计师事务所也无法变现高效率带来的好处，无法获得更多的审计收费，甚至可能被迫实行折价收费行为。同时也表明，只有提升市场集中度（市场结构），才能帮助会计师事务所在追求高质量发展过程中得到应有的回报，这也正是最近十多年来中国政府一直鼓励和支持会计师事务所加快发展、提升市场集中度的良苦用心。

表 6-4　　假设 H6-2 的检验结果

VARIABLES	（1）市场集中度低 Audfee	（2）市场集中度高 Audfee	（3）市场集中度低 Lnfee	（4）市场集中度高 Lnfee
Crste	-0.208 (0.301)	1.308*** (0.471)	0.00610 (0.0527)	0.261*** (0.0822)
Size	-2.151*** (0.108)	-1.761*** (0.0932)	0.302*** (0.0142)	0.377*** (0.0148)
LEV	2.034*** (0.536)	2.292*** (0.640)	0.0262 (0.0643)	-0.0168 (0.0731)
Rece	-2.432*** (0.731)	-0.811 (0.811)	0.125 (0.0903)	-0.0430 (0.116)
Iven	-0.374 (0.482)	-1.796*** (0.555)	-0.0792 (0.0762)	-0.368*** (0.0804)

第六章 高效率会计师事务所的行为后果之一：审计定价的视角

续表

VARIABLES	（1）市场集中度低 Audfee	（2）市场集中度高 Audfee	（3）市场集中度低 Lnfee	（4）市场集中度高 Lnfee
ROA	0.00830 (0.0135)	0.0143 (0.0163)	0.00457** (0.00193)	0.00113 (0.00209)
Radio	0.0557*** (0.0200)	0.0720** (0.0289)	-0.00496* (0.00268)	0.000113 (0.00386)
Loss	0.442* (0.260)	0.407 (0.285)	0.0843** (0.0379)	0.0708 (0.0438)
Forg	-0.0882 (0.241)	-0.182 (0.281)	0.0738** (0.0369)	0.0527 (0.0419)
Subs	0.234*** (0.0322)	0.252*** (0.0357)	0.0617*** (0.00625)	0.0694*** (0.00793)
Diver	0.0469 (0.0743)	-0.179** (0.0736)	-0.0179 (0.0117)	-0.0416*** (0.0139)
SOE	-0.323*** (0.103)	-0.540*** (0.145)	-0.123*** (0.0214)	-0.167*** (0.0252)
Board	2.328** (0.976)	1.994* (1.151)	0.0870 (0.158)	0.0640 (0.212)
CEO_m	(0.125)	-0.194 (0.173)	-0.0318* (0.0188)	-0.00931 (0.0245)
Owner1	-0.00226 (0.00308)	0.00174 (0.00351)	-0.00124** (0.000590)	-0.000383 (0.000695)
AO_lag	1.961*** (0.599)	2.381*** (0.563)	0.222*** (0.0603)	0.176*** (0.0580)
Auditsize	0.292*** (0.0625)	0.268*** (0.0686)	0.0990*** (0.0109)	0.111*** (0.0113)
Tenu	0.000654 (0.0175)	0.0559*** (0.0194)	0.0112*** (0.00288)	0.0162*** (0.00348)
GDPindex	-0.00686 (0.0548)	-0.0232 (0.172)	-0.00265 (0.00885)	-0.0144 (0.0312)
HHI	7.821 (40.47)	95.35 (59.00)	-3.232 (10.82)	16.81 (10.68)

续表

VARIABLES	(1) 市场集中度低 Audfee	(2) 市场集中度高 Audfee	(3) 市场集中度低 Lnfee	(4) 市场集中度高 Lnfee
CYJJ	-0.0826 (1.255)	0.0231 (1.757)	0.196 (0.298)	-0.442 (0.323)
Constant	23.00*** (6.767)	20.48 (20.09)	-1.111 (1.109)	-0.619 (3.708)
Year	控制	控制	控制	控制
Indu	控制	控制	控制	控制
Observations	2098	2189	2098	2189
R-squared	0.555	0.433	0.654	0.661

注：括号内数字为标准差，***$p<0.01$，**$p<0.05$，*$p<0.1$。

（三）假设 H6 - 3 的检验结果

1. 市场准入管制的影响

2012年1月21日，财政部、证监会发布实施《关于调整证券资格会计师事务所申请条件的通知》（财会〔2012〕2号，简称以下"2号文"），对会计师事务所进入证券期货市场实行更严的市场准入管制，大幅调高市场准入门槛，同时要求会计师事务所必须转为特殊普通合伙制。2号文的实施标志着中国证券业务市场进入新的一轮行业洗牌，市场进入门槛进一步提高，在规范场内竞争的同时，对场内审计竞争主体的管制保护也得到加强；而这种"保护"是否有利于审计市场的健康发展，理论界和实务界的观点褒贬不一。我们以此事件发生的2012年为时间窗口，考察监管部门加强审计市场准入管制对会计师事务所效率与审计收费之间关系的影响。如表6-5 Panel A 列（1）、列（3）所示，在加强市场准入管制前，会计师事务所效率与审计收费显著正相关，表明会计师事务所提升效率对审计收费的正向激励效应非常明显，提升效率能够促进会计师事务所经济利益最大化目标的实现。如表6-5 Panel A 列（2）、列（4）所示，加强市场准入管制后，会计师事务所效率与审计收费之间的显著正相关关系消失，而且逆转为负相关关系。这一证据表明，市场准入管制逆转了会计师事务所效率与审计收费之间的正相关关系，也逆转了会计师事务所效率对审计收费的正向激励效应；而正向经济利益的逆转可能导致会计师事务所经营者的逆向选择，降低提升效率的积极性，从而伤害会计师事务所行业和社会审计的高质量发展的基础。

2. 价格管制的影响

2010年1月27日，国家发展和改革委员会、财政部发布实施《关于印发〈会计师事务所服务收费管理办法〉的通知》（发改价格〔2010〕196号），以此文件为依据，2012年1月1日广东省开始全面实施，为期三年。313号文的实施，标志着监管部门全面干预审计市场收费的序幕正式拉开，也给审计市场的经营主体——会计师事务所造成巨大影响。我们以313号文作为一个外生事件，检验价格管制对会计师事务所效率与审计收费之间关系的影响。如表6-5 Panel B 列（1）、列（3）所示，在价格管制实施的前三年（2009—2011年），会计师事务所效率与审计收费之间呈显著的正相关关系；而在价格管制实施后(2012—2014年)，会计师事务所效率与审计收费的正相关关系消失，逆转为负相关关系。这一证据表明，价格管制弱化甚至逆转了会计师事务所效率对审计收费的正向激励效应；同时也表明，管制无法弥补"市场失灵"，反而带来了"管制失灵"，导致会计师事务所效率对审计收费的正向激励效应失效，不利于引导会计师事务所努力提升效率，也不利于会计师事务所将效率转化为经济利益和高质量发展动力。

表6-5　政府管制对事务所运营效率与审计收费之间关系的影响

	Panel A　市场准入管制的影响			
VARIABLES	（1）准入管制前	（2）准入管制后	（3）准入管制前	（4）准入管制后
	$Audfee$	$Audfee$	$Lnfee$	$Lnfee$
$Crste$	2.379*** (0.701)	-0.260 (0.242)	0.739*** (0.117)	-0.00540 (0.0438)
其他控制变量	控制	控制	控制	控制
$Constant$	25.72*** (8.985)	21.91*** (6.068)	-4.369*** (1.211)	-1.042 (0.930)

续表

VARIABLES	Panel A 市场准入管制的影响			
	(1) 准入管制前	(2) 准入管制后	(3) 准入管制前	(4) 准入管制后
	Audfee	*Audfee*	*Lnfee*	*Lnfee*
Year	控制	控制	控制	控制
Indu	控制	控制	控制	控制
Observations	1593	2694	1593	2694
R-squared	0.397	0.583	0.689	0.637

VARIABLES	Panel B 价格管制的影响			
	(1) 价格管制前	(2) 价格管制后	(3) 价格管制前	(4) 价格管制后
	Audfee	*Audfee*	*Lnfee*	*Lnfee*
Crste	1.621 * (0.865)	-0.604 ** (0.294)	0.495 *** (0.135)	-0.0594 (0.0538)
其他控制变量	控制	控制	控制	控制
Constant	29.63 *** (11.13)	4.221 (8.201)	-4.353 *** (1.541)	-5.935 *** (1.451)
Year	控制	控制	控制	控制
Indu	控制	控制	控制	控制
Observations	1193	1689	1193	1689
R-squared	0.431	0.603	0.667	0.671

注：括号内数字为标准差，***$p<0.01$，**$p<0.05$，*$p<0.1$。

三 稳健性检验

（一）替换解释变量

我们将解释变量——会计师事务所经营实体的综合效率（*Crste*）替换为配置效率（*Scale*），假设 H6-1 的稳健性检验结果见表 6-3 列（2）、列（4）；假设 H6-2 的稳健性检验结果见表 6-6；假设 H6-3 的稳健性检验结果见表 6-7；检验结果稳健支持本书的三个假设。

（二）替换全要素生产率估计模型

我们以投入导向的 DEA-CCR 模型替换产出导向的 DEA-BCC 模型，重新估计会计师事务所经营实体的全要素生产率，将所估计的全要素生产率——技术效率（*TE*）作为解释变量。回归结果如表 6-8 所示，会计师事务所经营实体的技术效率（TE）与相对审计收费（Audfee）、绝对审计收费（Lnfee）之间的关系，与原回归结果保持不变，稳健支持本书的三个假设。

（三）替换被解释变量

我们的被解释变量包括相对审计收费（Audfee）和绝对审计收费（Lnfee）两个测量指标，两个测量指标的回归结果都稳健支持我们的假设。

表 6-6　假设 H6-2 替换解释变量的稳健性检验结果

VARIABLES	(1) 市场集中度低 Audfee	(2) 市场集中度高 Audfee	(3) 市场集中度低 Lnfee	(4) 市场集中度高 Lnfee
Scale	-0.252 (0.305)	1.382*** (0.487)	0.00123 (0.0538)	0.284*** (0.0858)
其他控制变量	控制	控制	控制	控制
Constant	23.07*** (6.768)	19.73 (20.14)	-1.108 (1.109)	-0.831 (3.716)
Year	控制	控制	控制	控制
Indu	控制	控制	控制	控制
Observations	2098	2189	2098	2189
R-squared	0.555	0.433	0.654	0.661

注：括号内数字为标准差，*** $p<0.01$，** $p<0.05$，* $p<0.1$。

表 6-7　假设 H6-3 替换解释变量的稳健性检验结果

Panel A 市场准入管制的影响				
VARIABLES	(1) 准入管制前 Audfee	(2) 准入管制后 Audfee	(3) 准入管制前 Lnfee	(4) 准入管制后 Lnfee
Scale	2.581*** (0.737)	-0.282 (0.248)	0.809*** (0.124)	-0.00751 (0.0446)
其他控制变量	控制	控制	控制	控制
Constant	25.31*** (9.011)	21.90*** (6.067)	-4.508*** (1.213)	-1.045 (0.930)

续表

Panel A 市场准入管制的影响

VARIABLES	（1）准入管制前	（2）准入管制后	（3）准入管制前	（4）准入管制后
	Audfee	Audfee	Lnfee	Lnfee
Year	控制	控制	控制	控制
Indu	控制	控制	控制	控制
Observations	1593	2694	1593	2694
R-squared	0.397	0.583	0.690	0.637

Panel B 价格管制的影响

VARIABLES	（1）价格管制前	（2）价格管制后	（3）价格管制前	（4）价格管制后
	Audfee	Audfee	Lnfee	Lnfee
Scale	1.834** (0.919)	-0.642** (0.298)	0.563*** (0.146)	-0.0631 (0.0548)
其他控制变量	控制	控制	控制	控制
Constant	28.86*** (11.16)	3.993 (8.201)	-4.597*** (1.550)	-5.956*** (1.451)
Year	控制	控制	控制	控制
Indu	控制	控制	控制	控制
Observations	1193	1689	1193	1689
R-squared	0.431	0.603	0.668	0.671

注：括号内数字为标准差，*** $p<0.01$，** $p<0.05$，* $p<0.1$。

表6-8　替换全要素生产率估计模型后假设 H6-1 稳健性检验结果

VARIABLES	（1）	（2）
	Audfee	Lnfee
TE	0.406* (0.240)	0.0905** (0.0415)
其他控制变量	控制	控制
Constant	28.93*** (4.970)	-0.850 (0.719)
Year	控制	控制
Indu	控制	控制

续表

VARIABLES	(1) Audfee	(2) Lnfee
Observations	4287	4287
R-squared	0.472	0.646

注：括号内数字为标准差，*** p<0.01，** p<0.05，* p<0.1。

表 6-9　替换全要素生产率估计模型后假设 H6-2 稳健性检验结果

VARIABLES	(1) 市场集中度低 Audfee	(2) 市场集中度低 Lnfee	(3) 市场集中度高 Audfee	(4) 市场集中度高 Lnfee
TE	-0.441 (0.316)	-0.0990* (0.0577)	1.323*** (0.469)	0.257*** (0.0818)
其他控制变量	控制	控制	控制	控制
Constant	22.27*** (6.798)	-1.240 (1.119)	20.21 (20.10)	-0.614 (3.711)
Year	控制	控制	控制	控制
Indu	控制	控制	控制	控制
Observations	2098	2098	2189	2189
R-squared	0.555	0.655	0.433	0.661

注：括号内数字为标准差，*** p<0.01，** p<0.05，* p<0.1。

表 6-10　替换全要素生产率估计模型后假设 H6-3 稳健性检验结果

VARIABLES	Panel A 政府管制前			
	(1) 准入管制前 Audfee	(2) 准入管制前 Lnfee	(3) 价格管制前 Audfee	(4) 价格管制前 Lnfee
TE	2.425*** (0.693)	0.737*** (0.115)	1.622* (0.865)	0.496*** (0.135)
其他控制变量	控制	控制	控制	控制
Constant	25.31*** (8.976)	-4.463*** (1.214)	29.62*** (11.13)	-4.358*** (1.541)
Year	控制	控制	控制	控制
Indu	控制	控制	控制	控制

续表

VARIABLES	Panel A 政府管制前			
	(1) 准入管制前	(2) 准入管制前	(3) 价格管制前	(4) 价格管制前
	Audfee	Lnfee	Audfee	Lnfee
Observations	1593	1593	1193	1193
R-squared	0.397	0.690	0.431	0.667

VARIABLES	Panel B 政府管制后			
	(1) 准入管制后	(2) 准入管制后	(3) 价格管制后	(4) 价格管制后
	Audfee	Lnfee	Audfee	Lnfee
TE	-0.370 (0.233)	-0.0439 (0.0426)	-0.677** (0.287)	-0.107** (0.0532)
其他控制变量	控制	控制	控制	控制
Constant	21.87*** (6.055)	-1.098 (0.928)	2.789 (8.318)	-6.471*** (1.467)
Year	控制	控制	控制	控制
Indu	控制	控制	控制	控制
Observations	2694	2694	1689	1689
R-squared	0.583	0.637	0.604	0.671

注：括号内数字为标准差，*** $p<0.01$，** $p<0.05$，* $p<0.1$。

四 内生性讨论

尽管本书的回归模型控制了会计师事务所自身特征、审计客户特征以及地区经济发展水平、市场竞争以及产业集聚等内外部因素，但会计师事务所的效率是多种因素共同作用的结果。为减弱遗漏变量、反向因果等内生性问题对本书研究结果的影响，我们参考周黎安等（2009）、梁彤缨等（2013）的做法，以滞后1期的会计师事务所运营效率年度城市均值为工具变量，构建两阶段回归模型（2SLS）①，回归结果稳健支持

---

① 第1阶段，以滞后1期的事务所效率年度均值（$Crste\_m1$）构建事务所效率模型：$Crste = \beta1 Crste\_m1 + \beta2 Org\_form + \beta3 Partner\_g + \beta4 Divisions + \beta5 Cpa\_g + \beta6 capital\_h + \beta7 Busi\_con + \beta8 Big50 + \beta9 GDPindex + \beta10 HHI + \beta11 CYJJ + \beta12 Year + \beta13 City$。第2阶段，以第1阶段的预测值（$Y\_1$）代入模型（1）。

第六章　高效率会计师事务所的行为后果之一：审计定价的视角

本书的主假设 H6-1①。

区别于已有文献的数据，本书的 DEA 方法中投入和产出要素是基于独特的内部数据，所估计的全要素生产率更符合生产函数的基本要求；但由于内部数据仅包含 1 个省的会计师事务所经营实体，导致样本缺失，可能存在样本选择偏差的内生性问题；而这个问题也由于缺乏数据而未能做相应的 Heckman 两阶段模型检验。Dopuch 等（2003）认为，这种内生性问题在数据缺乏的情况是可以理解的，尽管研究结论有待进一步探讨，但至少能为洞察效率与审计定价之间的关系提供一个新的视角。

第四节　进一步探索

一　效率能否带来竞争优势

竞争优势是指企业在获得资源方面具有超越竞争对手的一种属性或属性组合（Porter, 1985）；是指在同一市场上通过属性和资源所获得的在更高水平上表现的能力（Barney, 2009）；是企业在竞争环境中的一种地位，被目标市场认为是重要的和优于竞争对手的企业及其产品的一套独有的特征，它允许企业获得高于投资成本的投资回报，具有相关性、独特性和可持续性（Woodruff, 1997）。因此，会计师事务所提升效率带来的竞争优势，应该表现在审计市场上比同行获得更高的超额收益。为检验会计师事务所经营实体提升运营效率，是否比同行竞争对手获得更多的超额审计收费，本书构建审计收费溢价（Audfeepre）指标，代表会计师事务所经营实体相比同行的审计收费平均水平的溢价水平。如表 6-11 显示，会计师事务所效率的三个不同测量指标——综合效率（*Crste*）、配置效率（*Scale*）、技术效率（*TE*），与审计收费溢价（*Audfeepre*）都呈显著正相关；表明具有更高效率的会计师事务所经营实体能够获得比同行更高的审计收费溢价，同时也表明，在审计费用的增量市场中，效率高的会计师事务所能够获得更多的增量审计费用；即使是在审计费用存量市场中，效率高的事务所也能够获得更大的市场份额。这

---

① 受篇幅所限，两阶段回归结果未展示，如有需要可向作者索取。

一证据反映了只有提升效率,才能获得市场竞争优势和超额审计收费;也验证了效率是组织之间竞争最为核心的竞争力、是实现经济利益最大化最根本的途径的传统经济学的结论。

表6-11　　　　高效率会计师事务所的市场竞争优势检验

VARIABLES	Audfeepre	Audfeepre	Audfeepre
Crste	0.745*** (0.289)		
Scale		0.772*** (0.295)	
TE			0.536* (0.283)
其他控制变量	控制	控制	控制
Constant	20.55*** (6.369)	20.50*** (6.367)	20.69*** (6.378)
Year	控制	控制	控制
Indu	控制	控制	控制
Observations	4287	4287	4287
R-squared	0.382	0.382	0.382

注:括号内数字为标准差,***$p<0.01$,**$p<0.05$,*$p<0.1$。

二　社会利益目标的影响

作为具有双重组织属性、双重目标函数的组织,会计师事务所在追求高质量发展过程中能否兼容经济利益目标和社会利益目标,一直是监管者和其他利益相关者所担心的核心问题;而由于缺乏独特的内部数据,也是理论界一直想回答却又无法回答的难点问题。审计师独立性和审计质量是构成审计师声誉的重要源泉,而审计师声誉能够增强审计师的市场影响力,为其吸引更多的客户,从而提升审计师的经济利益。因此,我们预期,以审计师独立和审计质量为核心的社会利益目标,能够增强效率与审计收费之间的正向激励效应。利用独特的内部数据,本书进一步检验以审计师独立性和审计质量对会计师事务所效率与经济利益目标

第六章 高效率会计师事务所的行为后果之一：审计定价的视角

之间关系的影响。

首先，考察审计师独立性对会计师事务所运营效率与审计收费之间关系的影响。参考 Gul 等（2013）[①] 的方法，以审计师发表审计意见（AO）为基础，估计审计师发表非标准审计意见的概率（$Maos$），取绝对值后概率值（$Maos$）越大，表示审计师独立性越高；并以 $Maos$ 中位数构建衡量审计师高低的哑变量（$DMaos$），将样本分为审计师独立性高、低两组。

其次，考察审计质量对会计师事务所运营效率与审计收费之间关系的影响。利用 Jones（1991）基本模型估计的操控应计 DA_j 作为审计质量的替代指标，取绝对值后 DA_j 越大，表示审计质量越低；并以 DA_j 中位数构建衡量审计质量高低的哑变量（DDA_j），将样本分为审计质量高、低两组。

表6-12 Panel A 显示，审计师独立性低的情况下，会计师事务所效率与审计收费、审计收费溢价之间的正相关关系不显著；而在审计师独立性高的情况下，会计师事务所效率与审计收费、审计收费溢价之间显著正相关。这一证据表明，审计师独立性越高，意味着会计师事务所的社会利益越高，越有助于发挥会计师事务所效率对经济利益目标的激励效应。表6-12 Panel B 显示，审计质量低的情况下，会计师事务所效率与审计收费、审计收费溢价之间的正相关关系不显著或显著性较弱；而在审计质量高的情况下，会计师事务所效率与审计收费、审计收费溢价之间显著正相关。这一证据表明，审计质量越高，意味着会计师事务所的社会利益越高，越有助于发挥会计师事务所效率对经济利益目标实现的激励效应。

---

① 概率模型：$AO = \alpha_0 + \alpha_1 Quichratio + \alpha_2 AR + \alpha_3 Other + \alpha_4 INV + \alpha_5 ROA + \alpha_6 Loss + \alpha_7 Lev + \alpha_8 Size + \alpha_9 Listage + \alpha_{10} Indu$。模型中，$AO$ 为审计意见类型，标准审计意见取值0，非标审计意见取值1；$Quick\ ratio$ 表示速动比率（现金、短期投资、应收票据和应收账款之和除以流动负债），AR、$Other$ 和 INV 分别表示期末应收账款、其他应收款和存货与总资产之比；ROA 表示总资产收益率（净利润除以总资产）；$Loss$ 表示虚拟变量，即当公司亏损时取值为1，否则取值为0；Lev 表示资产负债率（总负债除以总资产）；$Size$ 表示公司规模；$Listage$ 表示上市年限；$Indu$ 表示行业效应。$Maos$ 为该模型 OLS 回归的预测估计值，取绝对值；值越大表示审计师独立性水平越高。

高效率审计师的决定机制与行为后果研究

以上证据能够提醒会计师事务所的经营者,会计师事务所在追求以效率为核心的高质量发展过程中,越保持审计师独立性和审计质量,兼顾社会利益,越有利于会计师事务所经济利益最大化目标的实现;同时也告诉监管者和其他利益相关者,会计师事务所的经济利益目标与社会利益目标不是对立的,社会利益能够增强会计师事务所效率对审计收费的正向激励效应,能够激发会计师事务所经营者在追求高质量发展过程中有效协调经济利益目标和社会利益目标的积极性。

表 6-12 社会利益对会计师事务所运营效率与审计收费之间关系的影响

VARIABLES	Panel A 审计师独立性的影响					
	独立性低			独立性高		
	(1) $Audfee$	(2) $Lnfee$	(3) $Audfeepre$	(4) $Audfee$	(5) $Lnfee$	(6) $Audfeepre$
$Crste$	0.318 (0.278)	0.0320 (0.0578)	0.297 (0.327)	0.814** (0.384)	0.241*** (0.0608)	1.259*** (0.470)
其他控制变量	控制	控制	控制	控制	控制	控制
$Constant$	22.99*** (6.366)	-0.754 (1.126)	10.14 (7.278)	28.62*** (7.374)	-1.031 (0.957)	25.26*** (9.470)
$Year$	控制	控制	控制	控制	控制	控制
$Indu$	控制	控制	控制	控制	控制	控制
$Observations$	2079	2079	2079	2208	2208	2208
$R\text{-}squared$	0.444	0.666	0.423	0.513	0.657	0.396
VARIABLES	Panel B 审计质量的影响					
	审计质量低			审计质量高		
	(1) $Audfee$	(2) $Lnfee$	(3) $Audfeepre$	(4) $Audfee$	(5) $Lnfee$	(6) $Audfeepre$
$Crste$	0.265 (0.277)	0.0999* (0.0557)	0.487* (0.292)	0.894** (0.406)	0.202*** (0.0666)	0.873* (0.505)
其他控制变量	控制	控制	控制	控制	控制	控制
$Constant$	16.62*** (5.170)	-2.127** (1.071)	11.64 (7.043)	32.00*** (7.574)	-0.636 (1.001)	23.13** (9.509)
$Year$	控制	控制	控制	控制	控制	控制
$Indu$	控制	控制	控制	控制	控制	控制
$Observations$	1975	1975	1975	2312	2312	2312
$R\text{-}squared$	0.532	0.642	0.435	0.468	0.658	0.399

注:括号内数字为标准差,*** $p<0.01$,** $p<0.05$,* $p<0.1$。

第五节 结论与展望

本书依托会计师事务所经营实体的内部独特数据，运用 DEA-BCC 模型估计会计师事务所经营实体的全要素生产率，检验会计师事务所效率对审计收费的影响，考察会计师事务所效率对审计收费的正向激励效应。研究发现：第一，提升效率能够给会计师事务所带来更多审计收费，表明会计师事务所效率对审计收费具有显著的正向激励效应。第二，效率通过增强会计师事务所的成本优势和市场竞争优势，从而实现对审计收费的正向激励。第三，市场集中度增强了会计师事务所效率对审计收费的正向激励效应。第四，政府管制弱化了会计师事务所效率对审计收费的正向激励效应。第五，以审计师独立性和审计质量为核心内容的社会利益，能够增强会计师事务所效率对审计收费的正向激励效应。

本书的研究发现，首先，验证了传统经济学理论关于效率是实现经济主体经济利益最大化最根本的途径的结论，为加快推进会计师事务所和社会审计以效率为驱动的高质量发展提供经验证据。其次，为监管部门不遗余力地推动会计师事务所合并、做大做强，以提高审计市场的市场集中度的产业支持行为提供经验证据和理论支持；同时也提醒监管者要改进审计市场治理政策手段，慎用市场准入管制和价格干预管制，以降低可能造成的"管制失灵"和效率损失。最后，本书的研究发现，一定程度上可以解除监管者和其他利益相关者对会计师事务所高质量发展过程追求经济效益可能损害社会利益的忧虑，为营造全社会共同支持会计师事务所和社会审计高质量发展的环境奠定基础。

第七章 高效率会计师事务所的行为后果之二：审计质量的视角

第一节 引言

Dopuch 等（2003，CAR）基于 1 家"六大"会计师事务所的数据，通过构建"效率—组织行为及绩效"的分析框架，研究美国审计市场审计生产效率对审计定价、审计费用的影响，探索审计生产效率的经济后果。Kim 等（2005）依托 Dopuch 等（2003）的分析框架，研究韩国审计市场审计生产效率对审计定价、审计费用的影响，同样探讨审计生产效率的经济后果。遗憾的是，在随后的十多年时间里，由于缺乏独特的数据，学术界一直无法突破 Dopuch 等（2003）和 Kim 等（2005）的研究边界，探索审计生产效率或会计师事务所的效率的社会后果，会计师事务所效率与审计质量之间的关系一直是个谜。会计师事务所具有经济组织属性和社会组织属性，决定了会计师事务所具有内在动机去追求高效率以实现经济利益目标和追求审计质量以实现社会利益目标。在当前中国经济向以效率为驱动的高质量发展转型的背景下，加快提升会计师事务所效率，对维持高水平的审计质量有何影响成为理论界和实务界关注的焦点。

依托会计师事务所经营实体的内部独特数据，本章主要研究和回答会计师事务所经营实体的效率对审计质量有何影响的问题，并进一步探讨为什么的问题。本章的研究贡献体现在：第一，首次将基于经济利益动因的经营效率与基于社会利益动因的审计质量纳入统一的研究框架，

第七章 高效率会计师事务所的行为后果之二：审计质量的视角

并系统讨论经营效率与审计质量之间关系的三种理论逻辑假说。第二，首次讨论经营效率与审计质量之间关系的约束条件和有效性边界，对会计师事务所有效协调经济利益和社会利益目标、监管部门改进审计师监管与治理具有重要借鉴作用。

第二节 理论分析与假设发展

传统经济学效率理论认为，效率是经济组织实现经济利益目标的根本手段（斯密，1776；马歇尔，1890；斯蒂格勒，1968；Baumol 等，1983；胡寄窗，1988；Clark，1998；苏东水，2010；王瑶，2011；洪银兴，2016；吴敬琏，2016；刘世锦，2017；《人民日报》特约评论员，2017）。会计师事务所的经济利益主要来源于审计定价和审计收费以及市场份额，审计定价主要依赖于成本优势和竞争优势，审计收费依赖于审计服务质量；因此，审计质量能够转化为会计师事务所的经济利益（Simunic 和 Stein，1987；王雄元和唐本佑，2004；Fan 和 Wong，2005；胡丹和冯巧根，2013），这是会计师事务所提升审计质量的内在经济动因，也是效率与审计质量具有统一性的内在逻辑。效率是实现组织利益（包括经济利益和社会利益）最大化的根本途径，而审计质量作为会计师事务所社会利益的重要构成，决定了追求效率与追求审计质量存在统一性，即正相关性。同时，当效率水平较低时，通过优化内部机制和审计流程，能够改进会计师事务所的资源配置效率和审计质量，表明提升运营效率与审计质量具有同步性。例如，低效率的会计师事务所接到新行业的新业务时，通过调配具有不同行业专长审计师团队、优化审计程序与流程，既能提高审计效率，又能提升审计质量，实现效率与审计质量的兼顾，特别是当会计师事务所处于低效率水平时，提升效率能够促进审计质量，运营效率与审计质量之间表现为显著的"统一性"。

会计师事务所承担政府治理经济秩序的委托（Ostrom，1990；吴溪和陈梦，2012），声誉动机激励和约束着会计师事务所努力提升效率以改进审计质量；但是，会计师事务所终究还是一个私有部门，存在私有部门的逐利性和机会主义行为倾向；特别是当效率提升到一定程度时，掌握关键知识的合伙人和注册会计师有可能基于审计质量维护的成本性而产生机会主义行为倾向。与此同时，审计质量是审计师发现客户错报误报并报告出来的联合概率（DeAngelo，1981b），是高财务报表质量的保证（DeFond 和 Zhang，2014）。要保持高水平的审计质量，一是意味着需要投入更多的人力、物力、财力资源；二是意味着要主动放弃高风险的客户。因此，维护高水平的审计质量是存在经济成本的，不利于增加审计师的经济利益。由于维护高水平审计质量和社会利益意味着增加审计投入，或放弃高风险客户，导致会计师事务所的经济成本增加、经济收益减少（方军雄和洪剑峭，2008）。会计师事务所作为理性"经济人"假设的经济组织，经济利益受损导致其缺乏提升效率的动力，或者导致审计师在提升效率过程中降低审计质量的机会主义行为。同时，由于效率提升也是有极限的，而且同样存在经济成本（可以看成对社会利益的放弃），当会计师事务所效率处于较高水平时，进一步提升效率导致的效率的成本弹性将急剧提升，增加了提升效率的难度，降低了提升效率的经济效益。因此，理论上基于成本与收益均衡的考虑，因维护审计质量所带来的会计师事务所机会主义行为倾向，提升效率不仅不能改进审计质量，反而伤害审计质量和声誉（张奇峰，2005；于李胜和王艳艳，2010），表明提升会计师事务所效率与维持高水平审计质量具有冲突性。

维持高水平的审计质量，要么增加审计投入，要么放弃高风险审计项目；前者意味着增加成本，后者意味着减少经济收益；这也表明审计质量具有经济成本性。当提高审计质量带来的经济收益小于审计质量带来的经济成本时，审计师将缺乏提升审计质量的积极性。同时，当会计师事务所效率处于较高水平时，经营者及其审计师容易自满，产生过度自信，在审计过程中往往根据经验判断，容易忽略一些审计程序和监控流程，或减少审计资源投入，从而损害审计质量。因此，在会计师事务所效率处于较高水平阶段，一方面，由于进一步提升效率能够增加会计师事务所的规模收益和经济利益；另一方面，由于进一步提升审计质量具有经济成本，当提升审计质量的成本大于收益时，会计师事务所将降低审计质量以减少经济收益损失，由此诱发会计师事务所进一步提升运营效率过程中降低审计质量的机会主义行为，导致运营效率与审计质量

第七章　高效率会计师事务所的行为后果之二：审计质量的视角

之间存在冲突性。因此，会计师事务所在提升运营效率过程，运营效率与审计质量之间由统一性的正相关关系逆转为冲突性的负相关关系，两者呈现倒"U"形非线性关系。由此提出本章的研究假设：

H7-1：会计师事务所效率与审计质量之间呈倒"U"形非线性关系，即动态假说。

会计师事务所效率与审计质量之间的倒"U"形关系，意味着会计师事务所在追求效率提升的过程中既存在协调效率与审计质量协同发展的积极动机，又存在提升效率降低、损害审计质量的机会主义的消极行为，导致效率提升对审计质量的倒"U"形动态影响。当加强外部管制时，外部管制将强化审计师降低审计质量的机会主义行为。法律制度和声誉是维持市场有序运行的两个基本机制，相比法律制度机制而言，声誉机制（Reputation mechanism）是一种成本更低的维持交易秩序的机制；特别是在法制不健全的环境下，声誉机制更是维系契约，特别是非正式契约顺利完成的基础（张维迎，2002）。新古典经济学认为，健全的法律制度是维系和推进交易的唯一必要条件。但新制度经济学，特别是博弈论和信息经济学的研究表明，法律制度不是契约得以执行的唯一制度安排（Greif，1996）。即使没有法律制度的震慑和监管，契约也可以顺利执行，而支持这些正式或非正式契约执行的无形之手就是声誉（Macaulay，1985；Macneil，1985）。声誉既不易建立，也不易消亡，可能导致建立起声誉的组织管理者存在机会主义倾向（Kreps 和 Wilson，1982）。法律和声誉具有互补性。许多复杂的交易需要法律和声誉同时起作用，缺少任何一个都难以完成契约执行；法律制度越健全，损害声誉的行为成本就越大，个体和组织就越重视声誉，反过来讲，只有在人们比较重视声誉的社会里，法律制度才能真正发挥作用（张维迎，2002；杨居正等，2008）。同时，法律和声誉又具有替代性。当个体和组织越重视声誉，正式契约的必要性将大大降低，法律的重要性也将大大降低；反之，法律制度越健全，正式契约越能得到有效执行，声誉在维持交易中的重要性将大大降低，这种替代效应在垄断行业和受管制行业最为明显（Green 和 Porter，1984；张维迎，2002；杨居正等，2008）。会计师事务所及其注册会计师作为市场经济监督体系重要的制度安排，受声誉机制的激励效应的影响非常明显，而法律及政府管制并没有提升事务所的声誉（张奇峰，2005）。当法制机制较弱时，声誉机制将发挥主导作用，事务所效率与审计质量实现有效统一（正相关）的可能性较大。当法制机制较强、发挥主导作用时，声誉机制将被弱化（即被法律机制所替代），事务所效率与审计质量相背离（负相关）的可能性较大。

外部管制对审计师的行为具有显著影响。管制理论"掠夺之手"模型认为，政府管制扭曲市场关系，导致社会资源错配，最终导致市场效率和社会福利损失（Stigler，1971；陈冬华等，2008）。研究表明，管制加剧高效率的会计师事务所的市场势力，增加了高效率会计师事务所实施机会主义行为的可能性，从而导致"管制失灵"，降低了审计师的审计质量和声誉（张奇峰，2005；于李胜和王艳艳，2010）。外部管制通过设置市场进入壁垒、干预市场定价等措施，造成市场竞争不足和市场结构变化，扭曲市场主体的行为与资源配置。在美国审计市场，监管者和政策制定者以及客户都存在"会计师事务所的市场集中度过高是否损害市场竞争和审计质量"的忧虑（GAO，2008；Dunn等，2011；Francis等，2013；Gerakos和Syverson，2015）。相关研究表明，外部管制容易导致市场垄断和竞争不足，市场垄断对审计师的审计定价、审计师独立性以及审计质量等行为后果存在显著影响（Simunic，1980；DeAngelo，1981；Lee和Gu，1998；刘明辉等，2003；McMeeking，2007；龙小海等，2009；张良，2012；庄飞鹏和李晓慧，2014）。McMeeking（2007）的研究发现，高集中度带来的市场垄断，削弱了市场竞争，导致审计市场的低效率和审计师合谋。在中国审计市场的研究中，刘明辉等（2003）和张良（2012）的研究发现，审计市场集中度越高，意味着市场竞争越小、垄断越强，市场集中度与审计质量之间呈倒"U"形关系，表明市场集中度高的垄断竞争市场损害了审计质量。当加强外部管制，特别是加强对市场准入和审计定价的管制时，管制降低了市场竞争，容易扭曲市场要素资源的配置和竞争主体的行为，加剧了审计师降低审计质量的机会主义行为倾向，弱化了效率与审计质量之间的统一性，强化了效率与审计质量之间的冲突性，导致运营效率与审计质量之间的倒"U"形非线性关系弱化、消失，甚至呈现负相关关系。由此提出本章的研究假设：

H7-2：外部管制弱化了事务所效率与审计质量之间的倒"U"形关系，甚至导致两者之间关系逆转为负相关关系，即冲突假说。

第三节 研究设计

一 回归模型与变量

为检验会计师事务所效率与审计质量之间的关系，我们构建了线性回归模型（7-1）和非线性回归模型（7-2）。

$$AQ = \beta_0 + \beta_1 Crste + \Sigma Controls + Indu + Year + \varepsilon \quad (7-1)$$

$$AQ = \beta_0 + \beta_1 Crste + \beta_2 Crste^2 + \Sigma Controls + Indu + Year + \varepsilon \quad (7-2)$$

在模型（7-1）和模型（7-2）中，被解释变量 AQ 为审计质量，以 Jones（1991）基本模型估计的操控应计 DA_j 为替代指标。主要解释变量是利益 DEA-BCC 模型估计的会计师事务所经营实体的全要素生产率，包括综合效率（也叫技术效率，$Crste$）和配置效率（也叫规模效率，$Scale$）以及生产率（也叫纯技术效率，$Vrste$）；配置效率 $Scale$ 用于稳健性检验；短期而言，生产率水平是恒定的，因此该指标不作为解释变量。会计师事务所经营实体的全要素生产率的估计参见第三章。在模型（7-1）中，若 $Crste$ 的系数（β_1）的显著性水平等于或小于10%，表明事务所效率与审计质量为线性关系。在模型（7-2）中，如果二次项 $Crste^2$ 的系数（β_2）的显著性水平等于或小于10%，表明事务所效率与审计质量为非线性关系。此外，我们参考 DeFond 和 Zhang（2014）、白重恩等（2005）、杜兴强等（2017）的做法，控制了（即 Controls）一系列的公司财务特征、公司内部治理特征与外部治理特征和会计师事务所（总分所）规模以及行业、年度效应。各变量定义及测量方法如表7-1所示。

表7-1 变量定义及测量方法

变量名称	替代变量及符号	测量方法
被解释变量		
审计质量	DA_j	基本 Jones（1991）模型分年度、行业估计
	DA_t	修正的 Jones 模型（Dechow 等，1995）估计

续表

变量名称	替代变量及符号	测量方法
解释变量		
事务所效率	综合效率，$Crste$	DEA-BCC 模型估计的技术效率，等于纯技术效率×规模效率
	综合效率的平方，$Crste^2$	等于综合效率的平方
	配置效率，$Scale$	DEA-BCC 模型估计的规模效率
	配置效率的平方，$Scale^2$	等于配置效率的平方
	技术效率，TE	DEA-CCR 模型估计的技术效率
	技术效率的平方，TE^2	等于技术效率的平方
控制变量		
上市公司财务特征	规模，$Size$	等于年末总资产的自然对数
	负债率，LEV	等于年末总负债除以年末总资产
	财务困境，$Loss$	净利润为负数取值1，否则取值0
	销售收入增长率，$Salegrowth$	等于当年销售收入减去上年销售收入，再除以上年销售收入
	经营现金流量，OCF	等于现金流入与现金流出之和除以年末总资产
	市账比，$M2B$	等于（年末股价×年末流通股）+（每股净资产×非流通股）除以净资产
	总应计，TA	等于净利润减去经营活动现金流后除以年末资产
	股权或债券发行，$Issumce$	当年增发股权或债券取值1，否则取值0
上市公司内部治理特征	两职合一，CEO_m	CEO 兼任董事长取值1，否则取值0
	股权集中度，$Owner1$	第1大股东持股量与总股本的比值
	股权集中度，$Owner2\_10$	第2—10大股东持股量与总股本的比值
上市公司外部治理特征	政府监管，$REGLIDT$	上市公司注册地与证监会、上交所、深交所的平均距离的倒数，再乘以1000
	机构投资者监管，$Instshr$	机构持股量与总股本的比值
	分析师关注，ANA	等于 Ln（分析师关注人数+1）
	市场化程度，$Market\_gov$	根据王小鲁等（2017）的"市场中介组织的发育和法律制度环境评分"原值

续表

变量名称	替代变量及符号	测量方法
事务所特征	事务所声誉，Big4	国际四大取值1，否则为0
	审计收费，Audfee	审计费用除以客户资产，再乘以10000
	风险承担制度，Org_form	事务所的组织形式，合伙制或普通合伙制取值1，表示高风险承担；否则为0
	内部治理，Partner_g	等于事务所合伙人（股东）人数除以事务所总员工数
行业	Indu	行业效应
年度	Year	年度效应

二 样本选择及数据来源

会计师事务所的数据来源于中国注册会计师行业管理信息系统财务报表子系统，A股上市公司的相关数据来源于Wind数据库，会计师事务所排名来源于中注协官网。本章的初始样本数据是在第四章711个会计师事务所经营实体的基础上，筛选出90个具有证券业务资格的会计师事务所经营实体，并进一步筛选匹配证券所所审计的1345个非金融行业上市公司客户，剔除数据缺失的样本后，最终获得77个证券所（含总、分所）、1218个上市公司、4287个观测值。为减少极端值对研究的影响，对所有连续变量进行了1%和99%分位的缩尾处理。

第四节 实证分析

一 描述性统计

如表7－2所示，基本Jones模型估计的操控应计（DA_j）的均值（中位数）为－0.107（0.000），修正的Jones模型估计的操控应计（DA_t）的均值（中位数）为－0.104（－0.006），均值和中位数都非常接近于0，表明会计师事务所的审计质量水平普遍较高。利用DEA-BCC模型估计的会计师事务所的综合效率变量$Crste$的均值（中位数）为0.627（0.554），配置效率变量$Scale$的均值（中位数）为0.64（0.569）；利用DEA-CCR模型估计的会计师事务所经营实体的技术效率

（TE）均值（中位数）为 0.627（0.554），与 DEA-BCC 模型估计的会计师事务所的综合效率变量 Crste 的均值（中位数）非常接近，但与最优效率值 1 都有较大差距，表明会计师事务所经营实体的运营效率并不高，还有较大提升空间。各变量之间的 pearson 相关系数均小于 0.5（见表 7-3），并通过多重共线性检验，表明不存在多重共线性问题。

在客户公司财务特征的控制变量中，公司规模均值为 12.654，负债率均值为 0.427，8.9% 的样本公司—年度处于财务困境，样本公司—年度的销售增长率为 21.4%，经营现金流均值为 1.242，市账比为 3.004，总计应均值为 0，12.8% 的样本公司—年度进行了再融资。在客户公司的内部治理特征的控制变量中，27.1% 的样本公司—年度董事长兼任 CEO，大股东持股比例均值为 35.7%，第 2 至第 10 大股东持股比例均值为 23.6%。在客户公司的外部治理特征的控制变量中，政府监管强度为 0.93，机构投资者持股比例均值为 35.3%，分析师跟踪均值为 1.987，市场程度指数为 9.265。在审计师特征的控制变量中，24.2% 的会计师事务所经营实体为国际四大会计师事务所，每亿元资产的审计定价为 3.124 元，36.6% 的会计师事务所经营实体为合伙制，会计师事务所经营实体的合伙人（股东）会的相对规模为 3.6%。

表 7-2　　　　　　　　描述性统计

变量	样本量	均值	标准差	最小值	中值	最大值
DA_j	3951	-0.107	0.418	-1.554	0.000	0.717
DA_t	3951	-0.104	0.412	-1.517	-0.006	0.756
$Crste$	4287	0.627	0.190	0.412	0.554	1.000
$Crste^2$	4287	0.429	0.267	0.170	0.307	1.000
$Scale$	4287	0.640	0.188	0.432	0.569	1.000
$Scale^2$	4287	0.444	0.267	0.187	0.324	1.000
TE	4287	0.627	0.188	0.395	0.554	1
TE^2	4287	0.429	0.264	0.156	0.307	1
$Size$	4287	12.654	1.310	9.740	12.495	16.495

第七章 高效率会计师事务所的行为后果之二：审计质量的视角

续表

变量	样本量	均值	标准差	最小值	中值	最大值
LEV	4287	0.427	0.228	0.047	0.418	1.236
Loss	4287	0.089	0.285	0	1	1
Salegrowth	4287	0.214	0.524	-0.661	0.120	3.718
OCF	4287	1.242	0.933	0.153	1.004	5.821
M2B	4287	3.004	3.459	-1.677	2.067	27.457
TA	4287	0.000	0.082	-0.303	-0.003	0.268
Issuance	4287	0.128	0.334	0	1	1
CEO_m	4287	0.271	0.444	0	1	1
Owner1	4287	0.357	0.155	0.079	0.337	0.745
Owner2_10	4287	0.236	0.136	0.018	0.225	0.568
Instshr	4287	0.353	0.242	0.000	0.346	0.870
ANA	4287	1.987	1.371	0.000	2.079	4.625
Market_gov	4287	9.265	4.496	1.040	9.130	17.150
REGLIST	4287	0.930	0.194	0.332	0.924	1.310
Big4	4287	0.242	0.429	0	0	1
Audfee	4287	3.124	3.428	0.000	2.208	22.398
Org_form	4287	0.366	0.482	0	0	1
Partner_g	4287	0.036	0.037	0.006	0.026	0.263

表7-3 回归模型关键变量的相关系数

Variables	(1)	(2)	(3)	(4)	(5)	(6)	(7)	(8)
(1) DA_j	1.000							
(2) DA_t	0.999	1.000						
(3) $Crste$	0.022	0.017	1.000					
(4) $Crste^2$	0.021	0.016	0.995	1.000				
(5) $Scale$	0.020	0.015	0.998	0.992	1.000			
(6) $Scale^2$	0.019	0.015	0.995	0.998	0.995	1.000		
(7) TE	0.024	0.019	0.861	0.852	0.859	0.848	1.000	
(8) TE^2	0.022	0.018	0.856	0.856	0.852	0.851	0.995	1.000

二 回归分析

（一）假设 H7-1"动态假说"的检验

表7-4展示回归模型（7-1）的检验结果。模型（7-1）的解释变量——DEA-BCC 模型估计的综合效率（$Crste$）、配置效率（$Scale$）的系数为负数、不显著，表明会计师事务所效率与审计质量之间不存在显著的线性关系。

表7-4　　　　　回归模型（7-1）的检验结果

变量名称	(1) DA_j	(2) DA_j	(3) DA_t	(4) DA_t
$Crste$	-0.0132 (0.0106)		-0.0129 (0.0112)	
$Scale$		-0.0122 (0.0106)		-0.0119 (0.0112)
$Size$	0.00112 (0.00265)	0.00111 (0.00266)	0.00168 (0.00281)	0.00168 (0.00282)
LEV	0.0185 (0.0149)	0.0185 (0.0149)	0.0230 (0.0154)	0.0230 (0.0154)
$Loss$	0.0188*** (0.00579)	0.0188*** (0.00579)	0.0193*** (0.00620)	0.0193*** (0.00620)
$Salegrowth$	0.0125 (0.00901)	0.0125 (0.00901)	0.0106 (0.00935)	0.0106 (0.00935)
OCF	-0.00847** (0.00373)	-0.00847** (0.00373)	-0.0109*** (0.00385)	-0.0109*** (0.00385)
$M2B$	0.000474 (0.00102)	0.000473 (0.00102)	0.000501 (0.00107)	0.000499 (0.00107)
TA	1.197*** (0.0405)	1.197*** (0.0405)	1.189*** (0.0416)	1.189*** (0.0416)
$Issuance$	0.0287*** (0.00838)	0.0287*** (0.00838)	0.0327*** (0.00867)	0.0326*** (0.00867)

第七章 高效率会计师事务所的行为后果之二：审计质量的视角

续表

变量名称	(1) DA_j	(2) DA_j	(3) DA_t	(4) DA_t
CEO_m	-0.00335 (0.00522)	-0.00333 (0.00522)	-0.00403 (0.00540)	-0.00402 (0.00540)
Owner1	-0.00783 (0.0168)	-0.00782 (0.0168)	-0.00659 (0.0174)	-0.00659 (0.0174)
Owner2_10	0.0236 (0.0159)	0.0236 (0.0159)	0.0272 (0.0170)	0.0272 (0.0170)
Instshr	-0.0149* (0.00833)	-0.0148* (0.00833)	-0.0143 (0.00892)	-0.0143 (0.00892)
ANA	-0.00383** (0.00191)	-0.00383** (0.00191)	-0.00408** (0.00199)	-0.00408** (0.00199)
Market_gov	-0.00105* (0.000586)	-0.00105* (0.000586)	-0.00119* (0.000623)	-0.00119* (0.000623)
REGLIST	0.0177 (0.0118)	0.0177 (0.0118)	0.0184 (0.0124)	0.0184 (0.0124)
Big4	-0.000407 (0.00383)	-0.000419 (0.00383)	-0.000131 (0.00417)	-0.000141 (0.00417)
Audfee	-0.000995 (0.00135)	-0.000996 (0.00135)	-0.000893 (0.00139)	-0.000894 (0.00139)
Org_form	-0.104*** (0.0115)	-0.104*** (0.0115)	-0.102*** (0.0126)	-0.103*** (0.0126)
Partner_g	-0.0465 (0.0565)	-0.0444 (0.0564)	-0.0363 (0.0591)	-0.0342 (0.0590)
Constant	0.511*** (0.0428)	0.510*** (0.0431)	0.577*** (0.0457)	0.576*** (0.0459)
Year	控制	控制	控制	控制
Indu	控制	控制	控制	控制
Observations	3951	3951	3951	3951
F	437.62***	436.73***	400.71***	399.89***
R-squared	0.937	0.937	0.927	0.927

注：括号内数字为标准差，*** $p<0.01$，** $p<0.05$，* $p<0.1$。

表 7-5 展示回归模型（7-2）的检验结果，会计师事务所的综合效率一次项 $Crste$ 的系数在 5% 水平上显著为负，二次项 $Crste^2$ 的系数在 5% 水平上显著为正，表明会计师事务所效率与操控应计之间存在显著的正"U"形非线性关系。由于操控应计与审计质量负相关，因此，这一结果表明会计师事务所效率与审计质量之间存在显著的倒"U"形非线性关系，支持假设 H7-1。使用配置效率 $Scale$ 和 DEA-CCR 模型估计的技术效率（TE）替代综合效率 $Crste$ 的稳健性检验，同样支持会计师事务所效率与审计质量之间存在显著的倒"U"形非线性关系的结论。

会计师事务所效率与审计质量之间的倒"U"形非线性关系表明，当会计师事务所效率处于较低水平时，提升效率能够激励审计师改善审计质量；而当会计师事务所效率超过一定临界值时（0.65），提升效率不但不能激励审计师改善审计质量，反而激发了审计师的机会主义动机，导致其降低审计质量。此外，通过对比会计师事务所综合效率（$Crste$）与审计质量（DA_j）之间倒"U"形关系的极值点（0.65）和会计师事务所综合效率（$Crste$）的均值（0.627）、中位数（0.554）可以看出，极值点在均值和中位数的右边。

从控制变量的回归结果来看，$Loss$、TA、$Issuance$ 等公司财务特征与操控应计 DA_j 显著正相关，抑制了审计质量；OCF 的系数显著为负，抑制了盈余管理，提升了审计质量。$Instshr$、ANA 和 $Market\_gov$ 等上市公司所在地的市场化和法制环境水平及外部治理变量的系数显著为负，抑制了盈余管理，提升了审计质量；Org_form 与操控应计 DA_j 显著负相关，表明合伙制事务所由于承担更多的责任与风险，导致其更加注重控制客户的操控应计，从而提升了审计服务质量。CEO_m 等内部治理变量和政府监管（$REGLIST$）以及 $Big4$ 等会计师事务所特征对操控应计 DA_j 的影响不显著，表明对审计质量的影响不显著。

第七章 高效率会计师事务所的行为后果之二：审计质量的视角

表 7-5　　　　　　　　回归模型（7-2）的检验结果

变量名称	（1）DA_j	（2）DA_j	（3）DA_j	（4）DA_t	（5）DA_t	（6）DA_t
$Crste$	-0.215** (0.0929)			-0.204** (0.0991)		
$Crste^2$	0.142** (0.0647)			0.135* (0.0690)		
$Scale$		-0.183* (0.0952)			-0.172* (0.102)	
$Scale^2$		0.119* (0.0656)			0.112 (0.0700)	
TE			-0.222** (0.0903)			-0.214** (0.0964)
TE^2			0.151** (0.0630)			0.145** (0.0672)
$Size$	0.00102 (0.00266)	0.00100 (0.00267)	0.000983 (0.00266)	0.00159 (0.00282)	0.00157 (0.00283)	0.00155 (0.00283)
LEV	0.0188 (0.0149)	0.0188 (0.0149)	0.0189 (0.0149)	0.0232 (0.0155)	0.0232 (0.0155)	0.0233 (0.0155)
$Loss$	0.0187*** (0.00577)	0.0187*** (0.00578)	0.0187*** (0.00577)	0.0192*** (0.00619)	0.0193*** (0.00620)	0.0193*** (0.00619)
$Salegrowth$	0.0124 (0.00902)	0.0125 (0.00902)	0.0124 (0.00902)	0.0105 (0.00936)	0.0105 (0.00936)	0.0105 (0.00936)
OCF	-0.00846** (0.00373)	-0.00844** (0.00372)	-0.00849** (0.00373)	-0.0109*** (0.00385)	-0.0109*** (0.00384)	-0.0109*** (0.00385)
$M2B$	0.000484 (0.00102)	0.000480 (0.00102)	0.000472 (0.00102)	0.000510 (0.00107)	0.000506 (0.00107)	0.000499 (0.00107)
TA	1.197*** (0.0404)	1.197*** (0.0405)	1.197*** (0.0405)	1.189*** (0.0416)	1.189*** (0.0416)	1.189*** (0.0416)

续表

变量名称	(1) DA_j	(2) DA_j	(3) DA_j	(4) DA_t	(5) DA_t	(6) DA_t
Issuance	0.0288*** (0.00838)	0.0288*** (0.00838)	0.0288*** (0.00837)	0.0328*** (0.00867)	0.0327*** (0.00867)	0.0327*** (0.00867)
CEO_m	-0.00324 (0.00523)	-0.00329 (0.00522)	-0.00322 (0.00522)	-0.00393 (0.00540)	-0.00397 (0.00540)	-0.00390 (0.00540)
Owner1	-0.00680 (0.0168)	-0.00693 (0.0168)	-0.00682 (0.0168)	-0.00562 (0.0174)	-0.00574 (0.0174)	-0.00562 (0.0174)
$Owner2\_10$	0.0239 (0.0158)	0.0240 (0.0159)	0.0237 (0.0159)	0.0275 (0.0169)	0.0275 (0.0170)	0.0273 (0.0170)
Instshr	-0.0149* (0.00833)	-0.0147* (0.00832)	-0.0148* (0.00833)	-0.0143 (0.00892)	-0.0142 (0.00891)	-0.0142 (0.00892)
ANA	-0.00388** (0.00191)	-0.00387** (0.00191)	-0.00386** (0.00191)	-0.00412** (0.00199)	-0.00411** (0.00199)	-0.00410** (0.00199)
$Market\_gov$	-0.00109* (0.000584)	-0.00108* (0.000584)	-0.00110* (0.000584)	-0.00123** (0.000621)	-0.00122** (0.000621)	-0.00124** (0.000621)
REGLIST	0.0180 (0.0118)	0.0179 (0.0118)	0.0178 (0.0118)	0.0186 (0.0124)	0.0185 (0.0124)	0.0185 (0.0124)
Big4	-0.00119 (0.00387)	-0.00147 (0.00390)	-0.000678 (0.00385)	-0.000870 (0.00420)	-0.00113 (0.00424)	-0.000393 (0.00419)
Audfee	-0.00104 (0.00134)	-0.00103 (0.00134)	-0.00104 (0.00135)	-0.000934 (0.00139)	-0.000930 (0.00139)	-0.000935 (0.00139)
Org_form	-0.0979*** (0.0118)	-0.0988*** (0.0118)	-0.0980*** (0.0118)	-0.0969*** (0.0129)	-0.0979*** (0.0129)	-0.0970*** (0.0129)
$Partner\_g$	-0.0602 (0.0576)	-0.0542 (0.0575)	-0.0532 (0.0574)	-0.0494 (0.0602)	-0.0434 (0.0601)	-0.0428 (0.0601)
Constant	0.575*** (0.0546)	0.566*** (0.0562)	0.576*** (0.0545)	0.638*** (0.0581)	0.629*** (0.0597)	0.640*** (0.0579)
Year	控制	控制	控制	控制	控制	控制
Indu	控制	控制	控制	控制	控制	控制
Observations	3,951	3,951	3,951	3,951	3,951	3,951
F	441.85***	434.11***	440.8***	403.82***	397.25***	402.89***
R-squared	0.937	0.937	0.937	0.927	0.927	0.927

注：括号内数字为标准差，***$p<0.01$，**$p<0.05$，*$p<0.1$。

第七章　高效率会计师事务所的行为后果之二：审计质量的视角

效率是经济组织实现其经济利益目标最有效的途径和最重要的抓手。会计师事务所的双重组织属性和双重目标函数，决定了会计师事务所追求高效率的过程中，更有动机协调好经济利益目标和社会利益目标；特别是当会计师事务所处于较低效率水平时，其面临更大的生存压力，导致会计师事务所更有动机同时追求更大的经济利益和社会利益，以获得更好的经济利益基础和社会利益基础。由于高审计质量能够为事务所和审计师带来更高的社会声誉，而社会声誉能够转化为经济利益；因此，当会计师事务所的组织运营处于较低水平时，会计师事务所有更大的动机兼顾降低对客户操纵盈余的容忍度、提升客户财务报表质量，最终提升审计质量以获得更高的社会声誉。因此，我们预期当会计师事务所的运营效率处于较低水平时，会计师事务所的运营效率与操控应计（DA_j）显著负相关，即会计师事务所效率与审计质量显著正相关。

我们以会计师事务所效率（Crste）的中位数进行分组，检验不同运营效率水平下会计师事务所效率与审计质量之间的关系。表7-6列（1）和列（2）的结果显示，在低效率样本组和高效率样本组，会计师事务所效率与操控应计（DA_j）之间都不存在显著的非线性关系，而且在低效率水平和高效率水平下事务所效率与操控应计（DA_j）之间呈现两种截然不同的非线性关系形态——前者为不显著倒"U"形，后者为不显著正"U"形，表明不同的效率水平下事务所效率与审计质量之间关系存在显著差异。表7-6列（3）和列（4）的结果显示，当会计师事务所效率水平较低时，会计师事务所效率与操控应计（DA_j）之间呈显著负相关关系，意味着会计师事务所效率与审计质量之间呈显著正相关关系。这一证据表明，当事务所效率处于较低水平时，竞争机制和声誉机制促使审计师既有提升效率的动机，又有协调效率与审计质量协同发展的动机，从而导致会计师事务所效率与审计质量显著正相关，支持会计师事务所效率与审计质量之间的"统一假说"。而在事务所效率水平较高时，事务所效率与操控应计（DA_j）之间呈不显著负相关关系，意味着事务所效率与审计质量之间不存在显著正相关关系，也恰好表明高效率的会计师事务所在进一步提升效率的过程中，存在机会主义行为；同时也表明会计师事务所效率并不是越高越好。

表7-6　　　　运营效率与审计质量之间的统一性检验结果

变量名称	(1) 效率低 DA_j	(2) 效率高 DA_j	(3) 效率低 DA_j	(4) 效率高 DA_j
Crste	1.167 (1.826)	-0.255 (0.210)	-0.205** (0.0837)	0.000360 (0.0160)
$Crste^2$	-1.427 (1.908)	0.164 (0.134)		
Size	0.00359 (0.00405)	-0.00267 (0.00357)	0.00364 (0.00404)	-0.00276 (0.00360)
LEV	0.00978 (0.0229)	0.0364** (0.0158)	0.00979 (0.0229)	0.0359** (0.0157)
Loss	0.0216** (0.00918)	0.0125* (0.00712)	0.0217** (0.00919)	0.0125* (0.00713)
Salegrowth	0.00933 (0.0153)	0.0162 (0.0104)	0.00935 (0.0153)	0.0163 (0.0104)
OCF	-0.00953 (0.00697)	-0.00806*** (0.00291)	-0.00952 (0.00697)	-0.00799*** (0.00290)
M2B	0.00329* (0.00168)	-0.00209* (0.00118)	0.00328* (0.00168)	-0.00210* (0.00118)
TA	1.262*** (0.0641)	1.123*** (0.0471)	1.260*** (0.0642)	1.124*** (0.0472)
Issuance	0.0331** (0.0167)	0.0255*** (0.00677)	0.0332** (0.0167)	0.0253*** (0.00679)
CEO_m	-0.00248 (0.0102)	-0.00448 (0.00418)	-0.00266 (0.0102)	-0.00455 (0.00419)
Owner1	-0.0148 (0.0280)	0.00413 (0.0184)	-0.0140 (0.0282)	0.00427 (0.0184)
Owner2_10	0.0445* (0.0245)	0.00601 (0.0208)	0.0448* (0.0245)	0.00646 (0.0208)
Instshr	-0.0278** (0.0139)	-0.00256 (0.0101)	-0.0279** (0.0140)	-0.00251 (0.0101)
ANA	-0.00375 (0.00333)	-0.00420** (0.00194)	-0.00376 (0.00333)	-0.00404** (0.00196)
Market_gov	-0.00126 (0.00110)	-0.000826 (0.000668)	-0.00132 (0.00108)	-0.000776 (0.000671)

续表

变量名称	(1) 效率低 DA_j	(2) 效率高 DA_j	(3) 效率低 DA_j	(4) 效率高 DA_j
REGLIST	0.0215 (0.0208)	0.0132 (0.0127)	0.0221 (0.0208)	0.0138 (0.0126)
Big4	-0.000760 (0.00664)	-0.00352 (0.00525)	-0.00133 (0.00659)	-0.00519 (0.00502)
Audfee	-0.00187 (0.00238)	-0.000175 (0.00118)	-0.00185 (0.00238)	-0.000132 (0.00118)
Org_form	-0.0801*** (0.0175)	-0.0936*** (0.0141)	-0.0810*** (0.0175)	-0.0987*** (0.0134)
Partner_g	-0.0819 (0.0955)	-0.0535 (0.0640)	-0.0774 (0.0954)	-0.0573 (0.0641)
Constant	0.259 (0.437)	0.623*** (0.106)	0.586*** (0.0892)	0.530*** (0.0541)
Year	控制	控制	控制	控制
Indu	控制	控制	控制	控制
Observations	1917	2034	1917	2034
F	217.85***	361.09***	221.81***	353.03***
R-squared	0.923	0.954	0.923	0.954

注：括号内数字为标准差，*** $p<0.01$，** $p<0.05$，* $p<0.1$。

（二）假设 H7-2 "冲突假说"的检验

尽管政府管制可能抑制理性"经济人"的机会主义行为，从而改善市场失灵；但是，管制理论"掠夺之手"模型认为，政府管制扭曲市场关系，导致社会资源错配，最终导致市场效率和社会福利损失（Stigler，1971；陈冬华等，2008），而且管制并不能提升会计师事务所及其注册会计师的社会声誉（张奇峰，2005；于李胜和王艳艳，2010）。随着中国持续推进市场化改革和完善法律制度环境建设，中国的市场环境和法制环境得到较大改善，特别是2012年党的十八大以来，中国的市场中介组织发育和法制环境得到质的飞跃（见图7-1）。在市场环境得到改善的同时，政府不断加强对审计市场的监管，实行更加严格的市场准入门槛管制和审计收费行政指导政策,① 行业协会、证监会等监管部门的监督检查和约谈、警示机制以及处罚力度空前加强。依据 Green 等（1984）、张维迎（2002）等的理论分析，这个时期法制环境的改善可能对会计师事务所声誉机制形成"挤出效应"，导致法律机制对声誉机制的替代效应凸显。因此，我们推测，市场和法制环境的改善和政府监管的加强，将弱化事务所效率与审计质量之间的倒"U"形关系，并有可能导致事务所效率与审计质量相冲突（"冲突假说"）。

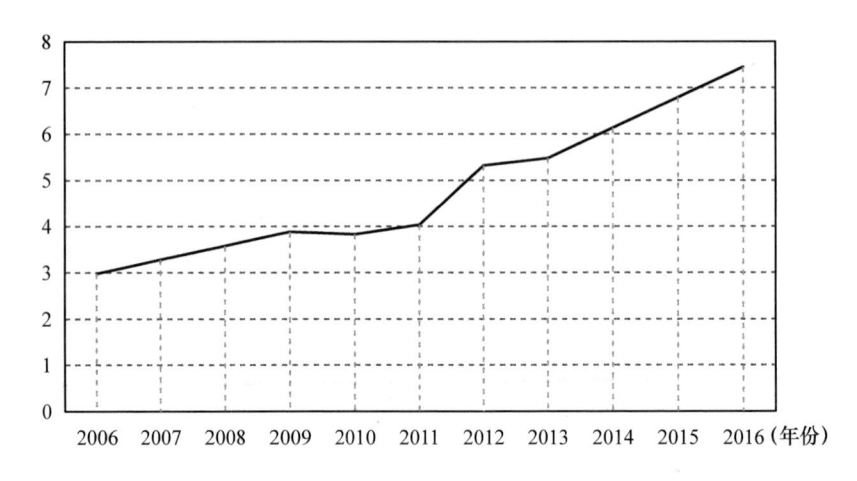

图 7-1　中国市场中介组织发育和法律制度环境指数趋势

资料来源：王小鲁、樊纲、余静文：《中国分省份市场化指数报告（2016）》，社会科学文献出版社 2017 年版。

我们以 2012 年财政部提高证券业务市场准入门槛的"2 号文"和"313 号文"作为可能影响会计师事务所效率与审计质量之间关系的外生事件，分别检验政府加强市场准入管制和价格干预对会计师事务所效率

---

① 2012 年，监管部门对会计师事务所进入证券期货市场实行更严的市场准入管制。2012 年 1 月 21 日财政部、证监会发布实施《关于调整证券资格会计师事务所申请条件的通知》（财会〔2012〕2 号，简称"2 号文"），大幅度调高市场准入门槛。国家发展和改革委员会、财政部联合发布《会计师事务所服务收费管理办法》和中注协发布《关于坚决打击和治理注册会计师行业不正当低价竞争行为的通知》于 2012 年 1 月正式实施。广东省于 2012 年 1 月 1 日正式实施《广东省物价局关于会计师事务所服务收费有关问题的通知》（粤价〔2011〕313 号，简称"313 号文"），实行为期 3 年的审计业务指导价格，对全行业实行价格管制，给会计师事务所行业造成巨大的影响。

第七章 高效率会计师事务所的行为后果之二：审计质量的视角

与审计质量之间关系的影响。回归结果如表 7-7 列（1）、列（3）所示，加强市场准入管制和价格管制前，会计师事务所效率与操控应计（DA_j）之间呈正"U"形非线性关系，表明会计师事务所效率与审计质量之间呈显著倒"U"形非线性关系；而加强市场准入管制和价格管制后，会计师事务所效率与操控应计（DA_j）之间不存在显著的正"U"形关系，意味着会计师事务所效率与审计质量之间的倒"U"形非线性关系不显著。这一证据表明，政府管制和法律机制挤出了竞争机制和声誉机制的作用，导致会计师事务所效率与审计质量之间的倒"U"形关系非线性消失。

表 7-7　　　　　　　假设 H7-2 的检验结果（1）

变量名称	（1）准入管制前 DA_j	（2）准入管制后 DA_j	（3）价格管制前 DA_j	（4）价格管制后 DA_j
$Crste$	-0.372** (0.183)	-0.136 (0.0962)	-0.543** (0.233)	-0.162 (0.160)
$Crste^2$	0.259* (0.133)	0.102 (0.0673)	0.368** (0.171)	0.123 (0.115)
$Size$	-0.000496 (0.00596)	0.000184 (0.00267)	-0.00235 (0.00692)	0.00164 (0.00331)
LEV	-0.0103 (0.0254)	0.0577*** (0.0118)	0.0189 (0.0243)	0.0384*** (0.0139)
$Loss$	0.0313** (0.0130)	0.0117** (0.00559)	0.0262 (0.0172)	0.0159** (0.00706)
$Salegrowth$	0.0110 (0.0164)	0.0159* (0.00954)	0.000811 (0.0203)	0.0342*** (0.0130)
OCF	-0.00681 (0.00827)	-0.0108*** (0.00220)	-0.0116 (0.00972)	-0.0103*** (0.00258)
$M2B$	0.00362* (0.00189)	-0.00249*** (0.000896)	0.00317* (0.00181)	-0.00283** (0.00130)
TA	1.231*** (0.0774)	1.147*** (0.0415)	1.231*** (0.0850)	1.138*** (0.0541)

续表

变量名称	(1) 准入管制前 DA_j	(2) 准入管制后 DA_j	(3) 价格管制前 DA_j	(4) 价格管制后 DA_j
Issuance	0.0353 (0.0235)	0.0250*** (0.00542)	0.0306 (0.0330)	0.0416*** (0.00944)
CEO_m	-0.00256 (0.0156)	-0.00576 (0.00356)	0.00122 (0.0175)	-0.00619 (0.00426)
Owner1	-0.0615 (0.0379)	0.0245* (0.0138)	-0.0588 (0.0380)	0.0330* (0.0175)
Owner2_10	0.0255 (0.0301)	0.0215 (0.0174)	0.0312 (0.0374)	0.0441** (0.0210)
Instshr	-0.0229 (0.0194)	-0.0128 (0.00834)	-0.0269 (0.0212)	-0.0169 (0.0103)
ANA	0.00193 (0.00557)	-0.00462*** (0.00158)	0.00247 (0.00662)	-0.00604*** (0.00199)
Market_gov	-0.00137 (0.00162)	-0.000710 (0.000599)	-0.000993 (0.00177)	-0.00209*** (0.000758)
REGLIST	0.0467* (0.0255)	-0.00537 (0.0110)	0.0354 (0.0287)	0.0169 (0.0143)
Big4	0.00504 (0.0125)	-0.00154 (0.00390)	0.00377 (0.0167)	0.000455 (0.00571)
Audfee	-0.000835 (0.00215)	0.000492 (0.000976)	0.00167 (0.00192)	-0.000114 (0.00110)
Org_form	—	0.0201** (0.00836)	—	0.0450*** (0.00568)
Partner_g	-0.0548 (0.0762)	0.112 (0.0938)	-0.102 (0.102)	0.102 (0.123)
Constant	0.614*** (0.122)	0.440*** (0.0530)	-0.0621 (0.144)	0.424*** (0.0733)
Year	控制	控制	控制	控制
Indu	控制	控制	控制	控制
Observations	1396	2555	1053	1632

第七章 高效率会计师事务所的行为后果之二：审计质量的视角

续表

变量名称	(1) 准入管制前 DA_j	(2) 准入管制后 DA_j	(3) 价格管制前 DA_j	(4) 价格管制后 DA_j
F	236.61***	822.27***	176.82***	486.37***
R-squared	0.927	0.951	0.918	0.952

注：括号内数字为标准差，*** $p<0.01$，** $p<0.05$，* $p<0.1$。

进一步线性检验发现（见表7-8），加强市场准入管制和价格管制前，会计师事务所效率与操控应计（DA_j）之间呈不显著负相关关系，意味着会计师事务所效率与审计质量之间呈不显著正相关关系。加强市场准入管制和价格管制后，会计师事务所效率与操控应计（DA_j）之间呈不显著正相关关系，意味着会计师事务所效率与审计质量之间呈不显著负相关关系。这一证据表明，政府管制使会计师事务所效率与审计质量之间的关系从正相关逆转为负相关，且管制前后差异非常显著（Chow Test 的 T 值非常显著）。加强市场准入后会计师事务所效率（Crste）的系数增大了140%，实施审计定价干预后会计师事务所效率（Crste）的系数增大了115%，表明加强管制后进一步提升效率导致审计师极大地提高了客户操纵盈余的容忍度，从而导致审计质量急剧下降。

表7-8 假设 H7-2 的检验结果（2）

变量名称	(1) 准入管制前 DA_j	(2) 准入管制后 DA_j	(3) 价格管制前 DA_j	(4) 价格管制后 DA_j
Crste	-0.0200 (0.0226)	0.00946 (0.0115)	-0.0463 (0.0283)	0.0118 (0.0156)
Size	$1.13e-06$ (0.00591)	0.000326 (0.00267)	-0.00176 (0.00689)	0.00175 (0.00332)
LEV	-0.00947 (0.0255)	0.0574*** (0.0118)	0.0199 (0.0245)	0.0383*** (0.0139)
Loss	0.0317** (0.0131)	0.0116** (0.00559)	0.0263 (0.0175)	0.0158** (0.00705)
Salegrowth	0.0111 (0.0164)	0.0160* (0.00953)	0.00140 (0.0202)	0.0342*** (0.0130)

续表

变量名称	(1) 准入管制前 DA_j	(2) 准入管制后 DA_j	(3) 价格管制前 DA_j	(4) 价格管制后 DA_j
OCF	-0.00719 (0.00828)	-0.0109*** (0.00221)	-0.0123 (0.00971)	-0.0103*** (0.00259)
$M2B$	0.00366* (0.00189)	-0.00252*** (0.000896)	0.00327* (0.00181)	-0.00284** (0.00130)
TA	1.232*** (0.0775)	1.146*** (0.0415)	1.233*** (0.0854)	1.137*** (0.0539)
$Issuance$	0.0355 (0.0236)	0.0247*** (0.00541)	0.0307 (0.0330)	0.0414*** (0.00944)
CEO_m	-0.00259 (0.0156)	-0.00588* (0.00356)	0.00129 (0.0175)	-0.00635 (0.00427)
$Owner1$	-0.0623 (0.0379)	0.0238* (0.0138)	-0.0623 (0.0380)	0.0325* (0.0176)
$Owner2\_10$	0.0257 (0.0302)	0.0214 (0.0174)	0.0283 (0.0376)	0.0443** (0.0210)
$Instshr$	-0.0234 (0.0194)	-0.0125 (0.00834)	-0.0279 (0.0213)	-0.0168 (0.0103)
ANA	0.00186 (0.00556)	-0.00455*** (0.00158)	0.00232 (0.00660)	-0.00601*** (0.00199)
$Market\_gov$	-0.00141 (0.00162)	-0.000692 (0.000601)	-0.000936 (0.00177)	-0.00210*** (0.000758)
$REGLIST$	0.0476* (0.0255)	-0.00543 (0.0110)	0.0358 (0.0286)	0.0165 (0.0144)
$Big4$	0.00444 (0.0125)	-0.000943 (0.00387)	0.00455 (0.0167)	0.00205 (0.00527)
$Audfee$	-0.000749 (0.00215)	0.000573 (0.000967)	0.00177 (0.00193)	-6.64e-05 (0.00110)
Org_form	—	0.0185** (0.00838)	—	0.0451*** (0.00568)
$Partner\_g$	-0.0204 (0.0722)	0.0942 (0.0946)	-0.0578 (0.0974)	0.105 (0.122)

续表

变量名称	(1) 准入管制前 DA_j	(2) 准入管制后 DA_j	(3) 价格管制前 DA_j	(4) 价格管制后 DA_j
Constant	0.502*** (0.0969)	0.390*** (0.0398)	-0.222** (0.111)	0.365*** (0.0504)
Year	控制	控制	控制	控制
Indu	控制	控制	控制	控制
Observations	1396	2555	1053	1632
F	236.45***	832.82***	177.3***	488.2***
R-squared	0.927	0.950	0.918	0.952
Chow Test	48.79***		1226.93***	

注：括号内数字为标准差，*** $p<0.01$，** $p<0.05$，* $p<0.1$。

三 稳健性检验

为确保会计师事务所效率与审计质量之间存在显著倒"U"形非线性关系结论的可靠性，我们对模型（7-2）做了五个稳健性检验。

（一）替换解释变量

在模型（7-2）中我们以配置效率（Scale）代替综合效率（Crste），回归结果［见表7-5列（2）］依然支持我们的主假设 H7-1。同时，我们以 DEA-CCR 模型代替 DEA-BCC 模型，重新估计会计师事务所经营实体的全要素生产率（TE）作为会计师事务所效率的替代变量，代入模型（7-2），回归结果如表7-5列（3）所示，会计师事务所效率与操控应计（DA_j）之间呈正"U"形非线性关系，意味着会计师事务所效率与审计质量之间呈倒"U"形非线性关系，支持本章的主假设 H7-1。替换解释变量后的运营效率与审计质量之间的统一性稳健性检验结果如表7-9列（1）、列（3）所示；假设 H7-2 的稳健性检验结果如表7-10列（1）—列（4）所示，表明本章的假设 H7-2 稳健成立。

（二）替换被解释变量

我们以修正的 Jones 模型（Dechow 等，1995）估计的操控应计 DA_t 作为被解释变量代入模型（7-2）。回归结果如表7-5列（4）所示，会计师事务所的综合效率一次项 Crste 的系数在5%水平上显著为负，二

次项 $Crste^2$ 的系数在 10% 水平上显著为正，结果与原回归结果一致。这一结果表明会计师事务所效率与操控应计之间存在正"U"形关系，意味着会计师事务所效率与审计质量之间存在倒"U"形关系；支持主假设 H7-1。替换被解释变量后运营效率与审计质量之间的统一性的稳健性检验结果如表 7-9 列（5）所示；假设 H7-2 的稳健性检验结果如表 7-10 列（5）—列（6）所示，表明本章的假设 H7-2 稳健成立。

（三）同时替换被解释变量和解释变量

我们以 DEA-BCC 模型估计的配置效率（*Scale*）和 DEA-CCR 模型估计的技术效率（*TE*），作为会计师事务所效率的替代变量，同时以修正的 Jones 模型（Dechow 等，1995）估计的操控应计 DA_t 作为被解释变量，分别代入模型（7-2）的回归结果如表 7-5 列（5）、列（6）所示，回归结果进一步支持会计师事务所效率与审计质量之间的倒"U"形非线性关系的主假设 H7-1。同时替换被解释变量和解释变量后运营效率与审计质量之间的统一性的稳健性检验结果如表 7-9 列（7）所示；假设 H7-2 的稳健性检验结果如表 7-10 列（7）、列（8）所示，表明本章的假设 H7-2 稳健成立。

以上三类主流文献常用的稳健性检验表明，我们的研究假设依然成立，表明我们的回归模型稳健成立。

（四）审计师独立性和激进性的稳健性检验

从会计师事务所审计供给来看，审计质量是审计师独立性和审计师激进性行为的直接结果（Watts 和 Zimmerman，1981），而审计师独立性和激进性行为则是基于声誉和法律诉讼风险的市场激励的结果（Dye，1993）。Dopuch 等（2003，CAR）和 Kim 等（2005）的研究表明，效率提升有助于会计师事务所获得更大的竞争优势和市场势力（Market Power），从而对审计师的独立性和激进性行为及审计质量、审计收费等后果产生影响。按照传统经济学效率理论和产业组织理论结构主义的逻辑，高运营效率的会计师事务所，由于拥有更低的成本优势和更强的竞争优势，它可以向客户索取更高的审计定价，以实现更大的经济利益；它也可以向客户收取更少的审计费用，既可以利用低收费策略获得更多客户，也可以进一步打压竞争对手，以短期利益换取长期利益，同时还能降低

第七章　高效率会计师事务所的行为后果之二：审计质量的视角

表7-9　运营效率与审计质量之间的统一性的稳健性检验结果

变量名称	(1) 效率低	(2) 效率高	(3) 效率低	(4) 效率高	(5) 效率低	(6) 效率高	(7) 效率低	(8) 效率高
	DA_j				DA_t			
Scale	-0.128*	-0.00466			-0.123	-0.00579		
	(0.0726)	(0.0163)			(0.0750)	(0.0174)		
TE			-0.219***	0.00386			-0.224***	0.00241
			(0.0746)	(0.0162)			(0.0777)	(0.0172)
其他控制变量	控制	控制	控制	控制	控制	控制	控制	控制
Constant	0.558***	0.545***	0.597***	0.533***	0.619***	0.623***	0.661***	0.610***
	(0.0884)	(0.0568)	(0.0883)	(0.0547)	(0.0913)	(0.0619)	(0.0914)	(0.0597)
Year	控制	控制	控制	控制	控制	控制	控制	控制
Indu	控制	控制	控制	控制	控制	控制	控制	控制
Observations	1933	2018	1896	2055	1933	2018	1896	2055
F	234.35***	324.42***	227.54***	328.29***	214.33***	291.26***	206.4***	292.71***
R-squared	0.928	0.950	0.924	0.953	0.920	0.940	0.915	0.943

注：括号内数字为标准差，*** $p<0.01$，** $p<0.05$，* $p<0.1$。

表 7-10 假设 H7-2 的稳健性检验结果

Panel A 市场准入管制前后会计师事务所效率对审计质量的影响

变量名称	(1) 管制前	(2) 管制后	(3) 管制前	(4) 管制后	(5) 管制前	(6) 管制后	(7) 管制前	(8) 管制后
	DA_j				DA_t			
Scale	-0.0173	0.00883			-0.0176	0.00958		
	(0.0229)	(0.0115)			(0.0239)	(0.0125)		
TE			-0.0202	0.0133			-0.0206	0.0138
			(0.0225)	(0.0113)			(0.0234)	(0.0122)
其他控制变量	控制	控制	控制	控制	控制	控制	控制	控制
Constant	0.501***	0.390***	0.502***	0.386***	0.555***	0.474***	0.556***	0.470***
	(0.0972)	(0.0400)	(0.0969)	(0.0404)	(0.0999)	(0.0439)	(0.0995)	(0.0442)
Year	控制	控制	控制	控制	控制	控制	控制	控制
Indu	控制	控制	控制	控制	控制	控制	控制	控制
Observations	1396	2555	1396	2555	1396	2555	1396	2555
F	236.3***	833.25***	236.48***	863.72***	219***	707.46***	219.12***	727.58***
R-squared	0.927	0.950	0.927	0.951	0.920	0.938	0.920	0.938
Chow Test	48.75***		49.35***		39.25***		39.71***	

Panel B 价格管制前后会计师事务所效率对审计质量的影响

变量名称	(1) 管制前	(2) 管制后	(3) 管制前	(4) 管制后	(5) 管制前	(6) 管制后	(7) 管制前	(8) 管制后
	DA_j				DA_t			
Scale	-0.0430	0.0119			-0.0417	0.0130			

第七章 高效率会计师事务所的行为后果之二：审计质量的视角

续表

Panel B 价格管制前后会计师事务所效率对审计质量的影响

变量名称	(1) 管制前	(2) 管制后	(3) 管制前	(4) 管制后	(5) 管制前	(6) 管制后	(7) 管制前	(8) 管制后
	DA_j				DA_t			
TE	0.0286	0.0156	−0.0463	0.0125		0.0169	−0.0449	0.0126
	(0.0286)	(0.0156)	(0.0283)	(0.0152)	(0.0298)	(0.0169)	(0.0294)	(0.0163)
其他控制变量	控制	控制	控制	控制	控制	控制	控制	控制
Constant	−0.223**	0.364***	−0.222**	0.362***	−0.132	0.448***	−0.131	0.447***
	(0.111)	(0.0507)	(0.111)	(0.0517)	(0.114)	(0.0558)	(0.114)	(0.0567)
Year	控制	控制	控制	控制	控制	控制	控制	控制
Indu	控制	控制	控制	控制	控制	控制	控制	控制
Observations	1053	1632	1053	1632	1053	1632	1053	1632
F	177.11***	488.1***	177.31***	503.58***	159.69***	412.51***	159.82***	423.46***
R-squared	0.918	0.952	0.918	0.952	0.910	0.940	0.910	0.940
Chow Test	1215.85***		1226.01***		1058.82***		1066.57***	

注：括号内数字为标准差，*** $p<0.01$，** $p<0.05$，* $p<0.1$。

客户的审计成本，从而实现高运营效率的溢出效应（Dopuch 等，2003；Kim 等，2005）。同样，会计师事务所追求更高的运营效率以获得更大的市场势力（Market Power）和经济效益，使其在审计市场与客户的博弈和与竞争对手的竞争中处于更有利的地位，使得会计师事务所和审计师更有能力和实力，根据自身利益需要实施更灵活、更有利于自身利益的审计师行为——既可能为短期经济利益而降低审计师独立性、配合客户审计意见购买，或提高对客户操纵盈余的容忍度和审计师激进性；又可能基于声誉和社会利益的需要，保持高水平的审计师独立性或低水平的审计师激进性，从而影响审计质量。

显然，由于会计师事务所具有双重组织属性和双重目标函数，决定了其机会主义行为倾向的必然性；当会计师事务所处于高效率、拥有较强的竞争优势和市场势力（Market Power）时，会计师事务所及其注册会计师实施机会主义行为的可能性更大。因此，会计师事务所效率提升对审计质量影响的渠道路径体现在：当会计师事务所处于效率水平较低时，审计师基于声誉和诉讼风险而提高审计师独立性、降低审计师激进性，从而提升了审计质量；而当会计师事务所效率提升到较高水平时，高效率的会计师事务所由于更具有实施相机抉择的审计师行为的能力，在其进一步提升效率的过程中更有可能实施机会主义行为，降低审计师独立性、配合客户购买审计意见，或提高审计师激进性和对客户操纵盈余的容忍度，从而降低了审计质量。因此，可以预见，会计师事务所效率对审计师独立性行为存在倒"U"形非线性影响，对审计师激进性行为存在正"U"形非线性影响，从而导致会计师事务所效率对审计质量存在倒"U"形非线性影响。表 7-11 的检验结果验证了本书的推论，也稳健支持本书的主假设 H7-1。

表 7-11　会计师事务所效率与审计师独立性和激进性的关系检验结果

变量名称	(1) DMaos	(2) DMaos	(3) DMaos	(4) ARAgg	(5) ARAgg	(6) ARAgg
Crste	21.57 *** (4.224)			-0.152 ** (0.0765)		

续表

变量名称	(1) DMaos	(2) DMaos	(3) DMaos	(4) ARAgg	(5) ARAgg	(6) ARAgg
$Crste^2$	−19.23*** (3.148)			0.131** (0.0533)		
$Scale$		27.33*** (4.112)			−0.169** (0.0799)	
$Scale^2$		−23.31*** (3.050)			0.140** (0.0552)	
TE			12.71*** (3.312)			−0.150** (0.0737)
TE^2			−8.399*** (2.294)			0.132** (0.0513)
其他控制变量	控制	控制	控制	控制	控制	控制
$Constant$	−13.73*** (1.713)	−15.66*** (1.717)	−14.16*** (1.598)	0.370*** (0.0485)	0.377*** (0.0486)	0.368*** (0.0484)
$Year$	控制	控制	控制	控制	控制	控制
$Indu$	控制	控制	控制	控制	控制	控制
$Observations$	4,287	4,287	4,287	4,287	4,287	4,287
$Wald\ chi2$	688.74***	690.2***	704.5***	39.22***	39.21***	39.52***
$Pseudo\ R^2$	0.2566	0.2661	0.2079	0.292	0.292	0.293

注：括号内数字为标准差，*** $p<0.01$，** $p<0.05$，* $p<0.1$。

四 内生性讨论

现有文献表明，影响会计师事务所的审计服务质量的因素有很多，既包括客户自身的财务特征、业务特征、治理特征、高管特征等，也包括事务所整体（即总所）的特征，还包括事务所分所特征和审计师个人特征（DeFond 和 Zhang，2014；Francis，2011；Yang 等，2018）。虽然我们控制了除高管特征和审计师个人特征外的大部分因素，但不可否认，会计师事务所效率也仅仅是影响会计师事务所审计质量输出的重要原因之一，还可能存在其他不可控影响因素。我们的研究面临的内生性问题可能有两种情况：一是审计质量与事务所效率之间可能存在反向因果的影响；二是会计师事务所可能存在个体差异。为缓解这些潜在的内生性，我们做了以下讨论和检验。

（一）事务所运营效率影响审计质量起主导作用

在本书探讨的会计师事务所效率与审计质量这对关系中，会计师事务所效率对审计师质量的影响起主导作用。

首先，传统经济学效率理论支持会计师事务所效率影响审计质量的主逻辑。以斯密为代表的古典经济学和以马歇尔为代表的新古典经济学等传统经济学的效率理论认为，效率提升能够使经济体获得规模收益，效率是经济体实现利益最大化的根本途径和重要抓手。审计质量是为社会提供准公共公证服务的会计师事务所追求的社会利益的重要构成，因此，会计师事务所追求运营效率能够促进审计质量的提升，这是运营效率与审计质量能够协调统一的理论基础。

其次，会计师事务所具有经济组织和社会组织的双重组织属性，决定了在追求效率过程中追求的利益最大化，首先是经济利益的最大化。尽管审计质量是会计师事务所社会利益的重要组织部分，而且具有可操纵性和经济成本性特征，会计师事务所在追求效率过程中是提升或降低审计质量，将取决于会计师事务所经济利益的实现程度，表明会计师事务所在追求效率提升过程中存在降低审计质量的机会主义行为倾向，这种倾向的大小取决于提升审计质量所带来的经济收益是否大于经济成本。

综上所述，会计师事务所效率对审计质量的影响起主导作用。

（二）消除事务所个体之间的差异

会计师事务所之间可能存在内生的个体差异，为缓解会计师事务所之间的个体差异，我们控制会计师事务所的个体效应，尽可能降低不同个体之间的差异对会计师事务所效率与审计质量关系的影响。回归结果如表7-12所示，除第（5）、第（6）列事务所的综合效率一次项和二次项的系数不显著外，其他解释变量的系数都至少在5%水平上显著，且系数的正负关系与原模型保持一致，表明个体效应导致的内生性问题较弱；支持主假设H7-1。

表 7-12　　控制个体效应后模型（7-2）的回归结果

变量名称	(1) DA_j	(2) DA_j	(3) DA_j	(4) DA_t	(5) DA_t	(6) DA_t
$Crste$	-0.291** (0.121)			-0.298** (0.130)		
$Crste^2$	0.196** (0.0855)			0.203** (0.0920)		
$Scale$		-0.296** (0.129)			-0.307** (0.139)	
$Scale^2$		0.197** (0.0910)			0.207** (0.0981)	
TE			-0.305** (0.124)			-0.312** (0.133)
TE^2			0.205** (0.0856)			0.210** (0.0920)
其他控制变量	控制	控制	控制	控制	控制	控制
$Constant$	0.608*** (0.0653)	0.611*** (0.0684)	0.614*** (0.0666)	0.681*** (0.0699)	0.686*** (0.0731)	0.688*** (0.0712)
$Year$	控制	控制	控制	控制	控制	控制
$Indu$	控制	控制	控制	控制	控制	控制
个体效应	控制	控制	控制	控制	控制	控制
$Observations$	3951	3951	3951	3951	3951	3951
F	419.76***	419.69***	419.8***	361.84***	361.8***	361.88***
$R\text{-}squared$	0.938	0.938	0.938	0.929	0.929	0.929

注：括号内数字为标准差，*** $p<0.01$，** $p<0.05$，* $p<0.1$。

五　进一步研究

表 7-4 的证据表明，会计师事务所效率与审计质量之间存在倒"U"形非线性关系，意味着提升效率既能够激励审计师提升审计质量，也能够激发审计师的机会主义行为动机，在效率提升到一定程度时施行降低审计质量的机会主义行为，从而导致会计师事务所追求效率提升过程中的道德风险问题。为什么当会计师事务所效率提升到一定程度后，

进一步提升效率会激发审计师的机会主义行为呢？我们认为是由于审计师固有的经济利益动机驱动的结果，问题的关键在于当会计师事务所效率较高时是否实现了审计师的经济利益目标。

正如前面理论分析所述，经济组织属性是会计师事务所的第一组织属性，表明会计师事务所首先是一个"经济人"，逐利性是"经济人"的天性。按照传统经济学效率理论的观点，效率是实现经济组织经济利益目标的根本途径和重要抓手（斯密，1776；马歇尔，1890；斯蒂格勒，1968；Baumol 等，1983；胡寄窗，1988；Clark，1998；苏东水，2010；王瑶，2011；洪银兴，2016；吴敬琏，2016；刘世锦，2017；《人民日报》特约评论员，2017），当会计师事务所效率处于较高水平时，理论上审计师的经济利益最大化目标应该更容易得到满足。但是，由于会计师事务所具有双重组织属性和两个不同的目标函数，以及声誉机制和外部管制的约束，导致高效率的会计师事务所仅获得更高的审计定价，并没有获得更高的审计费用（Dopuch 等，2003；Kim 等，2005），从而导致审计师的经济利益最大化目标没有得到实现。

表 7-13 显示，相比低效率的会计师事务所，高效率会计师事务所能够获得更高审计定价或相对审计收费（$Audfee$），但是并不能够获得更多的绝对审计收费（$Lnfee$），也无法比同行竞争对手获得更高的相对审计收费溢价（$Audfeepre$）和绝对审计收费溢价（$Lnfeepre$），更不能带来更多绝对收益（$Econ1$）和绝对收益溢价（$Econ2$），与 Dopuch 等（2003）和 Kim 等（2005）的研究结论一致。表 7-13 的证据表明，当会计师事务所效率处于较高水平时，审计师反而没有获得应有的更高的经济利益，从而激发了会计师事务所提升效率过程中审计师的机会主义行为动机，导致效率提升反而降低了审计质量的道德风险问题。

表 7-13　不同效率水平下审计师经济利益最大化目标的差异

变量名称	变量符号	均值		T 值	变量定义
		低效率组	高效率组		
相对审计收费	$Audfee$	3.01	3.232	-2.123	审计费用/客户资产
相对审计收费溢价	$Audfeepre$	-0.289	-0.32	0.266	相对审计收费减其年度行业均值

续表

变量名称	变量符号	均值		T 值	变量定义
		低效率组	高效率组		
绝对审计收费	Lnfee	4.289	4.288	0.006	审计费用的自然对数
绝对审计收费溢价	Lnfeepre	2.404	-12.482	3.414	审计费用的自然对数减其年度行业均值
绝对总收益	Econ1	17.824	17.303	15.899	事务所总收入的自然对数
绝对总收益溢价	Econ2	1020.728	-1020.659	11.451	事务所总收入的自然对数减其年度行业均值

第五节 本章小结

本章利用会计师事务所经营实体独特的财务数据，基于"效率—组织行为及绩效"的分析框架，检验会计师事务所效率与审计质量之间的关系，洞察会计师事务所效率对审计师行为及后果的影响。研究发现：第一，会计师事务所效率与审计质量之间存在倒"U"形非线性关系，这一证据支持会计师事务所效率与审计质量之间的"动态假说"。而会计师事务所效率与审计质量之间的倒"U"形非线性关系表明，当会计师事务所效率处于较低水平时，提升运营效率能够激励审计师改善审计质量；而当会计师事务所效率超过一定临界值时（0.65），提升运营效率不但不能激励审计师改善审计质量，反而诱发审计师的机会主义动机，降低审计质量。第二，当会计师事务所效率处于较低水平时，竞争机制和声誉机制促使审计师既有提升效率的动机，又有协调效率与审计质量协同发展的动机，从而导致会计师事务所效率与审计质量显著正相关，支持会计师事务所效率与审计质量之间的"统一假说"；而当会计师事务所效率处于较高水平时，会计师事务所效率与审计质量之间不存在显著的线性关系，也不存在显著的非线性关系。第三，当实施市场准入管制和价格管制时，法律机制将挤出、替代声誉机制，管制机制挤出、替代竞争机制，导致会计师事务所效率与审计质量之间难以协调，甚至相冲突，从而弱化了运营效率与审计质量之间的倒"U"形关系，甚至导致运营效率与审计质量之间呈负相关关系，支持"冲突假说"。

会计师事务所效率与审计质量之间存在倒"U"形非线性关系，意味着高效率的会计师事务所进一步提升效率会诱发审计师的机会主义动机。本章的进一步研究发现，高效率的会计师事务所除了获得更高的相对审计收费，并没有获得更高的相对审计收费溢价，也没有获得更多的绝对审计收费和绝对审计收费溢价，更没有获得更多的绝对总收益和绝对总收益溢价；这一发现与Dopuch等（2003）和Kim等（2005）的研究结论一致。这一发现表明，提升运营效率并不能给会计师事务所带来更多的经济收益，由此诱发了高效率的会计师事务所在提升效率的过程中降低审计质量的机会主义行为。导致高效率与经济利益相背离的原因很复杂，可能与市场竞争、客户压力以及政府监管等外部环境有关，下一章将深入探讨会计师事务所效率影响审计质量的内部机制和外部约束条件。

本章的研究结论表明，会计师事务所特有的双重组织属性和双重目标函数，决定了会计师事务所追求的利益最大化目标包含经济利益目标和社会利益目标，会计师事务所在追求高效率以获得利益最大化的过程中，会计师事务所既有统一协调效率与审计质量的动机，又有降低、牺牲审计质量的机会主义行为倾向；同时也表明，会计师事务所效率并不是越高越好，在一定的效率水平下提升效率能够带来更大的经济利益和更高的审计质量，但是，当效率超过一定的临界值后，由于审计质量存在经济成本，当审计质量提升所带来的经济收益不能抵消其经济成本时，进一步提升效率将损害会计师事务所的经济利益，由此导致会计师事务所的经营者及其审计师在提升效率的过程中缺乏提升审计质量的动机，反而诱发会计师事务所经营者及其审计师降低审计质量的机会主义行为，从而导致会计师事务所效率与审计质量之间的倒"U"形非线性关系。

本章的研究结论提醒会计师事务所的经营者，运营效率是会计师事务所获得利益最大化的根本途径和重要抓手，但运营效率并不是越高越好，当运营效率超过一定临界值时，由于审计质量的经济成本性，进一步提升效率将诱发会计师事务所的经营者的机会主义行为动机、降低审计质量以减少经济利益损失。因此，会计师事务所在向以效率为驱动的高质量发展转型的过程中，既要把握提升效率的度，协调效率与审计质

第七章 高效率会计师事务所的行为后果之二：审计质量的视角

量的协同发展；又要防止高效率的会计师事务所实施降低审计质量的机会主义行为。而对审计市场的监管者而言，监管者不应该盲目推动会计师事务所提升效率，对不同效率水平的会计师事务所实施差异化的扶持政策；同时，对不同效率水平的会计师事务所实施差异化的监管政策，加强对高效率的会计师事务所的监管，避免其施行机会主义行为，以确保会计师事务所的高质量发展是促进审计质量的发展，而不是牺牲审计质量的发展。

第八章　高效率会计师事务所的审计行为机制

第一节　引言

第七章检验会计师事务所效率与审计质量之间关系的研究发现，会计师事务所效率与审计质量之间存在倒"U"形非线性关系。会计师事务所效率与审计质量之间的倒"U"形关系，意味着会计师事务所在追求效率提升的过程中既存在协调效率与审计质量协同发展的积极动机，又存在提升效率降低、损害审计质量的机会主义的消极行为，导致效率提升对审计质量的倒"U"形动态影响。从会计师事务所的经济组织属性来看，会计师事务所效率与审计质量之间的倒"U"形关系，可能是会计师事务所经营者追求经济利益最大化动机的真实反映。因为，虽然高水平的审计质量可以转化为审计师的声誉，最终转化为审计师的经济利益；但是，当维持高水平审计质量所付出的经济成本高于审计质量可能转化的经济利益时，在提升效率的过程中审计师将失去维持高水平审计质量的积极性，从而导致审计师的机会主义行为（道德风险），以获得更大的经济利益。同时，从会计师事务所的社会组织属性来看，这种倒"U"形动态影响关系并不是监管部门和其他利益相关者所期望的最优结果。因此，在当前中国经济向以效率为驱动的高质量发展转型的大背景下，激励和推动会计师事务所努力提升效率和审计质量的同时，预防高效率的会计师事务所实施降低审计质量的机会主义行为，是监管部门和社会相关利益者关注的重点和难点问题。

问题的关键在于，谁更具有实施机会主义行为的能力和条件？按照

第八章 高效率会计师事务所的审计行为机制

"效率——组织行为及绩效"分析框架的逻辑（Dopuch 等，2003；Kim 等，2005），效率提升能够增强审计师的成本优势和竞争优势，使审计师获得规模收益，规模收益的增加客观上提升了审计师的市场份额和市场势力，从而影响审计师的行为及绩效。显然，高效率的审计师由于获得更大的规模收益和市场势力，而审计师的市场势力则是审计师实施机会主义行为的能力和条件保障。但是，审计师的市场势力的建立，受审计师运营效率的内在驱动，而审计师运营效率受会计师事务所的风险承担制度、内部控制、内部激励等机制的影响；同时，审计师的市场势力还受市场竞争、客户实力和审计师市场声誉等外部环境的调节影响。因此，本章进一步探讨会计师事务所效率影响审计质量的审计师市场势力的中介效应和风险承担、内部控制、内部激励等内部机制的调节效应，以及市场竞争、客户势力、审计师市场声誉等外部环境的调节效应，构建会计师事务所效率影响审计质量的路径机制体系（见图 8-1）。

研究发现：第一，会计师事务所效率对审计质量的倒"U"形动态影响，是会计师事务所效率倒"U"形影响审计师独立性、正"U"形影响审计师激进性的直接后果；表明会计师事务所效率通过影响审计师独立性和审计师激进性等审计师行为，从而实现对审计质量的影响，符合"效率——组织行为及绩效"分析框架的基本逻辑。第二，合伙制的

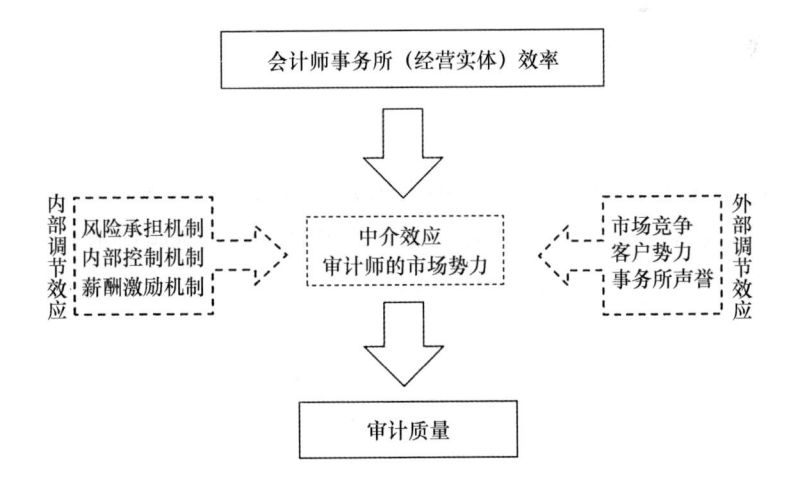

图 8-1 本章研究的逻辑框架

风险承担制度机制和内部控制机制弱化了会计师事务所效率与审计质量之间的倒"U"形关系。第三，内部薪酬激励强化了会计师事务所效率与审计质量之间的倒"U"形非线性关系。第四，市场竞争和客户势力弱化了会计师事务所效率与审计质量之间的倒"U"形非线性关系。第五，会计师事务所的市场声誉强化了会计师事务所效率与审计师独立性之间的"U"形非线性关系。

第二节 会计师事务所效率影响审计质量的内部机制

一 审计师的市场势力的中介效应

市场势力（Market Power）是企业直接影响其他市场参与者的战略、营销、定价等行为的能力（Brandow，1969），也是企业控制市场定价、市场供给和创造超额收益的能力（Evans 和 Noel，2005；Kaplow，2015；曲创和刘重阳，2016）。按照传统经济学效率理论的逻辑，效率提升能够降低企业的总成本和提高企业的市场竞争力，使企业获得规模收益，而规模收益的增加将带来市场份额的增加和市场结构的变化（斯密，1776；马歇尔，1890；Clark，1998；斯蒂格勒，1968；Baumol 等，1983；胡寄窗，1988；苏东水，2010；王瑶，2011；满媛媛等，2015）。市场份额和市场结构的变化将导致企业市场势力的变化（Bain，1956），而市场势力的变化将导致组织行为和组织绩效的变化（Tookes，2008；Peress，2010）。生产效率的提升能够改变企业之间的竞争状态（张海洋，2005），一般而言，较高的生产率能够带来较大的市场势力，较高的市场势力进一步增强企业的在市场竞争中实施相机抉择（机会主义）行为的能力（Bernard 等，2003；陈甬军和杨振，2012；李明辉等，2014）。市场份额是市场势力的重要指标，市场份额越高意味着市场势力越强（Stigler，1940；Young，2000；苏东水，2010）；而市场势力越强的企业可以相机抉择地实施降价、共谋或联盟等市场行为（Bemheim 和 Whinston，1990；Imhoff，2003；武恒光，2015）。

研究表明，高效率的企业由于具有更好的战略选择能动性，从而拥有更大的市场份额和更大的市场势力（Market Power）（Mason，1946；

Bain，1954；Baumol 等，1983；Doogar 和 Easley，1998；刘易斯，2002；马丁，2003；李眺，2008；Eshleman 和 Lawson，2017）；而市场势力越强，其实施相机抉择（机会主义）行为的动机和能力就越强；企业在产品市场的势力越强，越倾向于从事避税活动，其股价信息含量越高（曹越等，2017），其股票流动性越好（Peress，2010）；市场势力越强的企业，越偏好于操纵盈余管理（Datta 等，2011；Datta 等，2013）。Demsetz（1973）认为，效率导致更高的市场集中度，而拥有更高市场集中度的企业获得更高的收益率。Bain（1956）指出，市场集中度能够帮助企业构建进入壁垒，而进入壁垒足以支持有效的串谋，从而有损低市场份额企业（即小规模的企业）的利益；如果低市场份额的企业低效率或无差异化优势，其在市场中的势力将更弱，导致其更低的收益率。高的收益率要么来自高价格，要么来自低成本。效率提升能够带来的低成本优势，同时还带来市场集中度的提升和市场势力的增强，从而获得更好的绩效（Poreter，1979；Clarke 等，1984）。

在审计市场，效率提升对会计师事务所的市场份额和审计师的市场势力的影响具有特殊性。尽管 Dopuch 等（2003）和 Kim 等（2005）的研究表明，高效率带来的低成本优势激励会计师事务所提高审计定价，但并不能带来更多的审计费用，也就不能带来更大的市场份额。绝大部分主流文献的研究表明，不管是在欧美成熟的审计市场（Simunic，1980；Schatzberg，1990；Ghosh 和 Lustgarten，2006；Krauβ 等，2014；Huang 等，2016），还是在像中国一样的发展中国家审计市场（李眺，2008；段特奇等，2013；温菊英和张立民，2013；黄琳琳等，2015；Huang 等，2015；Lin 和 Yen，2016；段宏，2017；杨剑钧，2017），在开拓新客户过程中采取折价收费都是非常普遍的审计行为。高效率的会计师事务所由于具有很低的成本优势，更有可能采取低价策略。从短期来看，高效率促使的低价策略在短期内将导致会计师事务所总收入减少、市场份额降低（Dopuch 等，2003；Kim 等，2005），而会计师事务所的市场份额降低意味着审计师的市场势力也随之降低。但从长期来看，高效率带来的低价策略能够降低客户的审计成本，从而带来更高的市场声誉，而良好的市场声誉能够帮助会计师事务所吸引更多的客户，从而增加会计师事务所的总收入和市场份额，意味着审计师的市场势力得到提升。因此，会计师事务所提升运营效率对其市场份额的影响应该是先降后升的"U"形影响，表明会计师事务所效率与审计师的市场势力之间呈"U"形非线性关系。

同时，在审计市场效率提升带来的市场势力对审计师的审计质量行为的影响具有显著影响。正如前面所分析，审计质量既能转化为会计师事务所的经济收益，又存在经济成本；当提升审计质量所带来的经济收益小于经济成本时，会计师事务所作为理性的"经济人"将降低审计质量以减少经济收益的损失。在美国等成熟的审计市场，高效率的会计师事务所具有更低的成本优势和市场势力，使其更有可能串谋、抬高审计定价、降低审计质量（Bemheim 和 Whinston，1990；Dopuch 等，2003；Imhoff，2003；Kim 等，2005；武恒光，2015；Huang 等，2016）。在中国的审计市场，一方面市场势力大的会计师事务所更容易"店大欺客"（刘峰和周福源，2007；刘峰等，2009）；另一方面，客户对高水平审计质量的需求并不高，审计师更可能配合客户购买审计意见，甚至与客户合谋，或增加审计师激进性、提高对高风险客户的容忍度（雷光勇，2004；刘峰等，2010；唐忠良，2012；叶凡等，2017；许亚湖，2018），为审计师降低审计质量以降低审计成本奠定了现实基础，从而导致审计质量的降低。因此，会计师事务所的市场势力抑制、降低了会计师事务所的审计质量供给，表明市场势力与审计质量之间呈负相关关系。

综上所述，在会计师事务所效率水平较低时，提升会计师事务所的运营效率能够带来更大的成本优势，成本优势使得高效率的会计师事务所可以实施低价策略，而低价策略在短期内将导致审计费用减少、市场份额下降，市场份额下降意味着会计师事务所的市场势力下降，而会计师事务所的市场势力下降将降低其审计师实施机会主义的能力和机会，从而有助于提升审计质量。而当会计师事务所效率提升到一定水平时，效率提升带来的成本优势和低价策略能够减少客户的审计成本，从而赢得客户给予更高的市场声誉，更高的市场声誉能够帮助审计师吸引更多的客户，从而有助于增加会计师事务所的业务收入和市场份额，市场份额的提升意味着会计师事务所市场势力的提升，市

第八章 高效率会计师事务所的审计行为机制

场势力的提升将增强审计师实施机会主义、降低审计质量的能力和机会，从而降低了审计质量。因此，会计师事务所效率对市场势力存在"U"形非线性影响，而市场势力对审计质量存在负向影响，从而导致会计师事务所效率对审计质量的倒"U"形非线性影响（见图8-2）。由此发展本章的研究假设：

H8-1：市场势力在会计师事务所效率与审计质量之间倒"U"形非线性关系中起中介效应。

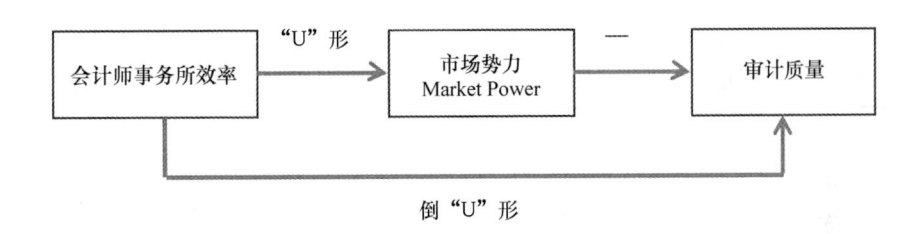

图8-2 市场势力在运营效率与审计质量之间的中介效应关系

二 核心内部机制的调节效应

（一）风险承担制度机制的调节效应

合伙制（包括普通合伙制和特殊普通合伙制）和有限责任制是会计师事务所最基本的两种组织形式，也是会计师事务所的风险承担制度机制安排。从风险承担层面来看，与有限责任制相比，合伙制需要审计师承担无限责任，并将审计风险与责任落实到注册会计师个人，增加了审计师的违规成本。研究表明，基于审计风险和审计师声誉的考虑，合伙制会计师事务所及其注册会计师由于承担更大的审计风险连带责任，导致审计师变得更独立和谨慎，从而有助于提升审计质量（Firth等，2012；刘行健和王开田，2014；刘启亮等，2015；韩维芳，2016）。因此，我们可以预见，合伙制的组织形式能够抑制会计师事务所提升运营效率过程中审计师降低审计质量的道德风险和机会主义行为，从而弱化了事务所运营效率与审计质量之间倒"U"形关系。为此我们提出研究假设：

H8-2：相比合伙制，有限责任制会计师事务所的运营效率与审计质量之间的倒"U"形关系更显著。

(二)内部控制机制的调节效应

在一般企业组织领域的研究表明,企业内部控制质量能够抑制企业的应计盈余管理行为,改善企业的盈余质量(范经华等,2013;徐晶和胡少华,2015),降低了审计师审计失败的风险,从而降低了审计师发表非标准审计意见的概率(杨德明和胡婷,2010;徐玉霞和王冲,2012),从而促进了审计师的审计质量(张双鹏,2018);而企业较差的内部控制质量增加了审计风险,导致审计师索取更高的风险溢价,从而提高了审计收费(徐玉霞和王冲,2012;李百兴等,2019)。区别于一般企业组织的内部控制,会计师事务所内部控制是提高会计师事务所质量管理、风险管控和市场竞争力的制度保障,是约束审计师不良行为或过度行为、降低审计风险的有效机制(COSO,1992;财政部等,2008;张龙平等,2009;张龙平和鲁清仿,2012)。从审计供给主体出发,会计师事务所的内部控制对约束审计师的机会主义行为有着重要作用。会计师事务所的内部控制越强,事务所在提升运营效率过程中,基于审计风险的考虑,审计师主动损害、降低审计质量,实施道德风险和机会主义行为的可能性就越小。因此,我们可以预见,会计师事务所的内部控制越强,会计师事务所效率与审计质量之间倒"U"形非线性关系越不显著,反映内部控制降低了会计师事务所效率对审计质量的激励作用,也降低了会计师事务所效率对审计师的机会主义行为。为此我们提出研究假设:

H8-3:相比内控较弱的会计师事务所,内控较强的会计师事务所的运营效率与审计质量之间的倒"U"形关系更显著。

(三)薪酬激励机制的调节效应

作为一个经济组织,追求经济利益是会计师事务所及其注册会计师生存与发展的基础,也是其履行社会公证职能的基础。效率作为实现经济利益目标的根本途径和重要抓手,提升会计师事务所效率有助于审计师获得更多的经济利益,从而对审计师具有强大的激励效应。Hoopes等(2018)的研究发现,薪酬较低的会计师事务所审计的客户发生财务重述的比例更高,而当审计师的薪酬较低时,审计质量水平也较低。由此可以推断,会计师事务所在追求效率的过程中,特别是在很强的薪酬和福利激励条件下,对促进会计师事务所效率提升与维护审计质量、获取更高的社会声誉和更大的社会利益的协同发展具有更强烈的动机，但同时高效率的会计师事务所在提升效率的过程中实施机会主义行为、降低审计质量的可能性也会增加，由此导致会计师事务所与审计质量之间的倒"U"形非线性关系更显著。为此我们提出研究假设：

H8-4：相比薪酬激励较弱的会计师事务所，薪酬激励较强的会计师事务所的运营效率与审计质量之间的倒"U"形关系更显著。

第三节　会计师事务所效率影响审计质量的外部机制

一　市场竞争的调节效应

亚当·斯密在《国富论》中指出，社会分工促进效率提升，效率提升带来成本优势和规模收益，规模收益增加进一步加快形成垄断竞争或垄断的市场结构，而垄断反过来损害效率。这就是古典经济学中著名的"斯密的两难选择"，也是新古典经济学中著名的"马歇尔冲突"。从这些经典经济学理论来看，效率提升对微观主体的行为及绩效有显著的正向激励，而微观主体的效率同样受到市场结构或者市场竞争的反作用。从宏观层面来看，市场竞争不仅是约束管理层、提升经济效率的有效治理机制，同时还是推动经济增长、企业进步的高效率的外部治理机制（Hart，1983；Shleifer 和 Vishny，1997；李维安和韩忠雪，2013）。市场竞争通过改善公司治理，降低了审计风险和审计费用（徐玉德和韩彬，2017），从而影响盈余质量和审计质量。从中观层面来看，市场集中度反映产业层面的市场竞争状态。在美国审计市场，监管者和政策制定者以及客户都存在"会计师事务所的市场集中度过高是否损害市场竞争和审计质量"的忧虑（GAO，2008；Dunn 等，2011；Francis 等，2013；Gerakos 和 Syverson，2015）。在中国审计市场的研究中，市场结构与审计质量之间关系的研究结论大相径庭，有研究发现市场集中度与审计质量之间呈正相关关系（刘桂良和牟谦，2008；郭颖和柯大钢，2008；庄飞鹏和李晓慧，2014）；也有研究发现两者负相关（张良，2012；刘斌和王雷，2014；韩维芳，2015；Huang 等，2016）；还有研究发现两者既不是正相关，也不是负相关，而是倒"U"形关系（刘明辉等，2003；翟一花，2010）。

在垄断或垄断竞争的市场结构下，弱市场竞争降低了市场内会计师事务所的经济压力，可能导致两种不同的结果：一是不用通过提高效率就可以获得超额收益，可能降低了会计师事务所提高效率的积极性；二是由于高效率带来的高市场准入门槛和维护审计质量、声誉等社会利益具有经济成本，可能强化了审计师的机会主义行为，在提升效率的过程中减弱了审计师对更高声誉、审计质量的追求，甚至主动放弃、牺牲高水平的审计质量，从而强化了会计师事务所效率与审计质量之间的倒"U"形非线性关系。由此发展我们的研究假设：

H8-5：市场竞争弱化会计师事务所效率与审计质量之间的倒"U"形非线性关系更显著。

二 客户势力的调节效应

正如前述，高效率的会计师事务所拥有更低的成本优势、更大的市场竞争优势和更强的市场势力，保障其与客户博弈过程中占据有利地位，采取相机抉择的策略和行为。但是，高效率的会计师事务所的优势在重要客户面前可能不再具有优势。重要客户能够改变，甚至逆转审计师的决策和行为，从而削减高效率会计师事务所的市场势力。研究表明，客户重要性损害审计师的独立性和审计质量（Chen 等，2010；曹强等，2012；陆正飞等，2012；贾楠和李丹，2015）。我们以客户支付的审计费占会计师事务所总收入的比重为基础，构建测量客户重要性的哑变量（VIP）[①]。比重越大，表明客户越重要、客户势力越大，会计师事务所的竞争优势和市场势力相应地减弱，高效率的会计师事务所及其注册会计师在提升效率的过程中实施机会主义行为和道德风险问题的可能性将降低，从而弱化了会计师事务所效率与审计质量之间的倒"U"形非线性关系。由此发展我们的研究假设：

H8-6：当审计师面临较弱的客户势力时，会计师事务所效率与审计质量之间的倒"U"形关系更显著。

[①] 以收取客户的审计费用占会计师事务所业务总收入的比重来衡量客户的重要性，高于均值VIP取值1，表示客户重要性高；否则取值0，表示客户重要性低。

三 审计师市场声誉的调节效应

国际主流文献一般以会计师事务所的规模衡量其声誉,认为规模越大,其声誉就越高。DeAngelo(1981b)开创性的研究发现,规模越大的会计师事务所提供更高的审计质量。在西方成熟的审计市场,不少研究表明会计师事务所规模、审计师声誉对审计质量有着明显的正向激励作用(Francis 和 Wang,2008;Kanagaretnam,2010)。但是,在新兴审计市场,特别是中国的审计市场,会计师事务所规模是否就意味着更高的审计质量受到质疑(刘峰等,2002,2009,2010;刘峰和周福源,2007;叶凡等,2017),刘峰和周福源(2007)、叶凡等(2017)认为,四大会计师事务所在中国审计市场具有更大的机会主义倾向,其所提供的审计服务质量并不见得更高。一般认为,会计师事务所规模越大、声誉越高,其竞争优势和博弈能力就越强,审计师在审计市场中的市场势力(Market Power)就越大;会计师事务所在提升运营效率过程中对审计师提升审计质量的激励作用更大,但是,审计师实施道德风险或机会主义行为的能力和概率就更大。由此发展我们的研究假设:

H8-7:审计师的市场声誉能增强会计师事务所效率与审计质量之间的倒"U"形关系。

第四节 研究设计

一 回归模型及变量

正如第二部分理论分析的预测,在中国审计市场,基于维持高水平审计质量和成本与收益均衡的需要,会计师事务所提升运营效率导致其市场份额呈先降后升的"U"形态势,其市场势力也呈先降后升的"U"形态势,即会计师事务所效率与其市场势力之间呈"U"形非线性关系。由于市场势力越强的企业,越有可能实施低价竞争、降低审计质量、共谋或联盟等市场行为(Bemheim 和 Whinston,1990;Imhoff,2003;武恒光,2015),由此预测会计师事务所的市场势力与审计质量之间呈线性的负相关关系。

因此,为检验假设 H8-1 市场势力(Market Power)作为会计师事务所效率影响审计质量的中介渠道机制，本书构建如下中介效应检验模型：

$$AQ = \beta_0 + \beta_1 Crste + \beta_2 Crste^2 + \Sigma Controls + Indu + Year + \varepsilon \quad (7-2)$$

$$MP = \alpha_0 + \alpha_1 Crste + \alpha_2 Crste^2 + \Sigma Controls + \varepsilon_1 \quad (8-1)$$

$$AQ = \beta_0 + \beta_1 MP + \Sigma Controls + \varepsilon_2 \quad (8-2)$$

$$AQ = \lambda_0 + \lambda_1 Crste + \lambda_2 Crste^2 + \lambda_3 MP + \Sigma Controls + \varepsilon_3 \quad (8-3)$$

模型（7-2）为第七章的回归模型，也是中介效应检验的第一步检验模型，为避免重复，本章不再做检验和分析。模型（7-2）的控制变量与模型（8-2）、模型（8-3）的控制变量一致。

市场势力（Market Power）是市场参与者控制市场定价、市场供给和创造超额收益的能力（Evans 和 Noel，2005；Kaplow，2015；曲创和刘重阳，2016）。市场份额是市场势力的重要反映，市场份额越高意味着市场势力越强（Stigler，1940；Young，2000；苏东水，2010）。因此，在模型（8-1）至模型（8-3）中，以会计师事务所的市场份额（Con_q 和 Con_g）表示市场势力（MP）。

在模型（8-1）中，效率是市场结构形成的主要内在动因（Doogar 和 Easley，1998），因此，会计师事务所的运营效率（$Crste$）作为主要解释变量。同时，审计市场的市场结构和市场势力主要由规模经济、产品差异化和多元化以及客户财务特征等因素决定（韩洪灵和陈汉文，2009）；行业专家由于其决策效率更高、行业知识积累更丰富、内部知识分享更充分，从而为其带来更高的规模经济（Danos 和 Eichenseher，1982 1986；Moroney，2007）。审计产品差异化和事务所多元化是审计师收取差异化费用的基础，是审计师获得市场势力的重要来源；审计产品的差异化意味着不同的审计意见质量和信号传导能力以及损失保险能力（Defond 等，2000；Wallace，2004；Felton，2007；韩洪灵和陈汉文，2009），事务所多元化意味着不同业务之间的知识溢出和交叉补贴（Antle 和 Demski，1991；Gul 等，2007；韩洪灵和陈汉文，2009）。因此，本书选择代表会计师事务所多元化的 $Diver$、代表会计师事务所规模经济、品牌声誉和行业专长的 $Big4$、代表审计意见质量差异的 AO、代表会计师事务所团队规模的 $Teamsize$、代表会计师事务所业务开拓能力的 $Project$ 等会计师事务所特征和客户规模（$Size$）、负债率（LEV）、销售收入增长率（Salegrowth）等客户特征作为控制变量，并控制年度、行业效应。变量定义详见表 8-1。在模型（8-2）和模型（8-3）中，被解释变量 AQ 为审计质量，以 Jones（1991）基本模型估计的操控应计 DA_j 和修正的 Jones（1991）模型估计的操控应计 DA_t 为替代指标；控制变量与第六章模型（7-2）完全一致，变量定义详见表 8-2。

为检验假设 H8-2 至 H8-7，回归模型以第七章的回归模型（7-2）为基础，以风险承担制度机制（Org_form）、内部控制机制（$Divisions$）、薪酬激励机制（$Dsalary$）等内部机制变量和市场集中度（$DH-HI$）、市场占有率（$DCon\_q$）、客户势力（$DVIP$）、会计师事务所的市场声誉（$Big4$）等外部环境变量为分组变量，分组检验运营效率影响审计质量的内部调节效应和外部调节效应。内部调节效应和外部调节效应的分组变量定义见表 8-2。

表 8-1　　　　　　　　回归模型（8-1）的变量定义

变量名称	替代变量及符号	测量方法
被解释变量		
市场势力	全国市场份额，Con_q	=（事务所总收入/全国事务所行业收入）×100
	广东省市场份额，Con_g	=（事务所总收入/广东省事务所行业收入）×100
解释变量		
事务所效率	综合效率，$Crste$	DEA-BCC 模型估计的技术效率，等于纯技术效率×规模效率
	综合效率的平方，$Crste^2$	等于综合效率的平方
	配置效率，$Scale$	DEA-BCC 模型估计的规模效率
	配置效率的平方，$Scale^2$	等于配置效率的平方
	技术效率，TE	DEA-CCR 模型估计的技术效率
	技术效率的平方，TE^2	等于技术效率的平方
控制变量 Controls		
客户特征	规模，$Size$	等于年末总资产的自然对数
	负债率，LEV	等于年末总负债除以年末总资产
	销售收入增长率，$Salegrowth$	等于当年销售收入减去上年销售收入，再除以上年销售收入

续表

变量名称	替代变量及符号	测量方法
事务所特征	事务所多元化，Diver	等于非审计业务收入占总收入的比值
	事务所声誉，Big4	国际四大取值1，否则为0
	审计意见，AO	非标准审计意见取值1，否则为0
	团队规模，Teamsize	等于总员工数+1的自然对数
	业务拓展能力，Project	等于总客户数+1的自然对数
行业	Indu	行业效应
年度	Year	年度效应

表8-2　回归模型（8-2）和回归模型（8-3）的变量定义

变量名称	替代变量及符号	测量方法
被解释变量		
审计质量	DA_j	基本Jones（1991）模型分年度、行业估计
解释变量		
市场势力	全国市场份额，Con_q	=（事务所总收入/全国事务所行业收入）×100
	广东省市场份额，Con_g	=（事务所总收入/广东省事务所行业收入）×100
事务所效率	综合效率，$Crste$	DEA-BCC模型估计的技术效率，等于纯技术效率×规模效率
	综合效率的平方，$Crste^2$	等于综合效率的平方
	配置效率，$Scale$	DEA-BCC模型估计的规模效率
	配置效率的平方，$Scale^2$	等于配置效率的平方
	技术效率，TE	DEA-CCR模型估计的技术效率
	技术效率的平方，TE^2	等于技术效率的平方
控制变量 Controls		
上市公司财务特征	规模，Size	等于年末总资产的自然对数
	负债率，LEV	等于年末总负债除以年末总资产
	财务困境，Loss	净利润为负数取值1，否则取值0
	销售收入增长率，Salegrowth	等于当年销售收入减去上年销售收入，再除以上年销售收入
	经营现金流量，OCF	等于现金流入与现金流出之和除以年末总资产
	市账比，M2B	等于（年末股价×年末流通股）+（每股净资产×非流通股）除以净资产
	总应计，TA	等于净利润减去经营活动现金流后除以年末总资产
	股权或债券发行，Issumce	当年增发股权或债券取值1，否则取值0

第八章 高效率会计师事务所的审计行为机制

续表

变量名称	替代变量及符号	测量方法
控制变量 Controls		
上市公司内部治理特征	两职合一，CEO_m	CEO 兼任董事长取值1，否则取值0
	股权集中度，Owner1	第1大股东持股量与总股本的比值
	股权集中度，Owner2_10	第2—10大股东持股量与总股本的比值
上市公司外部治理特征	政府监管，REGLIDT	上市公司注册地与证监会、上交所、深交所的平均距离的倒数，再乘以1000
	机构投资者监管，Instshr	机构持股量与总股本的比值
	分析师关注，ANA	等于 Ln（分析师关注人数+1）
	市场化程度，Market_gov	根据王小鲁等（2017）的"市场中介组织的发育和法律制度环境评分"原值
事务所特征	事务所的市场声誉，Big4	国际四大取值1，否则为0
	审计收费，Audfee	审计费用除以客户资产，再乘以10000
	风险承担制度，org_form	事务所的组织形式，特殊普通合伙制或普通合伙制，取值1；否则为0
	内部治理，Partner_g	等于事务所合伙人（股东）会人数除以事务所总员工数
行业	Indu	行业效应
年度	Year	年度效应
调节变量		
内部机制特征	风险承担制度，Org_form	等于事务所的组织形式，合伙制取值1，有限责任制取值0
	内部控制机制，Divisions	等于总分所，事务所的分所取值1，总所取值0
	薪酬激励机制，Dsalary	以员工平均薪酬（Salary）的中位数构建的哑变量，高于中位数取值1，否则为0
外部特征	市场集中度，DHHI	以事务所所在地级市审计市场的 HHI 指数的中位数构建的哑变量，高于中位数取值1，否则为0
	市场占有率，DCon_q	以事务所总收入占全国事务所行业总收入的比重的中位数构建的哑变量，高于中位数取值1，否则为0
	客户势力，DVIP	以客户支付审计费占事务所总收入的比重的中位数构建的哑变量，高于中位数取值1，否则为0
	事务所的市场声誉，Big4	国际四大取值1，否则为0

二 样本选择及数据来源

会计师事务所的数据来源于中国注册会计师行业管理信息系统财务报表系统，A股上市公司的相关数据来源于Wind数据库，会计师事务所排名来源于中注协官网。本章的初始样本数据是在第四章711个会计师事务所经营实体的基础上，筛选出90个具有证券业务资格的会计师事务所经营实体，并进一步筛选匹配证券所所审计的1345个非金融行业上市公司客户，剔除数据缺失的样本后，最终获得77个证券所（含总、分所）、1218个上市公司、4287个观测值。为减少极端值对研究的影响，本书对所有的连续变量进行了1%和99%分位的缩尾处理。

第五节 实证分析

一 描述性统计

如表8-3所示，基本Jones模型估计的操控应计（DA_j）的均值（中位数）为-0.107（0.000），均值和中位数都非常接近于0，表明会计师事务所的审计质量水平普遍较高。会计师事务所在全国的市场份额（Con_q）均值（中位数）为0.0216（0.0126），在广东省的市场份额（Con_g）均值（中位数）为0.0023（0.0013），表明会计师事务所的市场势力（Market Power）较弱。利用DEA-BCC模型估计的会计师事务所的综合效率变量 $Crste$ 的均值（中位数）为0.627（0.554），配置效率变量 $Scale$ 的均值（中位数）为0.640（0.569）；利用DEA-CCR模型估计的会计师事务所经营实体的技术效率（TE）均值（中位数）为0.627（0.554），与DEA-BCC模型估计的会计师事务所的综合效率变量 $Crste$ 的均值（中位数）非常接近。

在客户公司财务特征的控制变量中，公司规模均值为12.654，负债率均值为0.427，8.9%的样本公司一年度处于财务困境，样本公司一年度的销售增长率为21.4%，经营现金流均值为1.242，市账比为3.004，总计应均值为0，12.8%的样本公司一年度进行了再融资。在客户公司的内部治理特征的控制变量中，27.1%的样本公司一年度董事长兼任CEO，大股东持股比例均值为35.7%，第2至第10大股东持股比例均值为23.6%。在客户公司的外部治理特征的控制变量中，机构投资者持股比例均值为35.3%，分析师跟踪均值为1.987，市场程度指数为9.265，政府监管强度为0.93。在审计师特征的控制变量中，24.2%的会计师事务所经营实体为国际四大会计师事务所，每亿元资产的审计定价为3.124元，36.6%的会计师事务所经营实体为合伙制，会计师事务所经营实体的合伙人（股东）会的相对规模为3.6%，合伙人（股东）之间的相互竞争与制衡力量较弱。

在内部机制的调节变量中，36.6%样本会计师事务所经营实体选择更高风险承担的合伙制的制度安排；88.5%的样本会计师事务所经营实体是分所；48.7%的样本会计师事务所经营实体的薪酬激励较强；51.1%的样本会计师事务所经营实体处于高市场集中度、弱竞争的市场结构环境，49.9%的样本会计师事务所经营实体处于高市场占有率、弱竞争的市场竞争环境；50%的样本会计师事务所经营实体面临较强的客户势力。

表8-3 模型（8-1）至模型（8-3）变量的描述性统计

变量	样本量	均值	标准差	最小值	中值	最大值
DA_j	3951	-0.107	0.418	-1.554	0.000	0.717
Con_q	4287	0.0216	0.0349	0.0044	0.0126	0.2721
Con_g	4287	0.0023	0.0038	0.0004	0.0013	0.0292
$Crste$	4287	0.627	0.190	0.412	0.554	1
$Crste^2$	4287	0.429	0.267	0.170	0.307	1
$Scale$	4287	0.640	0.188	0.432	0.569	1
$Scale^2$	4287	0.444	0.267	0.187	0.324	1
TE	4287	0.627	0.188	0.395	0.554	1
TE^2	4287	0.429	0.264	0.156	0.307	1
$Size$	4287	12.654	1.310	9.740	12.495	16.495
LEV	4287	0.427	0.228	0.047	0.418	1.236
$Loss$	4287	0.089	0.285	0	1	1

续表

变量	样本量	均值	标准差	最小值	中值	最大值
$Salegrowth$	4287	0.214	0.524	-0.661	0.120	3.718
OCF	4287	1.242	0.933	0.153	1.004	5.821
$M2B$	4287	3.004	3.459	-1.677	2.067	27.457
TA	4287	0.000	0.082	-0.303	-0.003	0.268
$Issuance$	4287	0.128	0.334	0	1	1
CEO_m	4287	0.271	0.444	0	1	1
$Owner1$	4287	0.357	0.155	0.079	0.337	0.745
$Owner2\_10$	4287	0.236	0.136	0.018	0.225	0.568
$Instshr$	4287	0.353	0.242	0.000	0.346	0.870
ANA	4287	1.987	1.371	0.000	2.079	4.625
$Market\_gov$	4287	9.265	4.496	1.040	9.130	17.150
$REGLIST$	4287	0.930	0.194	0.332	0.924	1.310
$Big4$	4287	0.2423	0.4286	0	0	1
$Audfee$	4287	3.124	3.428	0.000	2.208	22.398
Org_form	4287	0.366	0.482	0	0	1
$Partner\_g$	4287	0.036	0.037	0.006	0.026	0.263
Org_form	4287	0.366	0.482	0	0	1
$Divisions$	4287	0.885	0.319	0	1	1
$Dsalary$	4287	0.487	0.5	0	0	1
$DHHI$	4287	0.511	0.5	0	1	1
$DCon\_q$	4287	0.499	0.5	0	0	1
$DVIP$	4287	0.5	0.5	0	0	1

二 回归结果分析

（一）假设 H8-1 的检验分析

表 8-4 显示，会计师事务所的综合效率（$Crste$）、配置效率（$Scale$）和技术效率（TE）的一次项显著为负、二次项显著为正，意味着效率与市场份额呈正"U"形非线性关系，表明会计师事务所效率与市场势力呈正"U"形非线性关系。

表 8-4　　　　　　　模型（8-1）的回归结果

变量名称	(1) Con_q	(2) Con_g	(3) Con_q	(4) Con_g	(5) Con_q	(6) Con_g
Crste	-0.00874*** (0.00275)	-0.0832*** (0.0252)				
$Crste^2$	0.00484** (0.00189)	0.0472*** (0.0174)				
Scale			-0.0104*** (0.00288)	-0.0999*** (0.0265)		
$Scale^2$			0.00578*** (0.00196)	0.0571*** (0.0180)		
TE					-0.0105*** (0.00278)	-0.0976*** (0.0256)
TE^2					0.00601*** (0.00193)	0.0562*** (0.0178)
Size	0.00139*** (7.35e-05)	0.0133*** (0.000684)	0.00139*** (7.34e-05)	0.0133*** (0.000683)	0.00139*** (7.30e-05)	0.0132*** (0.000679)
LEV	-0.000356 (0.000250)	-0.00380* (0.00227)	-0.000368 (0.000249)	-0.00391* (0.00227)	-0.000354 (0.000249)	-0.00380* (0.00227)
Salegrowth	-9.53e-05 (5.80e-05)	-0.000659 (0.000525)	-9.37e-05 (5.79e-05)	-0.000644 (0.000524)	-9.69e-05* (5.79e-05)	-0.000668 (0.000524)
Diver	0.000470 (0.000304)	0.00219 (0.00271)	0.000430 (0.000301)	0.00179 (0.00269)	0.000244 (0.000295)	0.000269 (0.00263)
Big4	0.000909*** (0.000119)	0.00852*** (0.00110)	0.000911*** (0.000119)	0.00852*** (0.00110)	0.000929*** (0.000119)	0.00873*** (0.00110)
AO	0.000956*** (0.000212)	0.00912*** (0.00197)	0.000954*** (0.000211)	0.00911*** (0.00197)	0.000965*** (0.000210)	0.00920*** (0.00196)
Teamsize	0.000464*** (5.99e-05)	0.00466*** (0.000540)	0.000424*** (6.08e-05)	0.00429*** (0.000549)	0.000474*** (6.09e-05)	0.00472*** (0.000547)
Project	-0.000455*** (4.34e-05)	-0.00419*** (0.000400)	-0.000461*** (4.34e-05)	-0.00425*** (0.000400)	-0.000476*** (4.42e-05)	-0.00438*** (0.000408)
Constant	-0.00757*** (0.00140)	-0.0767*** (0.0129)	-0.00670*** (0.00144)	-0.0681*** (0.0133)	-0.00676*** (0.00140)	-0.0697*** (0.0129)

续表

变量名称	(1) Con_q	(2) Con_g	(3) Con_q	(4) Con_g	(5) Con_q	(6) Con_g
Year	控制	控制	控制	控制	控制	控制
Indu	控制	控制	控制	控制	控制	控制
Observations	4287	4287	4287	4287	4287	4287
R-squared	0.394	0.405	0.396	0.407	0.397	0.408

注：括号内数字为标准差，*** $p<0.01$，** $p<0.05$，* $p<0.1$。

表8-5显示，会计师事务所在全国的市场份额（Con_q）和在广东省的市场份额（Con_g），与Jones基本模型估计的操控应计（DA_j）和修正的Jones模型估计的操控应计（DA_t）之间呈显著正相关，表明市场势力与操控应计之间显著正相关、与审计质量之间显著负相关。

表8-5　　　　　　　　模型（8-2）的回归结果

变量名称	(1) DA_j	(2) DA_j	(3) DA_t	(4) DA_t
Con_q	2.814 *** (0.705)		3.145 *** (0.762)	
Con_g		0.297 *** (0.0726)		0.331 *** (0.0793)
Size	-0.00522 (0.00331)	-0.00517 (0.00333)	-0.00542 (0.00353)	-0.00536 (0.00356)
LEV	0.0222 (0.0147)	0.0218 (0.0147)	0.0271 * (0.0153)	0.0266 * (0.0153)
Loss	0.0180 *** (0.00579)	0.0181 *** (0.00578)	0.0184 *** (0.00621)	0.0185 *** (0.00621)
Salegrowth	0.0128 (0.00897)	0.0128 (0.00897)	0.0109 (0.00932)	0.0108 (0.00932)
OCF	-0.00877 ** (0.00370)	-0.00877 ** (0.00370)	-0.0112 *** (0.00382)	-0.0112 *** (0.00382)
M2B	0.000261 (0.00102)	0.000275 (0.00102)	0.000267 (0.00107)	0.000282 (0.00107)
TA	1.201 *** (0.0405)	1.201 *** (0.0405)	1.193 *** (0.0416)	1.194 *** (0.0416)

续表

变量名称	(1) DA_j	(2) DA_j	(3) DA_t	(4) DA_t
Issuance	0.0293*** (0.00837)	0.0294*** (0.00837)	0.0333*** (0.00867)	0.0334*** (0.00867)
CEO_m	-0.00332 (0.00523)	-0.00328 (0.00523)	-0.00401 (0.00541)	-0.00396 (0.00541)
Owner1	-0.00922 (0.0168)	-0.00929 (0.0168)	-0.00815 (0.0174)	-0.00823 (0.0174)
Owner2_10	0.0132 (0.0164)	0.0132 (0.0164)	0.0156 (0.0175)	0.0155 (0.0175)
Instshr	-0.0119 (0.00836)	-0.0118 (0.00837)	-0.0110 (0.00896)	-0.0109 (0.00897)
ANA	-0.00366* (0.00191)	-0.00367* (0.00191)	-0.00389* (0.00200)	-0.00390* (0.00200)
Market_gov	-0.00115* (0.000586)	-0.00115* (0.000586)	-0.00130** (0.000624)	-0.00130** (0.000623)
REGLIST	0.0158 (0.0118)	0.0159 (0.0118)	0.0163 (0.0125)	0.0164 (0.0125)
Big4	-0.00340 (0.00381)	-0.00327 (0.00381)	-0.00352 (0.00416)	-0.00338 (0.00415)
Audfee	-0.00200 (0.00141)	-0.00200 (0.00141)	-0.00202 (0.00146)	-0.00202 (0.00146)
Org_form	-0.0905*** (0.0116)	-0.0903*** (0.0117)	-0.0875*** (0.0127)	-0.0872*** (0.0127)
Partner_g	-0.00976 (0.0534)	-0.0126 (0.0534)	0.00196 (0.0561)	-0.00127 (0.0560)
Constant	0.565*** (0.0481)	0.564*** (0.0483)	0.640*** (0.0512)	0.639*** (0.0514)
Year	控制	控制	控制	控制
Indu	控制	控制	控制	控制
Observations	3951	3951	3951	3951
R-squared	0.937	0.937	0.927	0.927

注：括号内数字为标准差，*** $p<0.01$，** $p<0.05$，* $p<0.1$。

表 8-6 显示，会计师事务所的运营效率（$Crste$ 和 $Scale$）的一次项的回归系数显著为负、二次项的回归系数显著为正，表明效率与操控应

计（DA_j、DA_t）之间呈正"U"形非线性关系、与审计质量之间呈倒"U"形非线性关系。市场份额（Con_q、Con_g）与操控应计（DA_j、DA_t）之间呈显著正相关关系、与审计质量之间呈显著负相关关系。因此，效率通过正"U"形影响市场势力、市场势力负向影响审计质量，从而实现倒"U"形影响审计质量；表明市场势力在会计师事务所效率与审计质量倒"U"形非线性关系中起中介效应。以上证据支持本章的研究假设H8-1。

表8-6　　　　　　　　　模型（8-3）的回归结果

变量名称	(1)	(2)	(3)	(4)	(5)	(6)	(7)	(8)
	\multicolumn{4}{c}{DA_j}				
	DA_j				DA_t			
$Crste$	-0.211** (0.0925)	-0.205** (0.0925)			-0.199** (0.0987)	-0.194** (0.0987)		
$Crste^2$	0.141** (0.0644)	0.138** (0.0644)			0.134* (0.0687)	0.130* (0.0687)		
$Scale$			-0.177* (0.0948)	-0.172* (0.0948)			-0.166 (0.101)	-0.160 (0.101)
$Scale^2$			0.117* (0.0653)	0.113* (0.0653)			0.110 (0.0697)	0.106 (0.0697)
Con_q	2.763*** (0.701)		2.764*** (0.702)		3.098*** (0.758)		3.099*** (0.759)	
Con_g		0.290*** (0.0723)		0.290*** (0.0724)		0.324*** (0.0790)		0.325*** (0.0791)
$Size$	-0.00531 (0.00330)	-0.00521 (0.00333)	-0.00532 (0.00331)	-0.00523 (0.00333)	-0.00550 (0.00353)	-0.00539 (0.00355)	-0.00551 (0.00353)	-0.00541 (0.00356)
LEV	0.0225 (0.0148)	0.0221 (0.0148)	0.0225 (0.0148)	0.0221 (0.0148)	0.0274* (0.0153)	0.0269* (0.0153)	0.0274* (0.0154)	0.0269* (0.0154)
$Loss$	0.0177*** (0.00579)	0.0178*** (0.00579)	0.0178*** (0.00579)	0.0178*** (0.00579)	0.0181*** (0.00621)	0.0182*** (0.00621)	0.0182*** (0.00622)	0.0183*** (0.00621)
$Salegrowth$	0.0127 (0.00899)	0.0127 (0.00899)	0.0128 (0.00899)	0.0128 (0.00899)	0.0108 (0.00934)	0.0108 (0.00933)	0.0109 (0.00934)	0.0109 (0.00933)
OCF	-0.00873** (0.00370)	-0.00873** (0.00370)	-0.00872** (0.00370)	-0.00872** (0.00370)	-0.0112*** (0.00382)	-0.0112*** (0.00382)	-0.0112*** (0.00382)	-0.0112*** (0.00382)
$M2B$	0.000297 (0.00102)	0.000312 (0.00102)	0.000293 (0.00102)	0.000307 (0.00102)	0.000301 (0.00107)	0.000317 (0.00107)	0.000296 (0.00107)	0.000312 (0.00107)

续表

变量名称	(1)	(2)	(3)	(4)	(5)	(6)	(7)	(8)
	DA_j				DA_t			
TA	1.200*** (0.0405)	1.200*** (0.0405)	1.200*** (0.0405)	1.201*** (0.0405)	1.193*** (0.0416)	1.193*** (0.0416)	1.193*** (0.0416)	1.193*** (0.0416)
Issuance	0.0295*** (0.00838)	0.0295*** (0.00838)	0.0295*** (0.00838)	0.0295*** (0.00838)	0.0335*** (0.00867)	0.0335*** (0.00867)	0.0335*** (0.00867)	0.0335*** (0.00867)
CEO_m	-0.00326 (0.00523)	-0.00322 (0.00522)	-0.00331 (0.00523)	-0.00327 (0.00522)	-0.00395 (0.00540)	-0.00391 (0.00540)	-0.00400 (0.00540)	-0.00395 (0.00540)
Owner1	-0.00822 (0.0168)	-0.00831 (0.0168)	-0.00835 (0.0168)	-0.00844 (0.0168)	-0.00721 (0.0174)	-0.00730 (0.0174)	-0.00734 (0.0174)	-0.00744 (0.0175)
Owner2_10	0.0135 (0.0164)	0.0135 (0.0164)	0.0136 (0.0164)	0.0136 (0.0164)	0.0159 (0.0175)	0.0159 (0.0175)	0.0160 (0.0175)	0.0160 (0.0175)
Instshr	-0.0122 (0.00837)	-0.0122 (0.00838)	-0.0121 (0.00836)	-0.0120 (0.00837)	-0.0113 (0.00896)	-0.0113 (0.00897)	-0.0112 (0.00896)	-0.0111 (0.00897)
ANA	-0.00373* (0.00191)	-0.00374* (0.00191)	-0.00372* (0.00191)	-0.00373* (0.00191)	-0.00396** (0.00200)	-0.00397** (0.00200)	-0.00394** (0.00200)	-0.00396** (0.00200)
Market_gov	-0.00119** (0.000585)	-0.00119** (0.000585)	-0.00118** (0.000585)	-0.00118** (0.000585)	-0.00134** (0.000622)	-0.00134** (0.000622)	-0.00133** (0.000622)	-0.00133** (0.000622)
REGLIST	0.0163 (0.0118)	0.0164 (0.0118)	0.0162 (0.0118)	0.0163 (0.0118)	0.0168 (0.0124)	0.0169 (0.0124)	0.0167 (0.0124)	0.0168 (0.0124)
Big4	-0.00439 (0.00385)	-0.00422 (0.00385)	-0.00464 (0.00388)	-0.00447 (0.00388)	-0.00446 (0.00419)	-0.00427 (0.00419)	-0.00469 (0.00423)	-0.00449 (0.00422)
Audfee	-0.00205 (0.00140)	-0.00204 (0.00141)	-0.00205 (0.00140)	-0.00204 (0.00141)	-0.00207 (0.00146)	-0.00206 (0.00146)	-0.00207 (0.00146)	-0.00205 (0.00146)
Org_form	-0.0837*** (0.0120)	-0.0837*** (0.0120)	-0.0847*** (0.0120)	-0.0847*** (0.0120)	-0.0810*** (0.0130)	-0.0810*** (0.0131)	-0.0820*** (0.0130)	-0.0820*** (0.0130)
Partner_g	-0.0392 (0.0575)	-0.0418 (0.0575)	-0.0330 (0.0574)	-0.0356 (0.0574)	-0.0258 (0.0602)	-0.0287 (0.0601)	-0.0196 (0.0600)	-0.0226 (0.0600)
Constant	0.637*** (0.0590)	0.634*** (0.0590)	0.627*** (0.0603)	0.624*** (0.0603)	0.708*** (0.0628)	0.705*** (0.0628)	0.698*** (0.0640)	0.694*** (0.0641)
Year	控制	控制	控制	控制	控制	控制	控制	控制
Indu	控制	控制	控制	控制	控制	控制	控制	控制
Observations	3951	3951	3951	3951	3951	3951	3951	3951
R-squared	0.937	0.937	0.937	0.937	0.927	0.927	0.927	0.927

注：括号内数字为标准差，*** $p<0.01$，** $p<0.05$，* $p<0.1$。

(二) 假设 H8-2 的检验分析

为检验我们的推论，分组检验风险承担制度机制对会计师事务所效率与审计质量之间倒"U"形关系影响。检验结果如表 8-7 列（1）、列（2）所示，在有限责任制的样本组，会计师事务所效率与操控应计（DA_j）之间呈显著正"U"形关系，意味着会计师事务所效率与审计质量之间呈显著倒"U"形关系；而在合伙制的样本组，会计师事务所效率与审计质量之间不存在显著的倒"U"形非线性关系，也不存在显著的线性关系。这一证据表明，基于风险承担的有限性，导致有限责任制会计师事务所在提升运营效率过程中协调效率与审计质量协调发展的积极性比较强，但当效率提升到一定水平时审计师的机会主义行为倾向也比较强，增加了效率提升损害审计质量的可能性。

表 8-7　内部机制对事务所效率与审计质量之间倒"U"形关系的调节效应检验

变量名称	(1) 有限制	(2) 合伙制	(3) 内控弱	(4) 内控强	(5) 薪酬激励弱	(6) 薪酬激励强
	DA_j					
$Crste$	-0.253* (0.131)	-0.143 (0.127)	-0.254** (0.117)	-0.198 (0.496)	-0.137 (0.156)	-0.286** (0.118)
$Crste^2$	0.176* (0.0933)	0.0986 (0.0880)	0.167** (0.0814)	0.180 (0.361)	0.0856 (0.108)	0.194** (0.0826)
其他控制变量	控制	控制	控制	控制	控制	控制
$Constant$	0.551*** (0.0765)	0.516*** (0.0660)	0.596*** (0.0590)	0.260 (0.206)	0.504*** (0.0849)	0.706*** (0.0689)
$Year$	控制	控制	控制	控制	控制	控制
$Indu$	控制	控制	控制	控制	控制	控制
$Observations$	2483	1468	3509	442	1959	1992
F	305.25***	968.54***	768.35***	207.66***	203.23***	497.36***
$R\text{-}squared$	0.932	0.954	0.934	0.967	0.931	0.949

注：括号内数字为标准差，*** $p<0.01$，** $p<0.05$，* $p<0.1$。

第八章 高效率会计师事务所的审计行为机制

(三) 假设 H8-3 的检验分析

正如前面分析，在中国审计市场，分所承担开疆拓土、抢占市场的发展任务，是会计师事务所实施做大做强战略的主要支撑点。正是基于这样的使命，以及会计师事务所由注册会计师发起成立的制度特点，总所一般不会对分所实施严格的管控，当然也难以实施有效管控；同时，分所迫于抢占市场的利益驱动和总分所共担风险的风险承担制度，决定了分所更倾向于"重发展而轻管控"。因此，我们选择是否是分所（Divisions）作为会计师事务所内部控制的测量指标，分所代表内部控制机制较弱。分组检验结果如表 8-7 列（3）、列（4）所示，在内控机制较弱的样本组，会计师事务所效率与操控应计（DA_j）呈正"U"形非线性关系，意味着会计师事务所效率与审计质量显著呈倒"U"形非线性关系；而在内控机制较强的样本组，会计师事务所效率与审计质量不存在显著倒"U"形非线性关系，也不存在显著线性关系。这一证据表明，内部控制在抑制审计师的机会主义行为倾向方面有积极的作用，同时也表明，内部控制也可能抑制了审计师有效协同效率提升与保持高水平审计质量的积极性；同时也反映内部控制是一把"双刃剑"，有待进一步探索如何提升内部控制的积极效应、降低内部控制的消极效应。

(四) 假设 H8-4 的检验分析

为检验我们的推论，我们利用会计师事务所经营实体的财务报表数据，以员工平均薪酬的中位数进行分组，高于中位数表示内部薪酬激励较强，低于中位数表示内部薪酬激励较弱；构建衡量会计师事务所内部薪酬激励机制的哑变量（Dsalary），分组检验不同薪酬激励机制条件下会计师事务所效率对审计质量的影响。回归结果如表 8-7 列（5）、列（6）所示，在内部薪酬激励较强的样本组，会计师事务所效率与操控应计（DA_j）之间呈显著正"U"形非线性关系，意味着会计师事务所效率与审计质量之间呈显著倒"U"形非线性关系；而在薪酬激励较弱的样本组，会计师事务所效率与审计质量之间不存在显著的倒"U"形非线性关系，也不存在显著的线性关系。这一证据表明，内部薪酬激励强化了会计师事务所效率与审计质量之间的倒"U"形非线性关系，意味着内部薪酬激励对审计师协调效率提升与保持高水平审计质量之间关系有较强的激励作用，同时也显著增加了审计师提升效率过程中降低、损害审计质量的机会主义行为和道德风险问题的可能性。

（五）假设 H8-5 的检验分析

为检验假设 H8-5，我们分别以赫芬达尔—赫希曼指数（HHI）和市场占有率（Con_q）两个指标衡量市场结构，HHI 和 Con_q 的值越大，表示市场处于低竞争、高垄断的市场结构；并分别以 HHI 和 Con_q 的中位数分组，分组检验市场结构对会计师事务所效率与审计质量之间倒"U"形关系的调节效应。表 8-8 列（1）、列（4）所示，当处于低市场集中度（HHI）、低市场占有率（Con_q）的市场结构，市场竞争程度较高，导致会计师事务所效率与审计质量之间的倒"U"形非线性关系消失；但是也并没有表现为显著的线性关系［见表 8-8 列（2）、列（5）］。表 8-8 列（3）、列（6）所示，当处于高市场集中度（HHI）、高市场占有率（Con_q）的市场结构，市场竞争程度较低，导致会计师事务所效率与审计质量之间存在显著的倒"U"形非线性关系，支持本章的研究假设 H8-7。这一证据表明，市场竞争程度弱化了会计师事务所效率与审计质量之间的倒"U"形非线性关系；意味着市场竞争程度下降，激励了会计师事务所效率提升过程中审计师提升审计质量的积极性，但也助长了审计师的机会主义行为动机，促使高效率的会计师事务所在提升效率过程中做出降低审计质量的道道风险行为，从而导致会计师事务所效率与审计质量之间显著的倒"U"形非线性关系。以 DEA-BCC 模型估计的配置效率（Scale）和 DEA-CCR 模型估计的技术效率（TE），替换 DEA-BCC 模型估计的综合效率（Crste），代入回归模型（7-2）进行分组检验，检验结果如表 8-9 和表 8-10 所示，与表 8-7 的结论一致，进一步支持本章的研究假设 H8-5。

表 8-8　　　　　　　假设 H8-5 的检验结果（1）

变量名称	(1) 低 HHI	(2) 低 HHI	(3) 高 HHI	(4) 低 Con_q	(5) 低 Con_q	(6) 高 Con_q
			DA_j			
Crste	-0.160 (0.144)	0.0140 (0.0180)	-0.309** (0.132)	-0.154 (0.102)	-0.0176 (0.0120)	-0.260* (0.151)

第八章 高效率会计师事务所的审计行为机制

续表

变量名称	(1) 低 HHI	(2) 低 HHI	(3) 高 HHI	(4) 低 Con_q	(5) 低 Con_q	(6) 高 Con_q
			DA_j			
$Crste^2$	0.119 (0.0980)		0.204** (0.0937)	0.0948 (0.0706)		0.181* (0.106)
其他控制变量	控制	控制	控制	控制	控制	控制
Constant	0.386*** (0.0736)	0.325*** (0.0570)	0.573*** (0.0836)	0.650*** (0.0747)	0.604*** (0.0652)	0.534*** (0.0884)
Year	控制	控制	控制	控制	控制	控制
Indu	控制	控制	控制	控制	控制	控制
Observations	1963	1963	1988	1966	1966	1985
F	345.24***	343.8***	293.6***	629.98***	641.1***	248.16***
R-squared	0.927	0.927	0.945	0.953	0.953	0.929

注：括号内数字为标准差，*** $p<0.01$，** $p<0.05$，* $p<0.1$。

表 8-9　假设 H8-5 的检验结果（2）

变量名称	(1) 低 HHI	(2) 低 HHI	(3) 高 HHI	(4) 低 HHI	(5) 低 HHI	(6) 高 HHI
			DA_j			
Scale	-0.155 (0.147)	0.0126 (0.0183)	-0.296** (0.142)			
$Scale^2$	0.114 (0.0986)		0.194* (0.100)			
TE				-0.172 (0.143)	0.0291 (0.0177)	-0.306** (0.129)
TE^2				0.139 (0.0988)		0.202** (0.0923)
其他控制变量	控制	控制	控制	控制	控制	控制
Constant	0.387*** (0.0767)	0.326*** (0.0573)	0.570*** (0.0877)	0.384*** (0.0745)	0.313*** (0.0579)	0.572*** (0.0831)
Year	控制	控制	控制	控制	控制	控制
Indu	控制	控制	控制	控制	控制	控制
Observations	1963	1963	1988	1963	1963	1988
F	344.49***	344***	290.16***	350.81***	349.91***	293.52***
R-squared	0.927	0.927	0.945	0.927	0.927	0.945

注：括号内数字为标准差，*** $p<0.01$，** $p<0.05$，* $p<0.1$。

表 8-10　　假设 H8-5 的检验结果（3）

变量名称	(1) 低 Con_q	(2) 低 Con_q	(3) 高 Con_q	(4) 高 Con_q	(5) 低 Con_q	(6) 低 Con_q	(7) 高 Con_q
				DA_j			
$Scale$	-0.154 (0.107)	-0.0175 (0.0121)	-0.195 (0.156)	-0.00510 (0.0170)			
$Scale^2$	0.0942 (0.0734)		0.134 (0.109)				
TE					-0.142 (0.101)	-0.00679 (0.0122)	-0.266* (0.146)
TE^2					0.0946 (0.0693)		0.186* (0.103)
其他控制变量	控制	控制	控制	控制	控制	控制	控制
$Constant$	0.650*** (0.0750)	0.604*** (0.0652)	0.515*** (0.0918)	0.456*** (0.0690)	0.640*** (0.0757)	0.594*** (0.0668)	0.536*** (0.0881)
$Year$	控制	控制	控制	控制	控制	控制	控制
$Indu$	控制	控制	控制	控制	控制	控制	控制
$Observations$	1966	1966	1985	1985	1966	1966	1985
F	630.4***	640.59***	243.26***	244.62***	631.16***	642.81***	247.91***
$R\text{-}squared$	0.953	0.953	0.929	0.929	0.953	0.953	0.929

注：括号内数字为标准差，*** $p<0.01$，** $p<0.05$，* $p<0.1$。

（六）假设 H8-6 的检验分析

分组检验结果如表 8-11 列（1）、列（2）所示，在客户势力较弱的样本组，会计师事务所效率与操控应计（DA_j）呈显著正"U"形非线性关系，意味着会计师事务所效率与审计质量之间呈显著倒"U"形非线性关系。这一证据表明，客户势力弱化了会计师事务所效率与审计质量之间的倒"U"形关系，表明在客户势力弱的目标市场，会计师事务所在效率提升过程中具有较强的提升审计质量以占领客户市场的动机，同时，当效率提升到一定程度时，客户的弱势激励了审计师的机会主义动机，从而导致会计师事务所效率与审计师独立性之间呈显著的"U"形非线性关系。进一步探索发现，面对较强的客户压力，高效率的会计师事务所并没有显著提高审计质量,也没有损害审计质量,未能找到客户势力导致会计师事务所追求以效率为驱动的高质量发展损害审计师独立性的证据。

(七)假设 H8-7 的检验分析

为此,我们进一步检验会计师事务所声誉(Big4 和 No-Big4)对会计师事务所效率与审计师独立性之间关系的影响。回归结果如表 8-11 列(3)、列(4)所示,在四大(Big4)样本组,会计师事务所效率与操控应计(DA_j)之间呈正"U"形非线性关系,意味着会计师事务所效率与审计质量之间呈倒"U"形非线性关系;而在非四大(No-Big4)样本组,会计师事务所效率与审计质量之间不存在显著的倒"U"形非线性关系,也不存在显著的线性关系。这一证据表明,会计师事务所声誉强化了会计师事务所效率与审计师独立性之间的"U"形非线性关系;意味着高声誉的会计师事务所在提升效率的过程中,既具有更强烈的协同效率与审计质量统一发展的积极性,也存在提升效率显著降低审计质量的机会主义行为动机。

进一步探索发现,在客户势力弱的样本组[见表 8-12 列(1)、列(2)],审计师声誉弱化了会计师事务所效率与审计质量之间的倒"U"形非线性关系,也就是说在弱势的客户面前,非四大会计师事务所在提升效率过程中既存在协调效率提升与维持高审计质量有效统一的积极性,也存在降低审计质量的机会主义动机。在客户势力强的样本组,审计师声誉对会计师事务所效率与审计质量之间倒"U"形关系的影响并无显著差异[见表 8-12 列(3)、列(4)],表明在强势的客户面前,审计师声誉并不能激励审计师在提升会计师事务所效率过程中提升审计质量,也不存在助长审计师在提升会计师事务所效率过程中损害审计质量的机会主义行为。

表 8-11 会计师事务所效率影响审计质量的外部调节机制检验

变量名称	(1) 客户势力弱	(2) 客户势力强	(3) No-Big4	(4) Big4
	DA_j			
Crste	-0.387*** (0.124)	-0.202 (0.163)	-0.148 (0.110)	-0.772** (0.376)

续表

变量名称	(1) 客户势力弱	(2) 客户势力强	(3) No-Big4	(4) Big4
	DA_j			
$Crste^2$	0.255 ***	0.125	0.101	0.557 **
	(0.0877)	(0.109)	(0.0749)	(0.268)
其他控制变量	控制	控制	控制	控制
Constant	0.764 ***	0.521 ***	0.561 ***	0.732 ***
	(0.0679)	(0.0929)	(0.0685)	(0.148)
Year	控制	控制	控制	控制
Indu	控制	控制	控制	控制
Observations	1977	1974	2958	993
F	320.14 ***	245.74 ***	316.22 ***	368.58 ***
R-squared	0.951	0.927	0.931	0.960

注：括号内数字为标准差，*** $p<0.01$，** $p<0.05$，* $p<0.1$。

表8-12　客户势力、审计师声誉对会计师事务所效率与审计质量关系的影响

变量名称	(1) 客户弱 + No-Big4	(2) 客户弱 + Big4	(3) 客户强 + No-Big4	(4) 客户强 + Big4
	DA_j			
Crste	-0.329 **	-0.583 *	-0.143	-0.579
	(0.161)	(0.341)	(0.189)	(0.754)
$Crste^2$	0.222 **	0.363	0.0937	0.434
	(0.110)	(0.251)	(0.126)	(0.543)
其他控制变量	控制	控制	控制	控制
Constant	0.696 ***	0.965 ***	0.492 ***	0.534 **
	(0.0869)	(0.146)	(0.108)	(0.255)
Year	控制	控制	控制	控制
Indu	控制	控制	控制	控制
Observations	1377	600	1581	393
F	202.32 ***	222.38 ***	203.41 ***	180.72 ***
R-squared	0.950	0.962	0.922	0.970

注：括号内数字为标准差，*** $p<0.01$，** $p<0.05$，* $p<0.1$。

三 稳健性检验

由于假设 H8-2 至 H8-7 的回归模型是以第七章的回归模型（7-2）为依据的，回归模型（7-2）的稳健性已经得到验证，因此本章只对假设 8-1 市场势力的中介效应进行稳健性检验。

在模型（8-1）检验会计师事务所效率与市场势力之间的关系中，将解释变量从 DEA-BCC 模型估计的会计师事务所经营实体的配置效率（$Scale$）和 DEA-CCR 模型估计的会计师事务所经营实体的技术效率（TE），替换 DEA-BCC 模型估计的会计师事务所经营实体的综合效率（$Crste$）；并将被解释变量由事务所在全国的市场份额（Con_q）替换为在广东省的市场份额（Con_g），回归结果非常稳健[见表8-4列（2）—（6）]，表明假设 8-1 稳健成立。

在模型（8-2）检验市场势力与审计质量之间的关系中，将解释变量从事务所在全国的市场份额（Con_q）替换为在广东省的市场份额（Con_g），将被解释变量从 Jones 基本模型估计的操控应计（DA_j）替换为修正的 Jones 模型估计的操控应计（DA_t），回归结果依然稳健[见表8-5列（2）—（4）]，表明假设 8-1 稳健成立。

在模型（8-3）综合检验市场势力作为会计师事务所效率与审计质量倒"U"形关系的中介效应中，综合效率（$Crste$）、配置效率（$Scale$）、在全国的市场份额（Con_q）、在广东省的市场份额（Con_g），与 Jones 基本模型估计的操控应计（DA_j）和修正的 Jones 模型估计的操控应计（DA_t）的关系结果都支持假设 8-1 [见表8-6列（1）—（6），除列（7）和列（8）外]，表明假设 8-1 稳健成立。

第六节 本章小结

本章利用会计师事务所经营实体的财务数据，基于"效率——组织行为及绩效"的分析框架，详细考察和探索了会计师事务所效率对审计质量倒"U"形非线性影响的内部机制和外部机制。研究和探索会计师事务所效率影响审计质量的内部机制发现：第一，基于审计质量的成本性，提升会计师事务所的运营效率对其市场份额产生先降后升的影响，由此导致运营效率对其市场势力产出先降后升的影响；而市场势力则增强了审计师提升运营效率过程中降低审计质量的机会主义行为动机，从而导致市场势力与审计质量之间负相关；表明市场势力在会计师事务所效率与审计质量之间的倒"U"形关系中发挥着中介效应的作用。第二，合伙制和有限责任制是会计师事务所最基本的风险承担制度安排，相比有限责任制，合伙制由于需要审计师承担更大的风险责任，导致合伙制会计师事务所在提升运营效率过程中审计师降低审计质量的道德风险和机会主义行为动机更低，从而弱化了会计师事务所效率与审计质量之间的倒"U"形关系。第三，内部控制是提高会计师事务所质量管理、风险管控和市场竞争力的制度保障，是约束审计师不良行为或过度行为、降低审计风险的有效机制；内部控制弱化了会计师事务所效率与审计质量之间倒"U"形非线性关系，反映内部控制降低了会计师事务所效率对审计质量的激励作用，也降低了会计师事务所效率对审计师的机会主义行为。第四，内部薪酬激励强化了会计师事务所效率与审计质量之间的倒"U"形非线性关系，意味着内部薪酬激励对审计师协调效率提升与保持高水平审计质量之间关系有较强的激励作用，同时也显著增加了审计师提升效率过程中降低、损害审计质量的机会主义行为和道德风险问题的可能性。

进一步探索会计师事务所效率影响审计质量的外部机制发现：第一，市场竞争程度弱化了会计师事务所效率与审计质量之间的倒"U"形非线性关系；意味着市场竞争程度下降，激励了会计师事务所效率提升过程中审计师提升审计质量的积极性，但也助长了审计师的机会主义行为动机，促使高效率的会计师事务所在提升效率过程中做出降低审计质量的道德风险行为，从而导致会计师事务所效率与审计质量之间显著的倒"U"形非线性关系。第二，客户势力弱化了会计师事务所效率与审计质量之间的倒"U"形关系，表明在客户势力弱的目标市场，会计师事务所在效率提升过程中具有较强的提升审计质量以占领客户市场的动机，同时，当效率提升到一定程度时，客户的弱势激励了审计师的机会主义动机，从而导致会计师事务所效率与审计师独立性之间呈显著的"U"

形非线性关系。第三，会计师事务所声誉强化了会计师事务所效率与审计师独立性之间的"U"形非线性关系；意味着高声誉的会计师事务所在提升效率的过程中，既具有更强烈的协同效率与审计质量统一发展的积极性，也存在提升效率降低审计质量的机会主义行为动机。

以上结论验证了以传统经济学效率理论和产业组织理论结构主义为基础的"效率——组织行为及绩效"的分析框架，表明效率提升了会计师事务所的成本优势和竞争优势，进一步已经向会计师事务所的市场势力和实施相机抉择的审计师行为的能力，导致了会计师事务所在提升效率的过程中相机抉择地根据风险承担、内部控制、薪酬利益和市场竞争、客户压力、声誉等内外部约束条件，动态地调整审计师的独立性和激进性，从而动态地影响审计质量。

第九章 研究结论与启示

本章将总结全文的研究结论,为会计师事务所、监管者提出政策建议,并讨论本书的研究局限及进一步研究的方向。

第一节 研究结论

提升会计师事务所效率对服务中国经济向以全要素生产率为核心驱动的高质量发展转型和推动国家治理体系和治理能力现代化建设有着重要的现实意义。本书围绕"是什么?为什么?怎么样?"的基本逻辑,通过改进测量效率的 DEA(数据包络分析)模型,科学、准确地反映当前中国会计师事务所效率水平,从内部机制的视角探索风险承担制度机制、内部治理机制、内部控制机制对会计师事务所效率的影响,并进一步探索会计师事务所效率对审计定价、审计质量等审计决策行为的影响及其影响机制。本书的主要研究结论如下。

一 中国会计师事务所效率水平不高

研究发现,会计师事务所总所的效率水平较低,其中,综合效率($Crste$)为 0.341,且存在较大波动性;配置效率($Scale$)为 0.811,生产率($Vrste$)为 0.493。会计师事务所总所的效率与效率最优(等于 1)存在较大差距;但可喜的是,40.2% 的样本会计师事务所的规模报酬递增,表明整体而言会计师事务所处于帕累托效率改进状态。

相比会计师事务所总所,会计师事务所经营实体的效率水平较高,其中,综合效率($Crste$)为 0.6918,配置效率($Scale$)为 0.74,且逐年平稳提升,但与效率最优也还有很大差距;生产率(Vrste)为0.93,处于较高水平。虽然会计师事务所经营实体的效率整体上高于总所的效率;但是,离效率最优也还有很大距离,且超过一半以上(87.4%)的会计师事务所经营实体处于规模报酬递减状态,只有1.8%的事务所经营实体处于效率递增状态。

二 内部机制对会计师事务所效率存在显著影响

本书从组织内部机制的视角,检验风险承担制度机制、内部治理机制、内部控制机制三个内部机制特征对会计师事务所效率的影响,并检验外部管制、市场结构和事务所规模对内部机制与会计师事务所效率之间关系的调节机制。研究发现:第一,相比有限责任制,合伙制会计师事务所的效率更高;表明越愿意承担风险的会计师事务所,越能激励会计师事务所的经营者及其审计师提升效率。第二,提升合伙人(股东)会相对规模能够激励合伙人之间的自我监督和自我治理以及CPA(注册会计师)的晋升动力,调动合伙人和核心人力资源的积极性,从而改善会计师事务所的内部治理,而内部治理的改善能够提升会计师事务所的效率。第三,会计师事务所加强内部控制抑制了合伙人(股东)和CAP等核心人才的积极性,从而降低了会计师事务所的效率。进一步检验发现,市场准入门槛和实行价格干预的政府管制和市场集中度等外部环境和会计师事务所自身的规模,弱化了合伙制的风险承担制度机制和内部治理机制对会计师事务所效率的正向激励,也弱化了内部控制机制对会计师事务所效率的负向激励。

三 会计师事务所效率与审计定价之间呈正相关关系

研究发现,第一,提升效率能够给会计师事务所带来更多审计收费,表明会计师事务所效率对审计收费具有显著的正向激励效应。第二,效率通过增强会计师事务所的成本优势和市场竞争优势,从而实现对审计收费的正向激励。第三,市场集中度增强了会计师事务所效率对审计收费的正向激励效应。第四,政府管制弱化了会计师事务所效率对审计收费的正向激励效应。第五,以审计师独立性和审计质量为核心内容的社会利益，能够增强会计师事务所效率对审计收费的正向激励效应。

四 会计师事务所效率与审计质量之间呈倒"U"形非线性关系

基于"效率——组织行为及绩效"的分析框架，通过检验会计师事务所效率与审计质量之间的关系，洞察会计师事务所效率对审计师行为及后果的影响。研究发现：（1）会计师事务所效率与审计质量之间存在倒"U"形非线性关系；表明当会计师事务所效率处于较低水平时，提升效率能够激励审计师改善审计质量；而当会计师事务所效率超过一定临界值（0.65）时，提升效率不但不能激励审计师改善审计质量，反而诱发审计师的机会主义动机，降低审计质量；这一证据支持会计师事务所效率与审计质量之间的"动态假说"。（2）当会计师事务所效率处于较低水平时，竞争机制和声誉机制促使审计师既存在提升效率的动机，又存在协调效率与审计质量协同发展的动机，从而导致效率与审计质量呈正相关关系，表明会计师事务所效率与审计质量之间存在统一性；而当效率水平较高时，效率与审计质量之间并不存在显著的线性关系，也不存在显著的非线性关系。（3）当实施市场准入管制和价格管制时，法律机制将挤出、替代声誉机制，管制机制挤出、替代竞争机制，导致会计师事务所效率与审计质量难以协调，甚至相冲突，支持"冲突假说"。

会计师事务所效率与审计质量之间的倒"U"形非线性关系，意味着高效率的会计师事务所进一步提升效率会诱发审计师的机会主义动机。进一步研究发现，高效率的会计师事务所除了获得更高的相对审计收费，并没有获得更高的相对审计收费溢价，也没有获得更多的绝对审计收费和绝对审计收费溢价，更没有获得更多的绝对总收益和绝对总收益溢价；这一发现与Dopuch等（2003）和Kim等（2005）的研究结论一致。这一发现表明，提升效率并不能给会计师事务所带来更多的经济收益，由此诱发了高效率的会计师事务所在提升效率的过程中降低审计质量的机会主义行为。

五 审计师的市场势力是会计师事务所效率影响审计质量的中介机制

研究发现，效率提升带来的成本优势，为会计师事务所实施低价策略奠定了基础。短期而言，低价策略将减少会计师事务所总收入，降低其市场份额，从而减弱会计师事务所的市场势力；长期而言，低价策略能够降低客户的审计成本，为会计师事务所积累更好的市场声誉、吸引更多的客户，从而增加市场份额和提升市场势力，由此导致效率与市场势力之间呈"U"形关系。而市场势力越大，会计师事务所"店大欺客"、实施降低审计质量的机会主义行为倾向就越大，由此导致市场势力与审计质量之间呈负相关关系。由此表明会计师事务所的效率通过市场势力的中介效应倒"U"形地影响审计质量。

六　会计师事务所效率与审计质量的关系受到内部机制的调节影响

会计师事务所在提升效率的过程中，存在提升审计质量的正向动机，也存在降低审计质量的机会主义行为的负向动机。按照 X 效率理论的逻辑，内部机制对个体和组织的行为具有重要影响。研究发现，（1）合伙制和有限责任制是会计师事务所最基本的风险承担制度安排，相比有限责任制，合伙制由于审计师承担更大的风险责任，导致合伙制会计师事务所在提升效率过程中审计师降低审计质量的道德风险和机会主义行为动机更低，从而弱化了会计师事务所效率与审计质量之间倒"U"形关系。（2）内部控制是提高会计师事务所质量管理、风险管控和市场竞争力的制度保障，是约束审计师不良行为或过度行为、降低审计风险的有效机制；内部控制机制弱化了效率与审计质量之间的倒"U"形非线性关系，反映内部控制机制弱化了效率对审计质量的正向激励作用，也弱化了审计师的机会主义行为动机和效率对审计质量的负向影响。（3）内部薪酬激励强化了会计师事务所效率与审计质量之间的倒"U"形非线性关系，意味着内部薪酬激励对审计师协调效率提升与保持高水平审计质量之间关系有较强的激励作用，同时也显著增加了审计师提升效率过程中降低、损害审计质量的机会主义行为和道德风险问题的可能性。

七　会计师事务所效率与审计质量的关系受到外部环境的调节影响

市场竞争、客户势力以及审计师的市场声誉对审计师的行为动机具有明显的约束效应。研究发现，（1）市场竞争程度弱化了会计师事务所效率与审计质量之间的倒"U"形非线性关系；意味着市场竞争程度下降，激励了会计师事务所效率提升过程中审计师提升审计质量的积极性，但也助长了审计师的机会主义行为动机，促使高效率的会计师事务所在提升效率过程中做出降低审计质量的机会主义行为，从而增强了会计师事务所效率与审计质量之间显著的倒"U"形非线性关系。(2) 客户势力弱化了会计师事务所效率与审计质量之间的倒"U"形关系，表明在客户势力弱的目标市场，会计师事务所在效率提升过程中具有较强的提升审计质量以占领客户市场的动机，同时，当效率提升到一定程度时，客户的弱势激励了审计师的机会主义动机，从而导致会计师事务所效率与审计师独立性之间呈显著的"U"形非线性关系。(3) 会计师事务所声誉强化了会计师事务所效率与审计师独立性之间的"U"形非线性关系；意味着高声誉的会计师事务所在提升效率的过程中，既具有更强烈的协同效率与审计质量统一发展的积极性，也存在提升效率降低审计质量的机会主义行为动机。

第二节　政策启示

一　对会计师事务所经营者的启示建议

第一，有限责任制向合伙制转型，是提升会计师事务所效率的制度保障。制度安排是企业内生发展的关键要素，风险承担制度是会计师事务所效率的有效激励机制。高风险承担意味着更大损失的可能性，而要弥补风险带来的损失，只有提升效率、降低成本，才能获得更大的规模效益。

第二，内部治理是会计师实施内部机制建设的核心内容，是提升会计师事务所效率的重要保障。内部治理的核心是监督和激励，而激励又是解决监督中信息不对称问题的最好办法，而最好的激励就是赋予监督者剩余报酬索取权。内部治理机制是提升会计师事务所效率的加速器；会计师事务所的合伙人（股东）规模既能反映事务所内部的晋升激励机制，又能增加合伙人之间的自我治理和自我监督功能。因此，适度扩大合伙人（股东）的相对规模，有利于提升事务所的激励效应和内部治理水平，有利于提升事务所效率。

第三，内部控制机制是把"双刃剑"。内部控制最主要的功能就是协调发展与风险的关系，起到"减速带"的作用。良好的内部控制能够降低决策风险和运营风险，改善企业财务绩效，同时也导致经营效率的下降。

第四，会计师事务所效率对审计定价具有正向影响，而且审计师独立性和审计质量能够增强效率与审计定价之间的正向激励效应，表明提升效率能够为会计师事务所带来更高的经济效益。

第五，会计师事务所在追求高质量发展过程中需要协调好效率与审计质量之间的关系。效率是会计师事务所获得利益最大化的根本途径和重要抓手，但效率并不是越高越好，当效率超过一定临界值时，由于审计质量的经济成本性，进一步提升效率将诱发会计师事务所的经营者的机会主义行为动机、降低审计质量以减少经济利益损失。因此，会计师事务所在向以效率为驱动的高质量发展转型的过程中，既要把握提升效率的度，更要协调效率与审计质量的协同统一。

二 对审计市场监管者的政策建议

本书的研究表明，监管者对审计市场的监管政策和治理水平严重影响着会计师事务所的经营效率和审计市场的效率。本书的研究对监管者提出如下政策建议：监管者不应该盲目推动会计师事务所提升效率，对不同效率水平的会计师事务所实施差异化的扶持政策。

第一，政策扶持需要有所侧重。中国经济持续、快速发展的经验表明，会计师事务所要实现持续、快速发展也需要产业政策的扶持，但是，以提升会计师事务所全要素生产率为目标的扶持政策需要分类指导、有所侧重。一是要进一步推动会计师事务所由有限责任制向合伙制转型；二是加强引导和支持会计师事务所加强内部治理、品牌等内部机制建设；三是引导会计师事务所改进内部控制的政策是把"双刃剑"，可能有助于提升会计师事务所的审计质量，但并不利于提升会计师事务所的效率；四是由于过高的效率会诱发审计师降低审计质量的机会主义行为，因此，监管者不应该盲目推动会计师事务所提升效率，对不同效率水平的会计师事务所应实施差异化的扶持政策。

第二，政府管制需谨慎。政府管制强化了事务所效率与审计质量之间的正向关系，从而降低了审计师的经济效益。同时，政府管制强化了事务所效率与审计质量之间的动态关系，将造成低效率事务所和高效率事务所对审计质量供给出现两极分化，即激励了低效率的会计师事务所通过提升效率来改进审计服务质量，以获得更好的声誉；降低了高效率的事务所提升效率的积极性，以免损害审计质量。一是慎用市场准入管制；二是慎用最低限价的价格管制；三是对不同效率水平的会计师事务所实施差异化的监管政策，加强对高效率的会计师事务所的监管，避免其施行机会主义行为，以确保会计师事务所的高质量发展是促进审计质量的发展，而不是牺牲审计质量的发展。

第三节　研究局限及未来研究方向

一　关于效率的实现路径问题

古典经济学效率理论认为，实现效率的路径包括两个：一是既定要素投入下的产出最大化；二是既定产出水平下的投入最小化。尽管我们采用两种 DEA 模型估计事务所的效率：不考虑规模收益的 CCR 模型和考虑规模收益的 BCC 模型，一定程度反映了以上两种实现效率的路径，但在估计模型时没有考虑经营成本或净产出，以至于难以界定会计师事务所实现效率的路径和比较何种路径更优，减弱了对当前加快会计师事务所行业向高质量发展转型的现实指导作用。这也将是未来我们进一步研究的方向之一。

二　关于审计师效率的行为后果问题

这里可能存在两个争议：第一，从审计供给的视角出发，审计质量是不是恒定不变的？第二，审计质量是不是会计师事务所效率的直接后果？

关于第一个争议，如果审计质量是恒定不变的，显然我们的测量方法是有问题的，但是，现有主流文献大多数都采用这样的测量方法，意味着现有研究将审计质量是会计师事务所及其审计师动态调整的结果作为基本假设前提。实际上审计质量必然是会计师事务所及其审计师动态调整的结果，由于效率水平一定程度上代表经济利益最大化目标的实现水平，显然会计师事务所经营者和 CPA 会根据会计师事务所的效率水平对审计质量做出相应的调整。这一推断在本书第六章和第七章得到验证。因此，关于第二争议实际上是不存在的。为进一步澄清这个争议，未来我们将进一步探讨资源要素投入对效率和审计质量的影响。

三 样本数据来源可能存在代表性问题

虽然本书在估计会计师事务所效率的投入产出要素中不包含地域性指标，会计师事务所来源具有全国性特征（全国 40 家证券所有 34 家在广东省开设 71 家经营实体，还有其他非证券所在广东省开设 19 家经营实体），会计师事务所的上市公司客户具有全国性特征（三分之二以上的客户分布在省外，省内客户约占三分之一），但毕竟只有一个省的会计师事务所样本，难免让人产生样本数据代表性的疑虑。未来改进的可能就是探讨总所层面的事务所效率的经济后果和社会后果，但也只能在审计客户的全面性上得到改善，而从事务所本身的类型多样化方面未必就优于本书的数据。

参考文献

白重恩、刘俏、陆洲、宋敏、张俊喜：《中国上市公司治理结构的实证研究》，《经济研究》2005年第2期。

毕泗锋：《经济效率理论研究述评》，《经济评论》2008年第6期。

卞吉华、陈传明：《组织文化、人力资源管理与组织效率：基于中日酒店集团的比较研究》，《现代管理科学》2009年第11期。

才国伟、刘剑雄：《收入风险、融资约束与人力资本积累——公共教育投资的作用》，《经济研究》2014年第7期。

曹强、陈汉文、胡南薇：《事务所特征、行为与审计生产效率》，《南开管理评论》2008年第2期。

常亚青、宋来：《中国企业相对效率和全要素生产率研究——基于37个行业5年数据的实证分析》，《数量经济技术经济研究》2006年第11期。

陈冬华、章铁生、李翔：《法律环境、政府管制与隐性契约》，《经济研究》2008年第3期。

陈国宏、李凯：《产业集群的组织分析逻辑：组织本质、效率与边界》，《财经问题研究》2009年第1期。

陈小林、张雪华、闫焕民：《事务所转制、审计师个人特征与会计稳健性》，《会计研究》2016年第6期。

陈信元、陈冬华、万华林》等：《地区差异、薪酬管制与高管腐败》，《管理世界》2009年第11期。

陈甬军、杨振：《制造业外资进入与市场势力波动：竞争还是垄断》，《中国工业经济》2012年第10期。

陈玉宇、吴玉立：《信息化对劳动力市场的影响：个人电脑使用回报率的估计》，《经济学》（季刊）2008年第4期。

陈运森、邓祎璐、李哲：《非行政处罚性监管能改进审计质量吗？——基于财务报告问询函的证据》，《审计研究》2018年第5期。

丁利、李明辉、吕伟：《签字注册会计师个人特征与审计质量——基于2010年上市公司数据的经验研究》，《山西财经大学学报》2012年第8期。

杜克锐：《要素市场扭曲对能源效率的影响》，《经济研究》2013年第9期。

杜兴强、赖少娟、裴红梅：《女性高管总能抑制盈余管理吗？——基于中国资本市场的经验证据》，《会计研究》2017年第1期。

段宏：《会计师事务所产业化背景下的审计市场竞争研究》，《中国注册会计师》2017年第11期。

段特奇、刘斌、石恒贵：《审计市场低价管制能提高审计质量吗？》，《中南财经政法大学学报》2013年第1期。

范剑勇、冯猛、李方文：《产业集聚与企业全要素生产率》，《世界经济》2014年第5期。

方红星、金玉娜：《高质量内部控制能抑制盈余管理吗？——基于自愿性内部控制鉴证报告的经验研究》，《会计与控制评论》2011年第1期。

方红星、金玉娜：《公司治理、内部控制与非效率投资：理论分析与经验证据》，《会计研究》2013年第7期。

方红星：《内部控制审计与组织效率》，《会计研究》2002年第7期。

方军雄、洪剑峭：《异常审计收费与审计质量的损害——来自中国审计市场的证据》，《中国会计评论》2008年第4期。

盖庆恩、朱喜、程名望、史清华：《要素市场扭曲、垄断势力与全要素生产率》，《经济研究》2015年第5期。

耿建新、房巧玲：《我国会计师事务所规模研究——基于审计市场经验数据的聚类分析》，《会计研究》2005年第3期。

龚关、胡关亮：《中国制造业资源配置效率与全要素生产率》，《经济研究》2013年第4期。

郭春林：《基于签字注册会计师特征与独立审计质量的实证研究》，《经济问题》2014年第1期。

郭弘卿、郑育书、林美凤：《会计师事务所人力资本与薪资对其经营绩效之影响》，《会计研究》2011年第9期。

郭颖、柯大钢：《中国审计市场集中度与审计质量的关系——基于2002—2006年证券市场数据的实证分析》，《系统工程》2008年第4期。

韩维芳：《审计市场结构与审计结果：以地区为视角》，《会计与经济研究》2015年第5期。

洪银兴：《准确认识供给侧结构性改革的目标和任务》，《中国工业经济》2016年第6期。

胡丹、冯巧根：《信息环境、审计质量与IPO抑价——以A股市场2009—2011年上市的公司为例》，《会计研究》2013年第2期。

胡寄窗：《1870年以来的西方经济学说》，经济科学出版社1988年版。

黄琳琳、周清清、陈子忻：《浅析CPA审计市场Low-balling内在动因及监管效率》，《中国注册会计师》2015年第1期。

黄少安、孙圣民、宫明波：《中国土地产权制度对农业经济增长的影响——对1949—1978年中国大陆农业生产效率的实证分析》，《中国社会科学》2005年第3期。

黄益雄、李长爱：《行业自律监管能改进审计质量吗？——基于中注协约谈的证据》，《会计研究》2016年第11期。

贾楠、李丹：《会计师事务所对客户的经济依赖会削弱审计质量吗？——来自赴美上市的中国概念股的实证证据》，《审计研究》2015年第5期。

蒋尧明、杨晓丹：《基于DEA方法的会计师事务所运营效率研究》，《山西财经大学学报》2015年第6期。

雷光勇：《审计合谋与财务报告舞弊：共生与治理》，《管理世界》2004年第2期。

黎文靖、胡玉明：《国企内部薪酬差距激励了谁？》，《经济研究》2012年第12期。

李江涛、宋华杨、邓迦予：《会计师事务所转制政策对审计定价的影响》，《审计研究》2013年第2期。

李江涛、王冬梅、杨玉春：《审计师个人特征与审计费用率相关性研究——来自中国上市公司2009年的经验数据》，《中国注册会计师》2012年第3期。

李江涛、严文龙：《人力资本、组织资本与会计师事务所市场业绩——来自会计师事务所综合评价的经验数据》，《审计研究》2016年第6期。

李科、徐龙炳、朱伟骅：《卖空限制与股票错误定价——融资融券制度的证据》，《经济研究》2014年第10期。

李明辉、刘笑霞：《会计师事务所合并能提高审计效率吗？——基于审计延迟视角的经验证据》，《经济管理》2012年第5期。

李明辉、吴燕、范华：《会计师事务所合并对审计市场结构的影响》，《中国经济问题》2014年第3期。

李培功、沈艺峰：《媒体的公司治理作用：中国的经验证据》，《经济研究》2010年第4期。

李奇凤、宋琰纹：《事务所地域与其对盈余管理的抑制能力》，《中国会计评论》2007年第1期。

李庆玲、沈烈：《近年国际内部控制研究动态：一个文献综述》，《经济管理》2016年第5期。

李眺：《"低价揽业"与审计市场的价格竞争》，《财贸研究》2008年第5期。

李万福、林斌、林东杰：《内部控制能有效规避财务困境吗？》，《财经研究》2012年第1期。

李万福、林斌、宋璐：《内部控制在公司投资中的角色：效率促进还是抑制？》，《管理世界》2011年第2期。

李维安、韩忠雪：《民营企业金字塔结构与产品市场竞争》，《中国工业经济》2013年第1期。

李维安、邱艾超、牛建波等：《公司治理研究的新进展：国际趋势与中国模式》，《南开管理评论》2010年第6期。

李文贵、余明桂：《所有权性质、市场化进程与企业风险承担》，《中国工业经济》2012 年第 12 期。

李心合：《被神化的内部控制与被冷落的内部牵制》，《审计与经济研究》2013 年第 3 期。

李云鹤、李湛、唐松莲：《企业生命周期、公司治理与公司资本配置效率》，《南开管理评论》2011 年第 3 期。

李志生、杜爽、林秉旋：《卖空交易与股票价格稳定性——来自中国融资融券市场的自然实验》，《金融研究》2015 年第 6 期。

林永坚、王志强：《国际"四大"的审计质量更高吗？——来自中国上市公司的经验证据》，《财经研究》2013 年第 6 期。

林钟高、郑军、王书珍：《内部控制与企业价值研究——来自沪深两市 A 股的经验分析》，《财经研究》2007 年第 4 期。

刘斌、王雷：《制度环境、审计市场集中度与审计质量》，《审计与经济研究》2014 年第 4 期。

刘峰、郭永祥、任承彝：《会计师事务所与上市公司审计合谋的经济分析》，《经济体制改革》2002 年第 3 期。

刘峰、林斌：《会计师事务所脱钩与政府选择：一种解释》，《会计研究》2000 年第 2 期。

刘峰、谢斌、黄宇明：《规模与审计质量：店大欺客与客大欺店？——基于香港市场大陆上市公司的经验数据》，《审计研究》2009 年第 3 期。

刘峰、赵景文、涂国前、黄宇明：《审计师聘约权安排重要吗？——审计师声誉角度的检验》，《会计研究》2010 年第 12 期。

刘峰、周福源：《国际四大意味着高审计质量吗——基于会计稳健性角度的检验》，《会计研究》2007 年第 3 期。

刘桂良、牟谦：《审计市场结构与审计质量：来自中国证券市场的经验证据》，《会计研究》2008 年第 6 期。

刘明辉、李黎、张羽：《我国审计市场集中度与审计质量关系的实证分析》，《会计研究》2003 年第 7 期。

刘明辉、汪玉兰：《中国审计市场的管制、监管与发展》，《财经问题研究》2015 年第 2 期。

刘明辉、王扬：《审计师特征、审计质量与审计师运营效率研究》，《审计与经济研究》2012 年第 5 期。

刘启亮、李祎、张建平：《媒体负面报道、诉讼风险与审计契约稳定性——基于外部治理视角的研究》，《管理世界》2013 年第 11 期。

刘世锦：《推动经济发展质量变革、效率变革、动力变革》，《中国发展观察》2017 年第 21 期。

刘焱：《企业生命周期、内部控制与过度投资》，《财经问题研究》2014 年第 11 期。

刘张发、田存志、张潇：《国有企业内部薪酬差距影响生产效率吗》，《经济学动态》2017 年第 11 期。

卢太平、张东旭：《会计师事务所运营效率影响因素研究——基于 DEA-Tobit 研究框架》，《审计研究》2014 年第 1 期。

鲁晓东、连玉君：《中国工业企业全要素生产率估计：1999—2007》，《经济学》（季刊）2012 年第 2 期。

陆正飞、王春飞、伍利娜：《制度变迁、集团客户重要性与非标准审计意见》，《会计研究》2012 年第 10 期。

吕兆德、朱星文、宗文龙：《民间审计地域特征研究——来自中国 A 股市场的证据》，《统计研究》2007 年第 1 期。

罗春华、唐建新、王宇生：《注册会计师个人特征与会计信息稳健性研究》，《审计研究》2014 年第 1 期。

孟捷：《经济人假设与马克思主义经济学》，《中国社会科学》2007 年第 1 期。

庞瑞芝、邓忠奇：《服务业生产率真的低吗?》，《经济研究》2014 年第 12 期。

齐鲁光、韩传模：《客户产权差异、审计收费和审计质量关系研究——基于风险导向审计理论》，《审计研究》2016 年第 2 期。

邱吉福、王园、张仪华：《我国会计师事务所效率的实证研究——基于中注协 2008—2010 年发布数据》，《审计研究》2012 年第 2 期。

裘宗舜、姜寒云：《知识共享是提高审计质量与效率之道》，《中国注册会计师》2007 年第 7 期。

曲创、刘重阳：《平台厂商市场势力测度研究——以搜索引擎市场为例》,《中国工业经济》2016年第2期。

任迎伟、张曼:《新兴市场中组织结构和信息技术能力对组织效率的影响》,《财经科学》2004年第5期。

施丽芳、丁德明、廖飞:《公司内部治理:一个认知视角的展望》,《审计研究》2009年第2期。

史小坤:《网络化服务组织的效率和福利改进分析》,《系统工程理论与实践》2003年第12期。

宋衍蘅、肖星:《监管风险、事务所规模与审计质量》,《审计研究》2012年第3期。

宋子龙、余玉苗:《审计项目团队行业专长类型、审计费用溢价与审计质量》,《会计研究》2018年第4期。

苏东水:《产业经济学》,高等教育出版社2010年版。

苏治、徐淑丹:《中国技术进步与经济增长收敛性测度——基于创新与效率的视角》,《中国社会科学》2015年第7期。

孙毅:《组织文化因素对组织效率影响的模型建立与分析》,《北京理工大学学报》(社会科学版)2008年第5期。

谭庆刚:《新制度经济学:一个理论概括》,《理论与现代化》2013年第2期。

唐忠良:《我国上市公司审计合谋治理对策研究》,《审计研究》2012年第5期。

特约评论员:《大力推动我国经济实现高质量发展——二论贯彻落实中央经济工作会议精神》,《人民日报》2017年12月23日第1版。

汪淼军、张维迎、周黎安:《信息化、组织行为与组织绩效:基于浙江企业的实证研究》,《管理世界》2007年第4期。

王兵、陈运佳、孙小杰:《内部审计负责人特征与公司盈余质量关系研究》,《审计研究》2014年第3期。

王兵、辛清泉、杨德明:《审计师声誉影响股票定价吗——来自IPO定价市场化的证据》,《会计研究》2009年第11期。

王兵、尤广辉、宋戈:《审计师声誉机制研究:基于会计师事务所合并的视角》,《审计与经济研究》2013年第6期。

王棣华：《合伙文化与我国会计师事务所改革——经验证据与分析》，《会计研究》2006 年第 3 期。

王菁华、茅宁：《企业风险承担研究述评及展望》，《外国经济与管理》2015 年第 12 期。

王俊秋、张奇峰：《治理环境、治理机制与信息披露质量：来自深交所的证据》，《当代经济管理》2007 年第 3 期。

王恕立、胡宗彪：《中国服务业分行业生产率变迁及异质性考察》，《经济研究》2012 年第 4 期。

王恕立、滕泽伟、刘军：《中国服务业生产率变动的差异分析——基于区域及行业视角》，《经济研究》2015 年第 8 期。

王小鲁、樊纲、余静文：《中国分省份市场化指数报告（2016）》，社会科学文献出版社 2017 年版。

王雄元、唐本佑：《审计回扣、审计质量与审计监管》，《会计研究》2004 年第 6 期。

王彦超、赵璨：《社会审计、反腐与国家治理》，《审计研究》2016 年第 4 期。

王艳艳、于李胜、安然：《非财务信息披露是否能够改善资本市场信息环境？——基于社会责任报告披露的研究》，《金融研究》2014 年第 8 期。

王咏梅、陈磊：《中国会计师事务所生产率长期变化及其驱动因素实证研究》，《会计研究》2012 年第 1 期。

王运陈、逯东、宫义飞：《企业内部控制提高了 R&D 效率吗?》，《证券市场导报》2015 年第 1 期。

温菊英、张立民：《低价揽客影响审计质量吗？——来自沪深 A 股经验数据研究》，《中国注册会计师》2013 年第 10 期。

吴昊旻、吴春贤、杨兴全：《惩戒风险、事务所规模与审计质量——来自中国审计市场的经验证据》，《审计研究》2015 年第 1 期。

吴敬琏：《改善供给关键是提高效率》，《中国金融家》2016 年第 2 期。

吴伟荣、李晶晶：《政府监管、注册会计师任期管理与审计质量研究》，《管理评论》2018 年第 1 期。

吴伟荣、刘亚伟:《公共压力与审计质量——基于会计师事务所规模视角的研究》,《审计研究》2015 年第 3 期。

吴溪、陈梦:《会计师事务所的内部治理:理论、原则及其对发展战略的含义》,《审计研究》2012 年第 3 期。

吴溪、杨育龙、张俊生:《预防性监管伴随着更严格的审计结果吗?——来自中注协年报审计风险约谈的证据》,《审计研究》2014 年第 4 期。

吴溪:《我国证券审计市场的集中度与注册会计师独立性》,《中国注册会计师》2001 年第 9 期。

武恒光:《市场诱吓、政府引导、自我施压与非审计业务拓展策略——来自本土会计师事务所的证据》,《审计与经济研究》2015 年第 2 期。

徐经长、汪猛:《企业创新能够提高审计质量吗?》,《会计研究》2017 年第 12 期。

徐细雄、刘星:《放权改革、薪酬管制与企业高管腐败》,《管理世界》2013 年第 3 期。

徐玉德、韩彬:《市场竞争地位、行业竞争与内控审计师选择——基于民营上市公司的经验证据》,《审计研究》2017 年第 1 期。

许汉友、姜亚琳、陈茜:《基于 DEA 的特殊普通合伙制会计师事务所运营效率研究》,《会计研究》2017 年第 9 期。

许汉友、汤谷良、汪先娣:《中国会计师事务所运营效率之 DEA 分析》,《会计研究》2008 年第 3 期。

许亚湖:《租金性异常审计费用影响审计质量吗?》,《会计研究》2018 年第 5 期。

杨德明、胡婷:《内部控制、盈余管理与审计意见》,《审计研究》2010 年第 5 期。

杨德明、林斌、王彦超:《内部控制、审计质量与代理成本》,《财经研究》2009 年第 12 期。

杨剑钧:《注册会计师之间的审计竞争行为分析》,《中国注册会计师》2017 年第 8 期。

杨居正、张维迎、周黎安:《信誉与管制的互补与替代——基于网上交易数据的实证研究》,《管理世界》2008 年第 7 期。

杨汝岱：《中国制造业企业全要素生产率研究》，《经济研究》2015 年第 2 期。

杨兴全、张照南、吴昊旻：《治理环境、超额持有现金与过度投资——基于我国上市公司面板数据的分析》，《南开管理评论》2010 年第 5 期。

杨雄胜：《内部控制范畴定义探索》，《会计研究》2011 年第 8 期。

杨雪、张俊民：《会计师事务所产权组织形式、审计师声誉和审计定价》，《财经问题研究》2016 年第 5 期。

杨永淼：《基于超效率模型的中国会计师事务所效率研究》，《中国注册会计师》2009 年第 5 期。

杨有红、胡燕：《试论公司治理与内部控制的对接》，《会计研究》2004 年第 10 期。

杨玉凤、王火欣、曹琼：《内部控制信息披露质量与代理成本相关性研究——基于沪市 2007 年上市公司的经验数据》，《审计研究》2010 年第 1 期。

叶陈刚、裘丽、张立娟：《公司治理结构、内部控制质量与企业财务绩效》，《审计研究》2016 年第 2 期。

叶凡、方卉、于东、刘峰：《审计师规模与审计质量：声誉视角》，《会计研究》2017 年第 3 期。

叶琼燕、于忠泊：《审计师个人特征与审计质量》，《山西财经大学学报》2011 年第 2 期。

于李胜、王艳艳：《政府管制是否能够提高审计市场绩效？》，《管理世界》2010 年第 8 期。

于忠泊、田高良：《内部控制评价报告真的有用吗——基于会计信息质量、资源配置效率视角的研究》，《山西财经大学学报》2009 年第 10 期。

余明桂、李文贵、潘红波：《管理者过度自信与企业风险承担》，《金融研究》2013 年第 1 期。

余玉苗、陈波：《资产特征、治理结构与会计师事务所组织形式》，《审计研究》2002 年第 5 期。

俞红海、徐龙炳、陈百助：《终极控股股东控制权与自由现金流过度投资》,《经济研究》2010 年第 8 期。

袁辉:《效率及效率测度研究综述》,《特区经济》2015 年第 8 期。

曾昌礼、李江涛、张敏等:《会计师事务所信息化建设能够提升审计效果吗?》,《会计研究》2018 年第 6 期。

曾亚敏、张俊生:《会计师事务所合并对审计质量的影响》,《审计研究》2010 年第 5 期。

曾中秋:《经济人假设的理论发展及方法论评价》,《科学技术哲学研究》2004 年第 4 期。

翟一花:《中国审计市场集中度对审计质量的影响》,《经济研究导刊》2010 年第 7 期。

张川、沈红波、高新梓:《内部控制的有效性、审计师评价与企业绩效》,《审计研究》2009 年第 6 期。

张国清:《内部控制与盈余质量——基于 2007 年 A 股公司的经验证据》,《经济管理》2008 年第 23—24 期。

张海洋:《R&D 两面性、外资活动与中国工业生产率增长》,《经济研究》2005 年第 5 期。

张会丽、陆正飞:《现金分布、公司治理与过度投资——基于我国上市公司及其子公司的现金持有状况的考察》,《管理世界》2012 年第 3 期。

张俊民、胡国强:《高管审计背景与审计定价:基于角色视角》,《审计与经济研究》2013 年第 2 期。

张立民、唐松华:《注册会计师审计的产权。功能:演化与延伸——改革开放 30 年中国会计师事务所产权演变评析》,《会计研究》2008 年第 8 期。

张立民、邢春玉、李琰:《持续经营审计意见、管理层自信与投资效率》,《审计研究》2017 年第 1 期。

张良:《审计市场集中度一定能提高审计质量吗?——来自我国证券审计市场的新发现》,《南京审计大学学报》2012 年第 4 期。

张奇峰:《政府管制提高会计师事务所声誉吗?——来自中国证券市场的经验证据》,《管理世界》2005 年第 12 期。

张维迎:《法律制度的信誉基础》,《经济研究》2002 年第 1 期。

张维迎:《所有制、治理结构及委托—代理关系——兼评崔之元和周其仁的一些观点》,《经济研究》1996 年第 9 期。

张兆国、吴伟荣、陈雪芹:《签字注册会计师背景特征影响审计质量研究——来自中国上市公司经验证据》,《中国软科学》2014 年第 11 期。

张志学、鞠冬、马力:《组织行为学研究的现状:意义与建议》,《心理学报》2014 年第 2 期。

赵息、张西栓:《内部控制、高管权力与并购绩效——来自中国证券市场的经验证据》,《南开管理评论》2013 年第 2 期。

郑志刚:《法律外制度的公司治理角色——一个文献综述》,《管理世界》2007 年第 9 期。

中国注册会计师协会:《中国注册会计师行业发展报告(2015)》,中国财政经济出版社 2016 年版。

朱松、陈关亭:《会计稳健性与审计收费:基于审计风险控制策略的分析》,《审计研究》2012 年第 1 期。

朱松、柯晓莉:《审计行业监管有效性研究——基于证监会处罚公告后事务所策略选择的经验证据》,《财经研究》2018 年第 3 期。

朱小平、叶友:《会计师事务所法律组织形式的企业理论观点——为什么应采取合伙制而不应采取有限公司制》,《会计研究》2003 年第 7 期。

庄飞鹏、李晓慧:《证券审计市场集中度及对审计质量的影响》,《中央财经大学学报》2014 年第 5 期。

[美] 阿尔弗雷德·马歇尔:《经济学原理》,廉运杰译,华夏出版社 2017 年版。

[美] 刘易斯·卡布罗:《产业组织导论》,胡汉辉译,人民邮电出版社 2002 年版。

[美] 罗纳德·哈里·科斯:《企业、市场与法律》,盛洪、陈郁译,上海人民出版社 2014 年版。

[美] 斯蒂芬·马丁:《高级产业经济学》,史东辉等译,上海财经大学出版社 2003 年版。

[英] 大卫·李嘉图:《政治经济学及赋税原理》,周浩译,华夏出版社 2013 年版。

［英］威廉·配第:《税赋论》,邱霞、原磊译,华夏出版社 2006 年版。

［英］亚当·斯密:《国民财富的性质和原因的研究》,郭大力、王亚南译,商务印书馆 2011 年版。

［英］约翰·斯图亚特·穆勒:《论政治经济学的若干未决问题》,张涵译,商务印书馆 2016 年版。

Aaker, David A., *Managing Brand Equity: Capitalizing on the Value of A Brand Name*, New York: Free Press, 1991.

Abbott L. J., Parker S., Peters G. F., "Audit Fee Reductions from Internal Audit-provided Assistance: the Incremental Impact of Internal Audit Characteristics", *Contemporary Accounting Research*, Vol. 29, No. 1, 2012a.

Abbott L. J., Parker S., Peters G. F., "Internal Audit Assistance and External Audit Timeliness", *Auditing: A Journal of Practice & Theory*, Vol. 31, No. 4, 2012b.

Abramovitz M., "Resource and Output Trends in the United States Since 1870", *The American Economic Review*, Vol. 46, No. 2, 1956.

Acemoglu D., Antras P., Helpman E., "Contracts and Technology Adoption", *The American Economic Review*, Vol. 97, No. 97, 2007.

Acemoglu D., Zilibotti F., "Was Prometheus Unbound by Chance? Risk, Diversification, and Growth", *Journal of Political Economy*, Vol. 105, No. 4, 1997.

Aigner D., Lovell C., Schmidt P., "Formulation and Estimation of Stochastic Frontier Production Function Models", *Journal of Econometrics*, Vol. 6, No. 1, 1977.

Alchian A. A., Demsetz H., "Production, Information Costs, and Economic Organization", *The American Economic Review*, Vol. 62, No. 5, 1972.

Alexander C. R., Bauguess S. W., Bernile G., et al, "Economic Effects of SOX Section 404 Compliance: A Corporate Insider Perspective", *Journal of Accounting and Economics*, Vol. 56, No. 2 – 3, 2013.

Alhassan A. L., Ohene-Asare K., "Competition and Bank Efficiency in E-merging Markets: Empirical Evidence from Ghana", *African Journal of Eco-

参考文献

nomic and Management Studies, 7, No. 2, 2016.

Allen F., Qian J., Qian M., "Law, Finance, and Economic Growth in China", *Journal of Financial Economics*, Vol. 77, 2005.

Altunbas Y., Carbo S., Gardener E. P. M., et al, "Examining the Relationships between Capital, Risk and Efficiency in European Banking", *European Financial Management*, Vol. 13, 2007.

Ameen E., Strawer J., "Investigating the Use of Analytical Procedures: an Update and Extension", *Auditing: A Journal of Practice and Theory*, Vol. 13, No. 2, 1994.

Amihud Y., Lev B., "Risk Reduction as a Managerial Motive for Conglomerate Mergers", *The Bell Journal of Economics*, Vol. 12, No. 2, 1981.

Appuhami R., Bhuyan M., "Examining the Influence of Corporate Governance on Intellectual Capital Efficiency", *Managerial Auditing Journal*, Vol. 30, No. 4/5, 2015.

Ashbaugh H., LaFond R., Mayhew B. W., "Do Nonaudit Services Compromise Auditor Independence? Further Evidence", *The Accounting Review*, Vol. 78, No. 3, 2003.

Ashton R. H., Graul P. R., Newton J. D., "Audit Delay and the Timeliness of Corporate Reporting", *Contemporary Accounting Research*, Vol. 5, No. 2, 1989.

Bain J. S., "Economies of Scale, Concentration, and the Condition of Entry in Twenty Manufacturing Industries", *The American Economic Review*, Vol. 44, No. 1, 1954.

Bain, Joe S., *Barriers to New Competition: their Character and Consequences in Manufacturing Industries*, Cambridge, MA: Harvard University Press, 1956.

Bain, Joe S., *Industrial Organization*, New York: Harvard University Press, 1959.

Balsam S., Krishnan J., Yang J. S., "Auditor Industry Specialization and Earnings Quality", *Auditing: A Journal of Practice and Theory*, Vol. 22,

No. 2, 2003.

Banker R. D., "Estimating Most Productive Scale Size Using Data Envelopment Analysis", *European Journal of Operational Research*, Vol. 17, No. 1, 1984.

Banker R. D., Chang H., Cunningham R., "The Public Accounting Industry Production Function", *Journal of Accounting and Economics*, Vol. 35, No. 2, 2003.

Banker R. D., Chang H., Kao Y., "Impact of Information Technology on Public Accounting Firm Productivity", *Journal of Information Systems*, Vol. 16, No. 2, 2002.

Banker R. D., Chang H., Natarajan R., "Estimating DEA Technical and Allocative Inefficiency Using Aggregate Cost or Revenue Data", *Journal of Productivity Analysis*, Vol. 27, No. 2, 2007.

Banker R. D., Chang H., Natarajan R., "Productivity Change, Technical Progress, and Relative Efficiency Change in the Public Accounting Industry", *Management Science*, Vol. 51, No. 2, 2005.

Banker R. D., Charnes A., Cooper W., "Some Models for Estimating Technical and Scale Inefficiencies in Data Envelopment Analysis", *Management Science*, Vol. 30, 1984.

Barney J., "Firm Resources and Sustained Competitive Advantage", *Journal of Management*, Vol. 17, 1991.

Barney J., "Firm Resources and Sustained Competitive Advantage", *Journal of Management*, Vol. 17, No. 1, 2009.

Bates T. W., "Asset Sales, Investment Opportunities, and the Use of Proceeds", *The Journal of Finance*, Vol. 60, No. 1, 2005.

Baumol W. J., Panzar J. C., Willig R. D., "Contestable Markets: An Uprising in the Theory of Industry Structure: Reply", *The American Economic Review*, Vol. 73, No. 3, 1983.

Baye, Michael, *Managerial Economics & Business Strategy*, New York: McGraw-Hill, 2010.

Bell T. B., Landsman W. R., Shackelford D. A., "Auditors'Perceived Business Risk and Audit Fees: Analysis and Evidence", *Journal of Accounting Research*, Vol. 39, No. 1, 2001.

Bell T. B., Marrs F. O., "Ira olomon and Howard Thomas Fees Paid to Audit Firms, Accrual Choices, and Corporate Governance", *Journal of Accounting Research*, Vol. 42, 1997.

Benington, John, Moore Mark H., *Public Value: Theory and Practice*, New York: Palgrave Macmillan, 2011.

Benston G. J., "The Value of the SEC's Accounting Disclosure Requirements", *The Accounting Review*, Vol. 44, No. 3, 1969.

Berle, Adolf A., Means Gardiner C., *The Modern Corporation and Private Property*, New York: Macmillan, 1932.

Bernard A. B., Eaton J., Jensen J. B., et al, "Plants and Productivity in International trade", *The American Economic Review*, Vol. 93, No. 4, 2003.

Bertrand M., Mullainathan S., "Enjoying the Quiet Life? Corporate Governance and Managerial Preferences", *Journal of Political Economy*, Vol. 111, No. 5, 2003.

Bickerton D., "Corporate Reputation Versus Corporate Branding: The Realist Debate", *Corporate Communications*, Vol. 5, No. 1, 2000.

Billett M. T., Garfinkel J. A., Jiang Y., "The Influence of Governance on Investment: Evidence from a Hazard Model", *Journal of Financial Economics*, Vol. 102, No. 3, 2011.

Biryukov V. S., "Objective and Subjective Factors of Efficiency and Performance of Medical audit", *Journal of Education, Health and Sport*, Vol. 7, No. 1, 2017.

Blokdijk H., Drieenhuizen F., Simunic D. A., Stein M. T., "An Analysis of Cross-Sectional Differences in Big and Non-Big Public Accounting Firms'Audit Programs", *Auditing: A Journal of Practice & Theory*, Vol. 25, No. 1, 2006.

Bodde, Derk, Morris, Clarence, *Law in Imperial China*, Philadelphia, PA: University of Pennsylvania Press, 1967.

Boubakri N., Cosset J. C., Guedhami O., "Postprivatization Corporate Governance: The Role of Ownership Structure and Investor Protection", *Journal of Financial Economics*, Vol. 76, No. 2, 2005.

Boubakri N., Cosset J. C., Saffar W., "The Role of State and Foreign Owners in Corporate Risk-taking: Evidence from Privatization", *Journal of Financial Economics*, Vol. 108, No. 3, 2013.

Brandow G. E., "Market Power and Its Sources in the Food Industry", *American Journal of Agricultural Economics*, Vol. 51, No. 1, 1969.

Brazel J. F., Dang L., "The Effect of ERP System Implementations on the Management of Earnings and Earnings Release Dates", *Journal of Information Systems*, Vol. 22, No. 2, 2008.

Bröcheler V., Maijoor S., Witteloostuijn A., "Auditor Human Capital and Audit Firm Survival: The Dutch Audit Industry in 1930 – 1992", *Accounting, Organizations and Society*, Vol. 29, No. 7, 2004.

Burns N., Kedia S., Lipson M., "Institutional Ownership and Monitoring: Evidence from Financial Misreporting", *Journal of Corporate Finance*, Vol. 16, No. 4, 2010.

Cahan S. F., Emanuel D., Sun J., "Are the Reputations of the Large Accounting Firms Really International? Evidence from the Andersen-Enron Affair", *Auditing: A Journal of Practice and Theory*, Vol. 28, No. 2, 2009.

Cahan S. F., Jeter D., Naiker V., "Are all Industry Specialist Auditors the Same?", *Auditing: A Journal of Practice and Theory*, Vol. 30, No. 4, 2011.

Cahan S., Zhang W., Veenman D., "Did the Waste Management Audit Failures Signal Lower Firm-Wide Audit Quality at Arthur Andersen?", *Contemporary Accounting Research*, Vol. 28, No. 3, 2011.

Cao L., Li W., Zhang L., "Audit Mode Change, Corporate Governance and Audit Effort", *China Journal of Accounting Research*, Vol. 8,

No. 4, 2015.

Carcello J. V., Hermanson D. R., Neal T. L., et al, "Board Characteristics and Audit Fees", *Contemporary Accounting Research*, Vol. 19, No. 3, 2002.

Carcello J. V., Marc E., Adi M., David W., "The Value to Management of Using the Internal Audit Function as a Management Training Ground", *Accounting Horizons*, 3Vol. 2, No. 2, 2018.

Cassell C. A., Giroux G. A., Myers L. A., et al, "The Effect of Corporate Governance on Auditor-client Realignments", *Auditing: A Journal of Practice and Theory*, Vol. 31, No. 2, 2012.

Chan D. K., "'Low-Balling' and Efficiency in a Two-Period Specialization Model of Auditing Competition", *Contemporary Accounting Research*, Vol. 16, No. 4, 1999.

Chan K. H., Wu D., "Aggregate Quasi Rents and Auditor Independence: Evidence from audit Firm Mergers in China", *Contemporary Accounting Research*, Vol. 28, No. 1, 2011.

Chang B. G., Huang T. H., Kuo C. Y., "A Comparison of the Technical Efficiency of Accounting firms Among the US, China, and Taiwan Under the Framework of a Stochastic Metafrontier Production Function", *Journal of Productivity Analysis*, Vol. 44, No. 3, 2015.

Chang H., Chen J., Duh R. R., Li S. H., "Productivity Growth in the Public Accounting Industry: The Roles of Information Technology and Human Capital", *Auditing: A Journal of Practice and Theory*, Vol. 30, No. 1, 2011.

Chang H., Choy H. L., Cooper W. W., Ruefli T. W., "Measuring Productivity Growth, Technical Progress, and Efficiency Changes of CPA Firms Prior to, and Following the Sarbanes—Oxley Act", *Socio-Economic Planning Sciences*, Vol. 43, No. 4, 2009b.

Chang H., Choy H. L., Cooper W. W., Ruefli T. W., "Using Malmquist Indexes to Measure Changes in the Productivity and Efficiency of US Accounting Firms Before and After the Sarbanes-Oxley Act", *Omega*, Vol. 37, No. 5, 2009a.

Chang H., Choy H. L., Hwang I, "An Empirical Study of Returns to Scale of CPA Firms in the Post SOX Era", *Annals of Operations Research*, Vol. 229, No. 1, 2015.

Chari M. D. R., Devaraj S., David P., "The Impact of Information Technology Investments and Diversification Strategies on Firm Performance: A Research Note", *Management Science*, Vol. 54, No. 1, 2008.

Charnes A., Cooper W., Rhodes E., "Measuring the Efficiency of Decision-Making Units", *European Journal of Operational Research*, Vol. 2, 1978.

Chen G., Firth M., Gao D., Rui O., "Ownership Structure, Corporate Governance, and Fraud: Evidence from China", *Journal of Corporate Finance*, Vol. 12, 2006a.

Chen G., Firth M., Rui O., "Have China's Enterprise Reforms led to Improved Efficiency and Profitability", *Emerging Markets Review*, Vol. 7, 2006b.

Chen S., Sun S. Y. J., Wu D., "Client Importance, Institutional Improvements, and Audit Quality in China: An Office and Individual Auditor Level Analysis", *The Accounting Review*, Vol. 85, No. 1, 2010.

Chen Y. S., Chang B. G., Lee C. C., "Organization Type, Professional Training, Manpower and Performance of Audit firms", *International Journal of Management*, Vol. 25, No. 2, 2008.

Chen Y. S., Lee C. C., "Performance of Strategic Alliances between Business Consulting and Accounting Firms: A Resource-based Perspective", *Journal of Management and Systems*, Vol. 13, No. 4, 2006.

Chen Y. S., Lin C. L., "Productivity Growth, Human Capital and Technical Efficiency", *American Accounting Association 2007 Annual Meeting*, U, S, A, Chicago, Illinois, working paper, 2007.

Chen Y., Leitch R., "The Error Detection of Structural Analytical Procedures: a Simulation study", *Auditing: A Journal of Practice and Theory*,

Vol. 17, No. 2, 1998.

Chen Y., Smith A. L., Cao J., et al, "Information Technology Capability, Internal Control Effectiveness, and Audit fees and Delays", *Journal of Information Systems*, Vol. 28, No. 2, 2014.

Cheng M., Dan D., Zhang Y., "Does Investment Efficiency Improve After the Disclosure of Material Weaknesses in Internal Control Over Financial Reporting?", *Journal of Accounting and Economics*, Vol. 56, No. 1, 2013.

Cheng T. W., Wang K. L., Weng C. C., "A Study of Technical Efficiencies of CPA firms in Taiwan", *Review of Pacific Basin Financial Markets and Policies*, Vol. 3, No. 1, 2000.

Cheung S. N. S., "The Contractual Nature of the Firm", *The Journal of Law and Economics*, Vol. 26, No. 1, 1983.

Chien S. H., Lee C. C., "Analysis on the Productivity of CPA Industry", *Journal of Global Business Management*, Vol. 4, No. 1, 2008.

Choi J. H., Kim J. B., Kim C., Zang Y., "Audit Office Size, Audit Quality and Audit Pricing", *Auditing: A Journal of Practice and Theory*, Vol. 29, No. 1, 2010.

Chung H., Kallapur S., "Client Importance, Nonaudit Services, and Abnormal Accruals", *The Accounting Review*, Vol. 78, No. 4, 2003.

Chung J., Monroe G. S., "A Research Note on the Effects of Gender and Task Complexity on an Audit Judgment", *Behavioral Research in Accounting*, Vol. 13, No. 1, 2001.

Claessens S., Djankov S., Lang L. H. P., "The Separation of Ownership and Control in East Asian Corporations", *Journal of Financial Economics*, Vol. 58, No. 1-2, 2000.

Clark G., "Commons Sense: Common Property Rights, Efficiency, and Institutional Change", *The Journal of Economic History*, Vol. 58, No. 1, 1998.

Clarke R., Davies S., Waterson M., "The Profitability-concentration Relation: Market Power or Efficiency?", *The Journal of Industrial Economics*, 1984.

Coase R. H., "The Nature of the Firm", *Economica*, Vol. 4, No. 16, 1937.

Coase R. H. , "The Problem of Social Cost", *Journal of Law and Economics*, No. 3, 1960.

Cobb-Walgren C. J. , Ruble C. A. , Donthu N. , "Brand Equity, Brand Preference, and Purchase Intent", *Journal of Advertising*, Vol. 24, No. 3, 1995.

Cohen J. , Kida C. T. , "The Impact of Analytical Review Results, Internal Control Reliability, and Experience on Auditors'Use of Analytical Review", *Journal of Accounting Research*, Vol. 27, No. 2, 1989.

Committee of Sponsoring Organizations of the Treadway Commission (COSO), "Internal Control-Integrated Framework", *The Framework New York*, NY: COSO, 2013.

Costinot A. , "On the Origins of Comparative Advantage", *Journal of International Economics*, Vol. 77, No. 2, 2009.

Craswell A. T. , Francis J. R. , Taylor S. L. , "Auditor Brand Name Reputations and Industry Specializations", *Journal of Accounting and Economics*, Vol. 20, No. 3, 1995.

Danos P. , Eichenseher J. , "Audit Industry Dynamics: Factors Affecting Changes in Client-industry Market Share", *Journal of Accounting Research*, Vol. 20, No. 2, 1982.

Danos P. , Eichenseher J. , "Long-term Trends Towards Seller Concentration in the U. , S. , Audit Market", *The Accounting Review*, Vol. 61, No. 4, 1986.

Datta S. , Iskandar-Datta M. , Sharma V. , "Product Market Pricing Power, Industry Concentration and Analysts'earnings Forecasts", *Journal of Banking and Finance*, Vol. 35, No. 6, 2011.

Datta S. , Iskandar-Datta M. , Singh V. , "Product Market Power, Industry Structure, and Corporate Earnings Management", *Journal of Banking and Finance*, Vol. 37, No. 8, 2013.

Davidson R. A. , Gist W. E. , "Empirical Evidence on the Functional Relation between Audit Planning and Total Audit Effort", *Journal of Accounting Re-*

search, Vol. 34, No. 1, 1996.

Davis L. R., Ricchiute D. N., Trompeter G., "Audit Effort, Audit Fees, and the Provision of Nonaudit Services to Audit Clients", *The Accounting Review*, Vol. 68, No. 1, 1993.

DeAngelo L. E., "Auditor Independence, 'low Balling', and Disclosure Regulation", *Journal of Accounting and Economics*, Vol. 3, No. 2, 1981a.

DeAngelo L. E., "Auditor Size and Audit Quality", *Journal of Accounting and Economics*, Vol. 3, No. 3, 1981b.

Dechow P. M., Sloan R. G., Sweeney A. P., "Detecting Earnings Management", *The Accounting Review*, Vol. 70, No. 2, 1995.

DeFond M. L., Francis J. R., "Audit Research after Sarbanes-Oxley", *Auditing: A Journal of Practice and Theory*, Vol. 24, No. 1, 2005.

DeFond M. L., Lennox C. S., "The Effect of SOX on Small Auditor Exits and Audit Quality", *Journal of Accounting and Economics*, Vol. 52, No. 1, 2011.

DeFond M. L., Raghunandan K., Subramanyam K. R., "Do Non-audit Service Fees Impair Auditor Independence? Evidence from Going Concern Audit Opinions", *Journal of Accounting Research*, Vol. 40, No. 4, 2002.

DeFond M. L., Zhang J., "A Review of Archival Auditing Research", *Jounal of Accounting and Economics*, Vol. 58, No. 2/3, 2014.

Demsetz H., "Industry Structure, Market Rivalry, and Public Policy", *The Journal of Law and Economics*, Vol. 16, No. 1, 1973.

Denis D. K., McConnell J., "International Corporate Governance", *Journal of Financial and Quantitative Analysis*, Vol. 38, 2003.

Dittmar A., Mahrt-Smith J., "Corporate Governance and the Value of Cash Holdings", *Journal of Financial Economics*, Vol. 83, No. 3, 2007.

Donovan J., Frankel R., Lee J., et al, "Issues Raised by Studying DeFond and Zhang: What Should Audit Researchers do?", *Journal of Accounting and Economics*, Vol. 58, No. 2-3, 2014.

Doogar R., Easley R. F., "Concentration Without Differentiation: A New

Look at the Determinants of Audit Market Concentration", *Journal of Accounting and Economics*, Vol. 25, No. 3, 1998.

Dopuch N., Gupta M., Simunic D. A., Stein M, "Production Efficiency and the Pricing of Audit Services", *Contemporary Accounting Research*, Vol. 20, No. 1, 2003.

Dunn K., Kohlbeck M., Mayhew B. W., "The Impact of the Big 4 Consolidation on Audit Market Share Equality", *Auditing: A Journal of Practice and Theory*, Vol. 30, No. 1, 2011.

Dunn K., Mayhew B., "Audit Firm Industry Specialization and Client Disclosure Quality", *Review of Accounting Studies*, Vol. 9, No. 1, 2004.

Eichenseher J., Danos P., "The Analysis of Industry-specific Auditor Concentration: Towards an Explanatory Model", *The Accounting Review*, Vol. 56, No. 3, 1981.

Elliott J., Ghosh A., Peltier E., "Pricing of Risky Initial Audit Engagements", *Auditing: A Journal of Practice and Theory*, Vol. 32, No. 4, 2013.

Elsbach K. D., Stigliani I., "Design Thinking and Organizational Culture: A Review and Framework for Future Research", *Journal of Management*, Vol. 44, No. 6, 2018.

Engel E., Hayes R. M., Wang X., "Audit Committee Compensation and the Demand for Monitoring of the Financial Reporting Process", *Journal of Accounting and Economics*, Vol. 49, No. 1 – 2, 2010.

Eshleman J. D., Guo P., "Abnormal Audit Fees and Audit Wuality: The Importance of Considering Managerial Incentives in Tests of Earnings Management", *Auditing: A Journal of Practice and Theory*, Vol. 33, No. 1, 2014.

Eshleman J. D., Lawson B. P., "Audit Market Structure and Audit Pricing", *Accounting Horizons*, Vol. 31, No. 1, 2017.

Evans D. S., Noel M., "Defining Antitrust Markets when Firms Operate Two-sided Platforms", *Columbia Business Law Review*, No. 3, 2005.

Faccio M., Lang L. H. P., "The Ultimate Ownership of Western European

Corporations", *Journal of Financial Economics*, Vol. 65, No. 3, 2002.

Faccio M., Marchica M. T., Mura R., "CEO Gender, Corporate Risk-taking, and the Efficiency of Capital Allocation", *Journal of Corporate Finance*, Vol. 39, 2016.

Fama E. F., "Agency Problems and the Theory of the Firm", *Journal of Political Economy*, Vol. 88, No. 2, 1980.

Fama E. F., Jensen M. C., "Organizational forms and Investment Decisions", *Journal of Financial Economics*, Vol. 14, No. 1, 1985.

Fama E. F., Jensen M. C., "Separation of Ownership and Control", *The Journal of Law and Economics*, Vol. 26, No. 2, 1983.

Fan J. P. H., Wong T. J., "Do External Auditors Perform a Corporate Governance Role in Emerging Markets? Evidence from East Asia", *Journal of Accounting Research*, Vol. 43, No. 1, 2005.

Fare R., Grosskopf S., Norris M., et al, "Productivity Growth, Technical Progress, and Efficiency Change in Industrialized Countries", *The American Economic Review*, Vol. 84, No. 1, 1994.

Farrell M. J., "The Measurement of Productive Efficiency", *Journal of the Royal Statistical Society*, Vol. 120, No. 3, 1957.

Fehr E., Hart O., Zehnder C., "Contracts as Reference Points—Experimental Evidence", *The American Economic Review*, Vol. 101, No. 2, 2011.

Feldwick P., "What Is Brand Equity Anyway, and How Do You Measure it", *Journal of the Marketing Research Society*, Vol. 38, No. 2, 1996.

Felix, Jr W. L., Gramling A. A., Maletta M. J., "The Contribution of Internal Audit as a Determinant of External Audit Fees and Factors Influencing this Contribution", *Journal of Accounting Research*, Vol. 39, No. 3, 2001.

Feng M., Li C., McVay S. E., et al, "Does Ineffective Internal Control Over Financial Reporting Affect a Firm's Operations? Evidence from Firms'Inventory Management", *The Accounting Review*, Vol. 90, No. 2, 2015.

Ferguson A., Francis J. R., Stokes D. J., "The Effects of Firm-wide and Office-level Industry Expertise on Audit Pricing", *The Accounting Review*, Vol. 78, No. 2, 2003.

Firth M., "The Provision of Non-audit Services and the Pricing of Audit Fees", *Journal of Business Finance and Accounting*, Vol. 24, No. 3, 1997.

Fogarty T. J., Parker L. M., "Reconsidering Specialization in the Accounting Profession: A model for Constructive Recognition", *Journal of Theoretical Accounting Research*, Vol. 5, No. 2, 2010.

Foss N. J., "The Emerging Knowledge Governance Approach: Challenges and Characteristics", *Organization*, Vol. 14, No. 1, 2007.

Foss N. J., "'Coase vs Hayek': Economic Organization and the Knowledge Economy", *International Journal of the Economics of Business*, Vol. 9, No. 1, 2002.

Francis J. R., Ke B., "Disclosure of Fees Paid to Auditors and the Market Valuation of Earnings Surprises", *Review of Accounting Studies*, Vol. 11, No. 4, 2006.

Francis J. R., "A Framework for Understanding and Researching Audit Quality", *Auditing: A Journal of Practice and Theory*, Vol. 30, No. 2, 2011.

Francis J. R., "The Effect of Audit Firm Size on Audit Prices: A Study of the Australian Market", *Journal of Accounting and Economics*, Vol. 6, No. 2, 1984.

Francis J. R., Michas P., Seavey S., "Does Audit Market Concentration Harm the Quality of Audited Earnings? Evidence from Audit Markets in 42 Countries", *Contemporary Accounting Research*, Vol. 30, No. 1, 2013.

Francis J. R., Reichelt K., Wang D., "The Pricing of National and City-specific Reputations for Industry Expertise in the U., S., Audit Market", *The Accounting Review*, Vol. 80, No. 1, 2005.

Francis J. R., Stokes D., Anderson D., "City Markets as a Unit of Analysis in Audit Research and the Re-examination of Big 6 Market Shares", *Abacus*, Vol. 35, No. 2, 1999.

Frankel R. M., Johnson M. F., Nelson K. K., "The Relation Between

Auditors' Fees for Nonaudit Services and Earnings Management", *The Accounting Review*, Vol. 77, No. 1, 2002.

Fung S. Y. K., Gul F. A., Krishnan J., "City-level Auditor Industry Specialization, Economies of Scale, and Audit Pricing", *The Accounting Review*, Vol. 87, No. 4, 2012.

George P., Anthony P. H., "Returns to Investment in Education: a Decennial Review of the Global Literature", *Education Economics*, Vol. 26, No. 5, 2018.

Gerakos J., Syverson C., "Competition in the Audit Market: Policy Implications", *Journal of Accounting Research*, Vol. 53, No. 4, 2015.

Ghosh A., Lustgarten S., "Pricing of Initial Audit Engagements by Large and Small Audit Firms", *Contemporary Accounting Research*, Vol. 23, No. 2, 2006.

Gibbons R., "Four Formal (izable) Theories of the Firm?", *Journal of Economic Behavior and Organization* Vol. 58, No. 2, 2005.

Gillan S. L., "Recent Developments in Corporate Governance: An Overview", *Journal of Corporate Finance*, Vol. 12, No. 3, 2006.

Gioia D. A., Schultz M., Corley K. G., "Organizational Identity, Image, and Adaptive Instability", *Academy of Management Review*, Vol. 25, No. 1, 2000.

Godwin K., "Applying Performance Management Solutions to Accounting Firms-challenges, Opportunities and Benefits", *CPA Practice Management Forum*, Vol. 3, No. 11, 2007.

Government Accountability Office (GAO), *Audits of Public Companies: Continued Concentration in Audit Markets for Large Public Companies Does Not Call for Immediate Action*, Washington, DC: GAO, Retrieved from http://www.gao.gov/new.items, 2008.

Government Accountability Office (GAO), *Public Accounting Firms: Mandated Study on Consolidation and Competition*, Washington, DC: GAO, Retrieved from http://www.gao.gov/new.items, 2003.

Green E. J., Porter R. H., "Noncooperative Collusion Under Imperfect Price Information", *Econometrica*, Vol. 52, No. 1, 1984.

Greenwood R., Hinings C. R., Brown J., "'P2-Form' Strategic Management: Corporate Practices in Professional Partnerships", *The Academy of Management Journal*, Vol. 33, No. 4, 1990.

Greenwood R., Li S. X., Prakash R., Deephouse D. L., "Reputation, Diversification, and Organizational Explanations of Performance in Professional Service Firms", *Organization Science*, Vol. 16, No. 6, 2005.

Greif, Avner, "Contracting, Enforcement and Efficiency: Economics Beyond the Law", *Annual World Bank Conference on Development Economics*, Washington, DC, The World Bank, 1996.

Gul A., Wu D., Yang Z., "Do Individual Auditors Affect Audit Quality? Evidence from Archival Data", *The Accounting Review*, Vol. 88, No. 6, 2013.

Habib A., Hasan M. M., "Firm Life Cycle, Corporate Risk-taking and Investor Sentiment", *Accounting and Finance*, Vol. 57, No. 2, 2017.

Hackenbrack K. K., Jensen L., Payne J. L., "The Effect of a Bidding Restriction on the Audit Services Market", *Journal of Accounting Research*, Vol. 38, No. 2, 2000.

Hackenbrack K., Knechel W. R., "Resource Allocation Decisions in Audit Engagements", *Contemporary Accounting Research*, Vol. 14, No. 3, 1997.

Hall R. E., Jones C. J., "Why do Some Countries Produce so Much More Output Per Worker Than Others?", *The Quarterly Journal of Economics*, Vol. 114, No. 1, 1999.

Hall R. L., Hitch C. J., "Price Theory and Business Behavior", *Oxford Economic Papers*, Oxford University Press, No. 2, 1939.

Hardies K., Breesch D., Branson J., "Do (Fe) Male Auditors Impair Audit Quality? Evidence from Going-Concern Opinions", *European Accounting Review*, Vol. 25, No. 1, 2016.

Hardies K., Breesch D., Branson J., "Male and Female auditors' Overconfidence", *Managerial Auditing Journal*, Vol. 27, No. 1, 2012.

Hart O. D., "The Market Mechanism as an Incentive Scheme", *Bell Journal of Economics*, Vol. 14, No. 2, 1983.

Hart O. D., Moore J., "Contracts as Reference Points", *Quarterly Journal of Economics*, Vol. 123, No. 1, 2008.

Hay D., Knechel W. R., "The Effects of Advertising and Solicitation on Audit Fees", *Journal of Accounting and Public Policy*, Vol. 29, No. 1, 2010.

Hitt M. A., Bierman L., Schimizu K., Kochhar P., "Direct and Moderating Effect of Human Capital on Strategy and Performance in Professional Service Firms: A Resource-based Perspective", *Academy of Management Journal*, Vol. 44, No. 1, 2001.

Hogan C. E., Jeter D. C., "Industry Specialization by Auditors", *Auditing: A Journal of Practice and Theory*, Vol. 18, No. 1, 1999.

Hogan C. E., Wilkins M. S., "Evidence on the Audit Risk Model: Do Auditors Increase audit Fees in the Presence of Internal Control Deficiencies?", *Contemporary Accounting Research*, Vol. 25, No. 1, 2008.

Hossain S., Chapple L., Monroe G. S., "Does Auditor Gender Affect Issuing Going-concern Decisions for Financially Distressed Clients?", *Accounting and Finance*, Vol. 11, 2016.

Hottegindre G., Loison M., Farjaudon A., "Male and Female Auditors: An Ethical Divide?", *International Journal of Auditing*, Vol. 21, 2017.

Hsieh C. T., Klenow P. J., "Misallocation and Manufacturing TFP in China and India", *The Quarterly Journal of Economics*, Vol. 124, No. 4, 2009.

Huang H. W., Parker R. J., Yan Y. C., Lin Y. H., "CEO Turnover and Audit Pricing", *Accounting Horizons*, Vol. 28, No. 2, 2014.

Huang H. W., Raghunandan K., Huang T. C., Chiou J. R., "Fee Discounting and Audit Quality Following Audit Firm and Audit Partner Changes: Chinese Evidence", *The Accounting Review*, Vol. 90, No. 4, 2015.

Huang T. C., Chang H., Chiou J. R., "Audit Market Concentration, Audit Fees, and Audit Quality: Evidence from China", *Auditing: A Journal of*

Practice and Theory, Vol. 35, No. 2, 2016.

Huber W. D., "The Structure of the Public Accounting Industry-why Existing Market Models Fail", *Journal of Theoretical Accounting Research*, Vol. 10, No. 2, 2015.

Huson M. R., Parrino R., Starks L. T., "Internal Monitoring Mechanisms and CEO Turnover: a Longterm Perspective", *The Journal of Finance*, Vol. 56, No. 6, 2001.

Hylas R. E., Ashton R. H., "Audit Detection of Financial Statement Errors", *The Accounting Review*, Vol. 57, No. 4, 1982.

Imhoff E. A., "Accounting Quality, Auditing and Corporate Governance", *Accounting Horizons*, Vol. 17 (Supplement), 2003.

Ittonen K, Vähämaa E, Vähämaa S, "Female Auditors and Accruals Quality", *Accounting Horizons*, Vol. 27, No. 2, 2013.

Jain P. K., Rezaee Z., "The Sarbanes-Oxley Act of 2002 and Capital-Market Behavior: Early Evidence", *Contemporary Accounting Research*, Vol. 23, No. 3, 2006.

Janvrin D., Bierstaker J., Lowe D. J., "An Examination of Audit Information Technology Use and Perceived Importance", *Accounting Horizons*, Vol. 22, No. 1, 2008.

Jensen M. C., Meckling W. H., "Theory of the Firm: Managerial Behavior, Agency Costs and Ownership Structure", *Journal of Financial Economics*, Vol. 3, No. 4, 1976.

Jiang G., Lee C. M. C., Yue H., "Tunneling Through Intercorporate Loans: The China Experience", *Journal of Financial Economics*, Vol. 98, No. 1, 2010.

John K., Litov L., Yeung B., "Corporate Governance and Risk-Taking", *The Journal of Finance*, Vol. 63, No. 4, 2008.

Johnson S., La Porta R., Lopez-de-Silanes F., et al, "Tunneling", *The American Economic Review*, Vol. 90, No. 2, 2000.

Johnstone K. M., Bedard J. C., Ettredge M. L., "The Effect of Competitive

Bidding on Engagement Planning and Pricing", *Contemporary Accounting Research*, Vol. 21, No. 1, 2004.

Jones J. J., "Earnings Management During Import Relief Investigations", *Journal of Accounting Research*, Vol. 29, No. 2, 1991.

Järvinen T., Myllymäki E. R., "Real Earnings Management Before and After Reporting SOX 404 Material Weaknesses", *Accounting Horizons*, Vol. 30, No. 1, 2016.

Kalirajan K. P., Obwona M. B., Zhao S., "A Decomposition of Total Factor Productivity Growth: the Case of Chinese Agricultural Growth Before and after Reforms", *American Journal of Agricultural Economics*, Vol. 78, No. 2, 1996.

Kang M., Kim J. W., Lee H. Y., Lee M. G., "Financial Statement Comparability and Audit Efficiency: Evidence from South Korea", *Applied Economics*, Vol. 47, No. 4, 2015.

Kaplow L., "Market Definition, Market Power", *International Journal of Industrial Organization*, No. 43, 2015.

Keller W., "Accounting for Corporate Social Performance", *Management Accounting*, Vol. 2, 1974.

Kim E. H., Lu Y., "CEO Ownership, External Governance, and Risk-taking", *Journal of Financial Economics*, Vol. 102, No. 2, 2011.

Kim J. B., Dan A. S., Stein M. T., et al, "The Efficiency of Audit Production and the Pricing of Audit Services: Evidence from South Korea", *The Hong Kong Polytechnic University*, Working Paper, 2005.

Kinney W. R., Palmrose Z. V., Scholz S., "Auditor Independence, Nonaudit Services, and Restatements: Was the US Government Right?", *Journal of Accounting Research*, Vol. 42, No. 3, 2004.

Kinney W. R., Shepardson M. L., "Do Control Effectiveness Disclosures Require SOX 404 (b) Internal Control Audits? A Natural Experiment With Small US Public Companies", *Journal of Accounting Research*, Vol. 49, No. 2, 2011.

Knechel W. R., Salterio S. E., Kochetova-Kozloski N, "The Effect of Benchmarked Performance Measures and Strategic Analysis on Auditors'risk Assessments and Mental Models", *Accounting, Organizations and Society*, Vol. 35, No. 3, 2010.

Knechel W. R., Sharma D. S., "Auditor-provided Nonaudit Services and Audit Effectiveness and Efficiency: Evidence from Pre-and Post-SOX Audit Report Lags", *Auditing: A Journal of Practice and Theory*, Vol. 31, No. 4, 2012.

Knechel W., Rouse P., Schelleman C., "A Modified Audit Production Framework: Evaluating the Relative Efficiency of Audit Engagements", *The Accounting Review*, Vol. 84, No. 5, 2009.

Kopp L. S., O'Donnell E., "The Influence of a Business-process Focus on Category Knowledge and Internal Control Evaluation", *Accounting, Organizations and Society*, Vol. 30, No. 5, 2005.

Krauβ P., Quosigk B. M., Zülch H., "Effects of Initial Audit Fee Discounts on Audit Quality: Evidence from Germany", *International Journal of Auditing*, Vol. 18, No. 1, 2014.

Kreps D. M., Wilson R., "Reputation and Imperfect Information", *Journal of Economic Theory*, Vol. 27, No. 2, 1982.

Krishnan J., Sami H., Zhang Y., "Does the Provision of Nonaudit Services Affect Investor Perceptions of Auditor Independence?", *Auditing: A Journal of Practice and Theory*, Vol. 24, No. 2, 2005.

La Porta R., Loped-de-Silanes F., Shleifer A., Vishny R., "Investor Protection and Corporate Valuation", *The Journal of Finance*, Vol. 57, No. 3, 2002.

La Porta R., Lopez-de-Silanes F., Shleifer A., et al, "The Quality of Government", *The Journal of Law, Economics, and Organization*, Vol. 15, No. 1, 1999.

Laeven L., Levine R., "Complex Ownership Structures and Corporate Valuations", *The Review of Financial Studies*, Vol. 21, No. 2, 2008.

Lee C. C., "Analysis of Overall Technical Efficiency, Pure Technical Efficiency and Scale Efficiency in the Medium-sized Audit Firms", *Expert Systems with Applications*, Vol. 36, No. 8, 2009.

Lee C. C., "Market Competition, Business Diversification and Profit Margin", *Journal of Statistics and Management Systems*, Vol. 11, No. 2, 2008.

Lee C. W. J., Gu Z., "Low Balling, Legal Liability and Auditor Independence", *The Accounting Review*, Vol. 73, No. 4, 1998.

Lee H. Y., Park H. Y., "Characteristics of the Internal Audit and External Audit Hours: Evidence from S, Korea", *Managerial Auditing Journal*, Vol. 31, No. 6/7, 2016.

Leibenstein H., "Allocative Efficiency vs. 'X-efficiency'", *The American Economic Review*, Vol. 56, No. 3, 1966.

Lennox C. S., Wu X., Zhang T., "Does Mandatory Rotation of Audit Partners Improve Audit Quality?", *The Accounting Review*, Vol. 89, No. 5, 2014.

Lennox C., Pittman J., "Auditing the Auditors: Evidence on the Recent Reforms to the External Monitoring of Audit Firms", *Journal of Accounting and Economics*, Vol. 49, No. 1, 2010.

Lennox C., Wu X., Zhang T., "Audit Adjustments and Measures of Earnings Quality, *Nanyang Technological University*, Working Paper, 2014.

Lennox C., Wu X., Zhang T., "Chang for Change's Sake? Does Mandatory Partner Rotation Improve Audit Quality", *Nanyang Technological University*, Working Paper, 2013.

Li H., Pincus M., Rego S. O., "Market Reaction to Events Surrounding the Sarbanes-Oxley Act of 2002 and Earnings Management", *The Journal of Law and Economics*, Vol. 51, No. 1, 2008.

Li W., Xu Y. K., Niu J. B., Qiu A. C., "A Survey of Corporate Governance: International Trends and China's Mode", *Nankai Business Review International*, Vol. 3, No. 1, 2012.

Lin C., Lin P., Song F., "Property Rights Protection and Corporate R&D:

Evidence from China", *Journal of Development Economics*, Vol. 93, No. 1, 2010.

Lin C., Ma Y., Su D., "Corporate Governance and Firm Efficiency: Evidence from China's Publicly Listed Firms", *Managerial and Decision Economics*, Vol. 30, No. 3, 2009.

Lin H. L., Yen A. R., "The Effects of IFRS Experience on Audit Fees for Listed Companies in China", *Asian Review of Accounting*, Vol. 24, No. 1, 2016.

Lin S., Pizzini M., Vargus M., et al, "The Role of the Internal Audit Function in the Disclosure of Material Weaknesses", *The Accounting Review*, Vol. 86, No. 1, 2011.

Livne G., McNichols M., "An Empirical Investigation of the True and Fair Override in the United Kingdom", *Journal of Business Finance and Accounting*, Vol. 36, No. 1 – 2, 2009.

Lobo G., Zhao Y., "Relation between Audit Effort and Financial Reporting Misstatements: Evidence from Quarterly and Annual Restatements", *The Accounting Review*, Vol. 88, No. 4, 2013.

Lucas R. E., "On the Mechanics of Economic Development", *Journal of Monetary Economics*, Vol. 22, No. 1, 1988.

Lumpkin G. T., Dess G. G., "Clarifying the Entrepreneurial Orientation Construct and Linking it to Performance", *Academy of Management Review*, Vol. 21, No. 1, 1996.

Macaulay S., "An Empirical View of Contract", *Wisconsin Law Review*, No. 3, 1985.

Macneil I. R., "Relational Contract: What We Do and Do Not Know", *Wisconsin Law Review*, No. 3, 1985.

Maher M. W., Tiessen P., Colson R., Broman A. J., "Competition and Audit Fees", *The Accounting Review*, Vol. 67, No. 1, 1992.

Masli A., Peters G. F., Richardson V. J., et al, "Examining the Potential Benefits of Internal Control Monitoring Technology", *The Accounting Review*,

Vol. 85, No. 3, 2010.

Mason E. S. , "Market Power and Business Conduct: Some Comments", *The American Economic Review*, Vol. 46, No. 2, 1946.

Mattews M. R. , "A Suggested Classification for Social Accounting", *Journal of Accounting and Public Policy*, Vol. 3, No. 3, 1984.

Mayhew B. W. , Wilkins M. S. , "Audit Firm Industry Specialization as a Differentiation Strategy: Evidence from Fees Charged to Firms Going Public", *Auditing: A Journal of Practice and Theory*, Vol. 22 , No. 2, 2003.

Mcmeeking K. P. , "Competition in the UK Accounting Services Market", *Managerial Auditing Journal*, Vol. 22, No. 2, 2007.

Melville N. , Gurbaxani K. , Gurbaxani V. , "Information Technology and Organizational Performance: An Integrative Model of IT Business Value", *Management Information Systems Quarterly*, Vol. 28, No. 2, 2004.

Menon K. , Williams D. D. , "Long-term Trends in Audit Fees", *Auditing: A Journal of Practice and Theory*, Vol. 20, No. 1, 2001.

Minutti-Meza M. , "Does Auditor Industry Specialization Improve Audit Quality?", *Journal of Accounting Research*, 51, No. 4, 2013.

Mohammed S. , Nadkarni S. , "Temporal Diversity and Team Performance: The Moderating Role of Team Temporal Leadership", *Academy of Management Journal*, Vol. 54, No. 3, 2011.

Moore, Mark H. , *Creating Public Value: Strategic Management in Government*, Cambridge, Massachusetts: Harvard University Press, 1995.

Moore, Mark H. , *Recognizing Public Value*, Cambridge, Massachusetts: Harvard University Press, 2013.

Morck R. , Wolfenzon D. , Yeung B. , "Corporate Governance, Economic Entrenchment, and Growth", *Journal of Economic Literature*, Vol. 43, No. 3, 2005.

Moroney R. , "Does Industry Expertise Improve the Efficiency of Audit Judgment?", *Auditing: A Journal of Practice and Theory*, Vol. 26, No. 2, 2007.

Munsif V. , Raghunandan K. , Rama D. V. , "Early Warnings of Internal

Control Problems: Additional Evidence", *Auditing: A Journal of Practice and Theory*, Vol. 32, No. 2, 2013.

Nafukho F. M., Hinton B. E., "Determining the Relationship between Drivers' Level of Education, Training, Working Conditions, and Job Performance in Kenya", *Human Resource Development Quarterly*, Vol. 14, No. 3, 2003.

Nakano M., Nguyen P., "Board Size and Corporate Risk Taking: Further Evidence from Japan", *Corporate Governance: An International Review*, Vol. 20, No. 4, 2012.

Nelson M. W., "Response: Ameliorating Conflicts of Interest in Auditing: Effects of Recent Reforms on Auditors and Their Clients", *Academy of Management Review*, Vol. 31, No. 1, 2006.

Niskanen J., Karjalainen J., Niskanen M., et al, "Auditor Gender and Corporate Earnings Management Behavior in Private Finnish Firms", *Managerial Auditing Journal*, Vol. 26, No. 9, 2011.

North D. C., "A Transaction Cost Theory of Politics", *Research of Institutional Economics*, Vol. 2, No. 144, 1990.

Numan W., Willekens M., "An Empirical Test of Spatial Competition in the Audit Market", *Journal of Accounting and Economics*, Vol. 53, No. 1 – 2, 2012.

O'Donnell E., Johnson E. N., "The Effects of Auditor Gender and Task Complexity on Information Processing Efficiency", *International Journal of Auditing*, Vol. 5, No. 2, 2001.

O'Keefe T. B., Simunic D. A., Stein M. T., "The Production of Audit Services: Evidence from a Major Public Accounting Firm", *Journal of Accounting Research*, Vol. 32, No. 1, 1994.

O'Leary D. E., "Enterprise Resource Planning (ERP) Systems: an Empirical Analysis of Benefits", *Journal of Emerging Technologies in Accounting*, Vol. 1, No. 1, 2004.

Ostrom E., Hess C., "Private and Common Property Rights", *Property Law* and Economics, Vol. 5, 2000.

Ostrom, ElinorE, *Governing the Commons*, Cambridge University Press, 2015.

Ostrom, Elinor, *Governing the Commons: the Evolution of Institutions for Collective Action*, New York: Cambridge University Press, 1990.

Palmrose Z. V., *Maintaining the Value and Viability of Independent Auditors as Gatekeepers Under SOX: An Auditing Master Proposal*", University of Southern California, Working Pape, 2006,

Palmrose Z., "The Relation of Audit Contract Type to Audit Fees and Hours", *The Accounting Review*, Vol. 64, No. 3, 1989.

Pearson T., Trompeter G., "Competition in the Market for Audit Services: The Effect of Supplier Concentration on Audit Fees", *Contemporary Accounting Research*, Vol. 11, No. 1, 1994.

Peress J, "Product Market Competition, Insider Trading, and Stock Market Efficiency", *The Journal of Finance*, Vol. 65, No. 1, 2010.

Pizzini M., Lin S., Ziegenfuss D. E., "The Impact of Internal Audit Function Quality and Contribution on Audit Delay", *Auditing: A Journal of Practice and Theory*, Vol. 34, No. 1, 2015.

Porter M. E., "The Structure Within Industries and Companies'Performance", *Review of Economics and Statistics*, Vol. 61, No. 2, 1979.

Porter, Michael E., *Competitive Advantage: Creating and Sustaining Superior Performance*, New York: Free Press, 1985.

Posner R. A., "Theories of Economic Regulation", *Bell Journal of Economics and Management Science*, Vol. 5, No. 2, 1974.

Prawitt D. F., Smith J. L., Wood D. A., "Internal Audit Quality and Earnings Management", *The Accounting Review*, Vol. 84, No. 4, 2009.

Rajan R. G., Zingales L., "The Governance of the New Enterprise", *National Bureau of Economic Research*, 2000.

Rajan R. G., Zingales L., "Power in a Theory of the Firm", *The Quarterly Journal of Economics*, Vol. 113, No. 2, 1998.

Rajan R. G., Zingales L., "The Firm as a Dedicated Hierarchy: A theory of the Origins and Growth of Firms", *The Quarterly Journal of Economics*, Vol. 116, No. 3, 2001.

Reid, Gavin C., *The Kinked Demand Curve Analysis of Oligopoly: Theory and Evidence*, Edinburgh: Edinburgh University Press, 1981.

Rhodes R. A. W., "The New Governance: Governing Without Government", *Political Studies*, Vol. 44, No. 4, 1996.

Richardson S., "Over-investment of Free Cash Flow", *Review of Accounting Studies*, Vol. 11, No. 2-3, 2006.

Romer P. M., "Increasing Returns and Long-Run Growth", *Journal of Political Economy*, Vol. 94, No. 5, 1986.

Schatzberg J. W., "A laboratory Market Investigation of Low Balling in Audit Pricing", *The Accounting Review*, Vol. 65, No. 2, 1990.

Sen J., Macpherson A., "Regional Patterns of Business Performance Among Small and Medium Sized Public Accounting Firms in New York State", *Regional Studies*, Cambridge, Vol. 32, No. 9, 1998.

Shin N., "The Impact of Information Technology on the Financial Performance of Diversified firms", *Decision Support Systems*, Vol. 41, No. 4, 2006.

Shleifer A., Vishny R., "A Survey of Corporate Governance", *The Journal of Finance*, Vol. 52, No. 2, 1997.

Shockley R. A., Holt R. N., "A Behavioral Investigation of Supplier Differentiation in the Market for Audit Services", *Journal of Accounting Research*, Vol. 21, No. 2, 1983.

Simunic D. A., Stein M. T., *Product Differentiation in Auditing: Auditor Choice in the Market for Unseasoned new Issues*, Canadian Certified General, 1987.

Simunic D. A., "The Pricing of Audit Services: Theory and Evidence", *Journal of Accounting Research*, Vol. 18, No. 1, 1980.

Solow R. M., "Technical Change and the Aggregate Production Function", *The Review of Economics and Statistics*, Vol. 39, No. 3, 1957.

Song Z., Storesletten K., Zilibotti F., "Growing Like China", *The American Economic Review*, Vol. 101, No. 1, 2011.

Stigler G. J., "Notes on the Theory of Duopoly", *Journal of Political Economy*, Vol. 48, No. 4, 1940.

Stigler G. J., "The Kinky Oligopoly Demand Curve and Rigid Prices", *Journal of Political Economy*, Vol. 55, No. 5, 1947.

Stigler G. J., "The Theory of Economic Regulation", *Bell Journal of Economics and Management Science*, Vol. 2, No. 1, 1971.

Sun J., Liu G., Lan G., "Does Female Directorship on Independent Audit Committees Constrain Earnings Management?", *Journal of Business Ethics*, Vol. 99, No. 3, 2011.

Tabor R., Wills J., "Empirical Evidence on the Changing Role of Analytical Review Procedures", *Auditing: A Journal of Practice and Theory*, Vol. 4, No. 2, 1985.

Tan H., Libby R., "Tacit Managerial Versus Technical Knowledge as Determinants of Audit Expertise in the Field", *Journal of Accounting Research*, Vol. 35, No. 1, 1997.

Tepalagul N., Lin L., "Auditor Independence and Audit Quality: A Literature Review", *Journal of Accounting, Auditing and Finance*, Vol. 30, No. 1, 2015.

Tirole, Jean, *The Theory of Industrial Organization*, Cambridge, MA: MIT Press, 1988.

Waldman, Don E., Jensen E. J., *Industrial Organization*, Boston: Addison Wesley, 2006.

Wallman S., "The Future of Accounting, Part III: Reliability and Auditor Independence", *Accounting Horizons*, Vol. 10, 1996.

Watts R. L., Zimmerman J. L., "Agency Problems, Auditing, and the Theory of the Firm: Some Evidence", *The Journal of Law and Economics*, Vol. 26, No. 3, 1983.

Weiss, Leonard W., *Concentration and Price*, Cambridge, Mass: MIT

Press, 1989.

Whitesell R. S., "Industrial Growth and Efficiency in the United States and the Former Soviet Union", *Comparative Economic Studies*, Vol. 36, No. 4, 1994.

Whitworth J. D., Lambert T. A., "Office-level Characteristics of the Big 4 and Audit Report Timeliness", *Auditing: A Journal of Practice and Theory*, Vol. 33, No. 3, 2014.

Williamson, Oliver E., *The Mechanisms of Governance*, Oxford: Oxford University Press, 1996.

Wolfe C. J., Mauldin E. G., Diaz M. C., "Concede or Deny: Do Management Persuasion Tactics Affect Auditor Evaluation of Internal Control Deviations?", *The Accounting Review*, Vol. 84, No. 6, 2009.

Wright A., Ashton R. H., "Identifying Audit Adjustments with Attention-Directing Procedures", *The Accounting Review*, Vol. 64, No. 4, 1989.

Yang S. X., Liu Y. G., Mai Q. D., "Is the Quality of Female Auditors Really Better? Evidence Based on the Chinese A-share Market", *China Journal of Accounting Research*, Vol. 11, No. 4, 2018.

Yardley J., Kauffman N., Cairney T., Albrecht W., "Supplier Behavior in the U, S, audit Market", *Journal of Accounting Literature*, Vol. 2, 1992.

Yilmaz M. R., Chatterjee S., "Salaries, Performance, and Owners' Goals in Major League Baseball: A View Through Data", *Journal of Managerial Issues*, Vol. 15, No. 2, 2003.

Young A., "Gold into Base Metals: Productivity Growth in the People's Republic of China during the Reform Period", *Journal of Political Economy*, Vol. 111, No. 6, 2003.

Young D. P. T., "Firms' Market Power, Endogenous Preferences and the Focus of Competition Policy", *Review of Political Economy*, Vol. 12, No. 1, 2000.

Zerni M., "Do Client Firms Manage the Perception of Auditor Independence?: Evidence from the Swedish Non-audit Service Market", *Managerial Auditing Journal*, Vol. 27, No. 9, 2012.

后　记

本书是在笔者的博士学位论文基础上修改完善而成的。从写博士学位论文开始，在恩师刘运国教授的指导下，我始终围绕一个问题展开研究：如何激励审计师高质量的审计生产？

不同的利益主体对此问题有着不同的看法。在监管部门和社会公众看来，审计师收了客户的钱，而且收费都不少，就应该把好审计质量的关，履行受托责任。但客户公司财务造假频发的现实，着实让监管部门和社会公众对审计师产生不信任，认为审计师存在严重的道德风险问题。而在具体承担审计工作的审计师看来，外界看似高昂的审计费用与自身的审计投入和审计风险并不匹配。由此看出，监管部门、社会公众与审计师对高水平的审计质量供给存在认知上的偏差，而且这种偏差在审计质量需求、会计师事务所内部激励机制差异等不同约束条件下还将存在更大的差异。随着中国经济向高质量发展转型，摒弃注重资源要素投入的粗放式发展方式，回归注重内部机制建设、以效率驱动的内涵式高质量发展方式是会计师事务所的必然选择。同时，会计师事务所审计具有准公共产品的属性，会计师事务所追求效率以实现经济效益的同时，还应当承担必要的社会公共责任，提供高水平的审计质量。但是，审计市场规模受制于经济发展水平，在短期内难以扩容的情况下容易导致会计师事务所内卷式发展，即通过减少审计要素投入以实现效率和经济效益，而审计要素投入的减少将威胁、损害审计质量的供给，这也正是经济学上"马歇尔冲突"所担心的问题。因此，在国家经济向以效率为驱动的高质量发展转型和国家治理体系与治理能力现代化背景下，会计师事务所效率的决定机制和效率提升对审计师的审计决策行为及后果的潜在影响理应得到各界更多的关注。

　　感谢笔者博士阶段的导师刘运国教授，从经典文献阅读、论文选题和写作框架以及做人处事等方方面面，刘老师都给予笔者极大帮助和耐心指导；在生活上刘老师给予慷慨支持，本书也是在刘老师全额支持下才得以出版。感谢魏明海教授、谭劲松教授、谭燕教授、林斌教授、唐清泉教授、辛宇教授、徐丽萍教授等众多全国会计名家、学术大咖们的面授点拨，也感谢郑国坚教授、张俊生教授、徐浩峰副教授、曹春方副教授等学术顶梁柱们的倾囊相助，特别感谢蔡祥副教授为我提供如此独特的数据、指导我精雕论文细节；中山大学会计学团队的老师们不仅帮助我不断雕琢博士学位论文，更为我未来的学术研究馈送粮草和利器。

　　感谢博士学位论文答辩委员会主席靳庆鲁教授、万良勇教授等参与笔者论文答辩的老师，为论文提出了许多建设性意见。

　　感谢本书出版过程中给予笔者极大帮助的各位老师、同事、朋友，包括中国社会科学出版社编辑老师，编辑过程中的专业和速度都令我印象深刻。

　　最后，但或许是最重要的，感谢我的妻子对我读博乃至工作的全力支持和理解，感谢我可爱的女儿对我科研事业追求的支持和理解；感谢我的父亲、母亲和兄弟们对我长期以来的支持和帮助。家人的支持和对家庭的责任都是我继续前进的动力，本书的出版是对关心和支持我的人最大的回报，包括在天堂保佑着我的母亲大人。

杨世信
2021 年 1 月
广西·南宁